PROCÈS DE RÉHABILITATION

DE

JEANNE D'ARC

RACONTÉ ET TRADUIT

D'APRÈS LES TEXTES LATINS OFFICIELS

Suivi de JEANNE ET LE PEUPLE de FRANCE

PAR

JOSEPH FABRE

« Qui es-tu, toi qui as paru comme l'aube du jour, « toi qui as renversé par terre la force du peuple vic- « torieux et lui as arraché sa proie entre les dents? »

« — Sondez mon cœur, interrogez ma vie, connaissez « les sentiers par lesquels j'ai marché, et voyez si la « moindre iniquité se trouve en moi. »

TOME SECOND

NOUVELLE ÉDITION

PARIS
LIBRAIRIE HACHETTE ET Cie
79, BOULEVARD SAINT-GERMAIN, 79

1913

3 fr. 50

OUVRAGES DE M. JOSEPH FABRE

(Suite)

Le Mois de Jeanne d'Arc, ou Éphémérides de Jeanne d'Arc en trente et un chapitres comportant une lecture pour chaque jour du mois de mai (Librairie Colin et Cie, rue de Mézières). *Couronné par l'Académie française*. PRIX GUIZOT. 1 vol. in-16 . . 3 fr. 50
Cet ouvrage est précédé d'une lettre magistrale adressée à l'auteur par le général Davout, sur le génie stratégique de Jeanne d'Arc et sur le rôle du moral dans les armées.

La Pensée antique. DE MOISE A MARC-AURÈLE. — Préface générale. — Livre premier : *La pensée philosophique et religieuse dans le monde oriental.* — Livre II : *La pensée philosophique et religieuse dans le monde grec.* — Livre III : *La pensée philosophique et religieuse dans le monde romain.* 3e édition. 1 vol. in-8 (Librairie Félix Alcan). . . . . 5 fr.

La Pensée chrétienne. DES ÉVANGILES A L'IMITATION DE JÉSUS-CHRIST. — L'AVÈNEMENT DE LA PENSÉE CHRÉTIENNE. — Livre premier : *L'évolution juive.* — Livre II : *L'évolution hellénique.* — Livre III : *Le christianisme primitif.* — Livre IV : *L'Église romaine et le dogmatisme catholique.* — Livre V : *Les scolastiques.* — Livre VI : *Les mystiques.* 1 très fort vol. in-8 (Alcan, 108, boulevard Saint-Germain) . . . . . . 9 fr.

La Pensée moderne. DE LUTHER A LEIBNIZ. — Livre premier : *La rénovation religieuse.* — Livre II : *La rénovation philosophique et scientifique.* — Livre III : *Descartes.* — Livre IV : *Pascal.* — Livre V : *Les penseurs français de Gassendi à Malebranche.* — Livre VI : *Les penseurs anglais de Hobbes à Newton.* — Livre VII : *Leibniz.* 1 fort vol in-8 (Alcan) 8 fr.

Les Pères de la Révolution. DE BAYLE A CONDORCET. — Livre premier : *Les précurseurs.* — Livre II : *L'abbé de Saint-Pierre et le problème de la paix universelle.* — Livre III : *Montesquieu.* — Livre IV : *Buffon.* — Livre V : *Voltaire.* — Livre VI : *Rousseau.* — Livre VII : *Diderot et les encyclopédistes.* — Livre VIII : *Illuminés, socialistes et économistes.* — Livre IX : *Turgot.* — Livre X : *Condorcet.* 1 très fort vol. in-8 (Alcan). 10 fr.

La Pensée nouvelle. DE KANT A TOLSTOI. 1 vol. in-8 (en préparation). (Alcan.)

L'Imitation de Jésus-Christ. LIVRE DE LA CONSOLATION INTÉRIEURE ENSEIGNANT LA VIE SPIRITUELLE. — DÉDICACE. — INTRODUCTION : L'œuvre. Son auteur? ses traducteurs. — TRADUCTION NOUVELLE DES TROIS LIVRES DE L'IMITATION ET DE LEUR PRÉFACE. — *Traduction du livre sur le sacrement de l'Autel* (regardé à tort comme le quatrième livre de l'Imitation) *par le chancelier de Marillac, remaniée et amendée.* — *Choix des principaux passages de la traduction paraphrasée de l'Imitation par Pierre Corneille.* — *Nomenclature des emprunts de l'Imitation.* — *Études sur les poésies du franciscain Jacopone de Todi et sur les origines de l'Imitation.* 1 vol. in-8 (Félix Alcan, 108, boulevard Saint-Germain. Prix . . . . 7 fr.

Jean-Jacques Rousseau. L'HOMME ET L'ŒUVRE. 1 vol. in-16 (Félix Alcan) . . . 2 fr.

Les neuf ans d'un sénateur (1894-1903), AVEC INTRODUCTION DE M. CONSTANS. — *Principaux discours parlementaires* de Joseph Fabre, *reproduits d'après les comptes rendus sténographiques du Journal officiel, et principales conférences.* 2 vol. in-12 (Alcan). . 7 fr.

Cent poésies de Pierre Corneille, *tirées de sa traduction de l'Imitation de Jésus-Christ* avec introduction. 2e édit. (Librairie H. Paulin, 21, rue Hautefeuille.) . . . . . . 1 fr.

La Chanson de Roland, *traduite et rythmée conformément au texte roman* et **Récits épiques,** *composés d'après nos vieilles chansons de geste, précédés d'une lettre de* GASTON PARIS, *à l'auteur.* 3e édition. 1 vol. de 604 pages. (Librairie Belin frères, 52, rue de Vaugirard, Paris.). . . . . 4 fr.

63563 bis. — Paris, Imp. E. Desfossés. — 11-12.

LE

PROCÈS DE RÉHABILITATION

DU MÊME AUTEUR

Librairie HACHETTE et Cie

Les Libérateurs antiques. 3e édition. 1 vol. in-16, br. . . . . 2 »

Washington, libérateur de l'Amérique. 4e édition. 1 vol. in-16, broché 3 50

Jeanne d'Arc, libératrice de la France. 6e édition. 1 vol. in-16, br. 2 25

Procès de condamnation de Jeanne d'Arc, traduit du latin d'après les procès-verbaux officiels, *avec éclaircissements* et fac-similé de l'attestation d'authenticité du manuscrit appartenant à la bibliothèque de la Chambre des députés. 3e édition. 1 vol. in-16, broché 2 25

Jeanne d'Arc. Trilogie dramatique, jouée au Châtelet et reprise à l'Odéon. Nouvelle édition. 1 vol. in-16, br. 1 25

(*Les ouvrages* **Jeanne d'Arc, libératrice de la France,** *et* **Procès de condamnation de Jeanne d'Arc,** *originairement marqués 3 fr. 50 ont été mis à 2 fr. 25 en vue de la propagande pour la fête nationale de Jeanne d'Arc, fête du patriotisme. Le même motif a inspiré l'édition populaire de* **Jeanne d'Arc, libératrice de la France,** *mise à 1 fr. 25 et a fait substituer pour la trilogie dramatique de* **Jeanne d'Arc,** *le prix de 1 fr. 25 au prix de 2 fr. 50.*)

Jésus. Mystère en cinq actes, avec prologue et épilogue. Pièce reçue à l'Odéon en 1896 et retirée par l'auteur. 2e édition. 1 vol. in-16, br. . . . . 1 »

Les bourreaux de Jeanne d'Arc et sa fête nationale. *Notices sur les personnages du procès de condamnation; Documents sur la fête du patriotisme.* 1 vol. in-16 . . . . . . 2 »

La délivrance d'Orléans. Mystère en quatre actes et dix-sept tableaux, d'après le *Vieux Mystère du siège d'Orléans.* 1 vol. in-16. Prix. . . . . 1 »

Que faire ? Que croire ? *Conclusions d'un libre croyant sur le Devoir et sur Dieu.* 1 vol. in-16, (sous presse). . . . . . . 3 »

Librairie Félix ALCAN

La Pensée antique. *De Moïse à Marc-Aurèle.* 3e édition. 1 vol. in-8. Prix. . . . . 5 »

La Pensée chrétienne. *Des Évangiles à l'Imitation de Jésus-Christ.* 1 fort vol. in-8 . . . . 9 »

L'Imitation de Jésus-Christ. *Livre de la consolation intérieure enseignant la vie spirituelle.* TRADUCTION NOUVELLE, *suivie d'une nomenclature des emprunts de l'Imitation ; de la traduction du livre sur le sacrement de l'autel par le chancelier de Marillac (regardé à tort comme le quatrième livre de l'Imitation) remaniée et amendée; d'un choix des principaux passages de la traduction paraphrasée de l'Imitation par Pierre Corneille; d'études sur les poésies du franciscain Jacopone de Todi et sur les origines de l'Imitation.* 1 vol. in-8. Prix. . . . . 7 »

La Pensée moderne. *De Luther à Leibniz.* 1 vol. in-8. . . . 8 »

Les Pères de la Révolution. *De Bayle à Condorcet.* 1 très fort vol. in-8. . . . . 10 »

La Pensée nouvelle. *De Kant à Tolstoï.* En préparation.

Jean-Jacques Rousseau. *L'Homme et l'Œuvre.* 1 vol. in-16. 2 »

Les neuf ans d'un sénateur. Discours; conférences, silhouettes et lettres, avec introduction par M. CONSTANS. 2 vol. in-12. 7 »

Le mois de Jeanne d'Arc, ou Éphémérides de Jeanne d'Arc en trente et un chapitres comportant une lecture pour chaque jour du mois de mai. Précédé d'une lettre magistrale du général Davout à l'auteur (Colin et Cie). *Couronné par l'Académie française.* PRIX GUIZOT 3 50

La Chanson de Roland, traduite et rythmée conformément au texte roman, et **Récits épiques,** composés d'après nos vieilles chansons de geste. Précédés d'une lettre de GASTON PARIS à l'auteur. Troisième édition. 1 vol. de 664 pages (Belin frères). 4 »

Cent poésies de Pierre Corneille, *tirées de sa traduction de « l'Imitation de Jésus-Christ »,* avec introduction. 2e édit. (H. Paulin). . 1 »

PROCÈS DE RÉHABILITATION

DE

JEANNE D'ARC

RACONTÉ ET TRADUIT

D'APRÈS LES TEXTES LATINS OFFICIELS

Suivi de JEANNE ET LE PEUPLE de FRANCE

PAR

JOSEPH FABRE

« Qui es-tu, toi qui te pare comme l'aube du jour, « toi qui as passé par terre la race du peuple vic« torieux et lui as arraché sa proie d'entre les dents ? »

« — Sondez mon cœur, interrogez ma vie, connaissez « les sentiers par lesquels j'ai marché, et voyez si la « moindre iniquité se trouve en moi. »

TOME SECOND

NOUVELLE ÉDITION

PARIS
LIBRAIRIE HACHETTE ET Cie
79, BOULEVARD SAINT-GERMAIN, 79

1913

LE

PROCÈS DE RÉHABILITATION

LIVRE QUATRIÈME

(*Suite.*)

VIII. — DÉPOSITIONS DE MAITRE NICOLAS DE HOUPPEVILLE

Bien différent des Migiet, des Lefèvre, des Mailly, des Beaupère et des Courcelles, NICOLAS DE HOUPPEVILLE, homme de conscience et de caractère, avait refusé d'être le complice de Cauchon. Moins ce prêtre eut d'imitateurs, plus on doit louer le courage avec lequel il répudia toute participation à un procès inique.

Nicolas de Houppeville osa nier le droit de l'évêque, et à ce juge partial il opposa le jugement favorable qu'avaient antérieurement porté sur Jeanne le clergé de Poitiers et l'archevêque de Reims.

L'objection de Nicolas de Houppeville dut fort embarrasser Cauchon, qui d'ailleurs fit ensuite à Jeanne l'offre ironique de s'en rapporter aux clercs de Poitiers, quand il fut bien sûr que cette offre resterait sans effet.

Mais que penser de ces clercs de Poitiers qui, ayant examiné Jeanne, ne songèrent pas à opposer spontanément leurs bons témoignages aux préventions des juges de Rouen?

Que penser de cet archevêque de Reims qui, bien loin de foudroyer de ses censures l'évêque de Beauvais dont il était le métropolitain, amnistia la conduite de ce valet des rancunes anglaises, ne vit dans les malheurs de Jeanne qu'une expiation providentielle de son humeur indocile, et osa écrire aux habitants de Reims une lettre scélérate où il leur disait : « Si Jeanne a été prise, c'est qu'elle ne voulait » croire aucun conseil, mais faisait tout à son » plaisir. Un gardeur de brebis des montagnes » du Gévaudan a reçu de Dieu commandement » d'aller avec les gens du roi et dit que, sans » faute, Anglais et Bourguignons seront dé-

» confits. Avisé que les Anglais ont fait mourir » Jeanne la Pucelle, il a déclaré que tant plus » il leur arriverait du mal, et que Dieu a souf- » fert qu'elle tombât entre leurs mains parce » qu'elle s'était constituée en orgueil, et à cause » des riches habits qu'elle avait pris, et pour » n'avoir point fait ce qui lui avait été divine- » ment commandé. »

Que penser de ce roi de France qui, — sans parler d'autres tentatives dont la reconnaissance, l'équité et l'honneur lui faisaient un devoir, — ne songea pas même à presser le Saint-Siège d'interposer son autorité auprès du tribunal ecclésiastique présidé par l'évêque de Beauvais?

Que penser du Pape et du Concile qui, après la consommation de l'exécrable crime judiciaire de Rouen, n'ont ni puni, ni réprouvé Cauchon et ses complices?

Tous ces criminels conservèrent leurs situations ecclésiastiques, et plusieurs furent promus aux postes les plus élevés de l'Église.

Il est vrai que nombre d'historiens ont représenté Cauchon comme excommunié en punition du forfait accompli. Cette tradition marque ce qui aurait dû avoir lieu; elle n'est nullement conforme à ce qui eut lieu. Cauchon fut en effet excommunié en 1435. Mais pourquoi ? Pour défaut de payement d'une redevance due à Rome. Cette pénalité, qui atteignit l abominable évêque à propos d'une question d'argent, ne fait qu'accentuer l'impunité dont jouit l'œuvre de meurtre et de lèse-patrie exécutée par lui et ses complices sous le couvert de la foi catholique.

Nicolas de Houppeville, maître ès arts et bachelier en théologie, avait soixante-cinq ans quand il fit sa déposition en 1456 devant les juges du procès de réhabilitation..Il avait déjà déposé une première fois, en 1452, devant Philippe de la Rose, le délégué du cardinal d'Estouteville.

Voici ce qu'il dit dans ses deux dépositions :

Je ne connaissais ni Jeanne ni les siens. La première fois que je l'ai vue c'est au temps où elle fut amenée à Rouen et où on lui fit son procès.

Elle me fit l'effet d'une fille âgée à peu près de vingt ans. C'était une personne simple et ignorante du droit. Il n'était pas dans ses moyens de suffire à se défendre dans un tel procès[1], bien qu'elle ait montré une grande constance, dont beaucoup faisaient un argument pour conclure qu'elle avait une aide spirituelle.

Jamais je n'ai pensé que l'évêque de Beauvais eût engagé ce procès pour le bien de la foi et par zèle de la justice, avec le désir de ramener Jeanne. Il obéit simplement à la haine qu'on avait conçue contre elle à cause de son dévouement au parti du roi de France; et bien loin de céder à la crainte, il ne fit que suivre sa propre volonté. Ainsi je l'ai vu, quand il rendait compte au régent et à Warwick de ses négociations pour l'achat de Jeanne, ne pas se tenir de joie et leur dire avec animation quelques paroles que je ne pus comprendre. Après quoi il alla conférer à l'écart avec le comte de Warwick.

La majorité des assesseurs, eux aussi, procédèrent de leur plein gré. Quant aux autres, l'espérance ou la peur les décidèrent.

Maître Pierre Minier m'a raconté qu'il avait donné par écrit son avis à l'évêque de Beauvais, et que celui-ci le désapprouva et même le rejeta, comme il rejeta les consultations de maître Richard de Grouchet et de maître Jean Pigache[2]. « Vous amalgamez les décrets avec la théologie, dit l'évêque à Minier. Laissez donc les décrets aux juristes. »

1. « Nec erat ex se sufficiens ad se defendendum in ipso processu. »

2. Les avis en question durent déplaire à l'évêque; mais ils ne furent point rejetés. On a vu qu'ils figuraient au procès de condamnation. (Voir Procès de condamnation, page 281.)

Je puis aussi assurer que, durant tout le cours du procès, le vice-inquisiteur, Jean Lemaître, fut en proie à une terreur extrême. Maintes fois je fus témoin de sa grande perplexité.

Je sais encore, et, si mes souvenirs ne me trompent, je le tiens précisément de Jean Lemaître, que des menaces furent faites par le comte de Warwick à frère Isambard. On lui dit qu'il serait noyé en Seine s'il ne se taisait; et tout cela parce qu'il dirigeait Jeanne dans ses réponses, en même temps qu'il les répétait aux greffiers[1].

Quant à moi, appelé au procès dès le premier jour, je n'y vins pas par suite d'un empêchement. Le second jour j'y vins; mais je ne fus pas admis et fus même chassé par l'évêque. La cause en était que, conférant avec maître Michel Colles, j'avais dit qu'il y avait péril à intenter un tel procès, pour plusieurs motifs. Ce propos fut rapporté à l'évêque. En conséquence, il me fit enfermer dans la prison royale à Rouen, et je n'en sortis que sur la prière de l'abbé de Fécamp.

Mon avis, dans les quelques conférences où je l'avais donné, avait été que ni l'évêque ni ceux qui voulaient prendre avec lui la charge d'un tel jugement, ne pouvaient être juges; que faire juger Jeanne par des gens du parti contraire n'était pas une bonne manière de procéder; que d'ailleurs elle avait déjà été examinée par le clergé de Poitiers et par l'archevêque de Reims,

1. « Eo quod dirigebat verba dictæ Johannæ, tunc repetendo ea notariis. » (1452). « Ex eo quod eamdem Johannam dirigebat, et verba sua referebat notariis. » (1456).

métropolitain de l'évêque de Beauvais. Cet avis mit l'évêque en grande colère contre moi. Il me fit citer devant lui. Je comparus pour lui déclarer qu'il n'était pas mon juge, ni moi son justiciable, vu que je relevais de l'official de Rouen, et je me retirai. Mais au moment où je me disposais à comparaître devant l'official de Rouen, je fus arrêté et mené au château, puis aux prisons du roi. Quand je demandai le motif de mon arrestation, il me fut répondu qu'elle avait eu lieu à la requête de l'évêque de Beauvais. Tout le mal, je n'en doute pas, venait des propos tenus par moi dans ma délibération. Mon ami, maître Jean de Lafontaine, me fit tenir une cédule où il m'avisait que ma détention avait pour cause mes paroles et que l'évêque était fort irrité contre moi. Enfin, sur les instances du seigneur abbé de Fécamp, je fus mis en liberté. D'après ce qu'on m'apprit, quelques assesseurs réunis par l'évêque avaient opiné pour qu'on m'exilât en Angleterre ou ailleurs, hors de Rouen. Mes amis et le seigneur abbé de Fécamp m'évitèrent ce désagrément.

Par suite de cet incident, je n'assistai point au procès. Mais j'ai ouï dire, par Jean Lemaître, le vice-inquisiteur, que Jeanne se plaignit un jour à lui des interrogations difficiles qui lui étaient adressées, disant qu'on la tourmentait trop par toutes ces questions, et surtout pour des points n'ayant pas trait au procès[1].

1. « Quod nimis vexabatur super hujusmodi interrogatoriis et maxime de aliquibus non tangentibus processum. »

Le bruit courait aussi que les greffiers avaient ordre de ne pas consigner dans le procès-verbal certaines paroles de Jeanne.

Voici un autre bruit alors très répandu à Rouen. Certains personnages, disait-on, se faisant passer pour des hommes d'armes du parti de Charles VII, avaient été secrètement introduits auprès de Jeanne. Ils l'exhortaient à ne pas se soumettre à l'Église, si elle ne voulait encourir un jugement défavorable; et c'est par leurs conseils qu'on expliquait ses variations sur le fait de la soumission à l'Église. Dans le nombre de ces émissaires qui, pour séduire Jeanne, feignaient d'appartenir au roi de France, j'entendis mentionner maître Nicolas Loiseleur.

J'ai en ma créance que Jeanne était une bonne catholique. Elle communia le jour de sa mort. J'étais là quand elle sortit du château pour se rendre au lieu de son supplice. Il y avait environ cent vingt hommes qui la conduisaient, ayant haches et glaives. Jeanne pleurait très fort. La compassion me prit. Je n'eus pas la force d'aller jusqu'au lieu du supplice.

A mon avis, tout ce qu'on fit contre Jeanne on le fit par haine du roi de France et en vue de le diffamer. L'opinion commune proclamait que le procès était entièrement nul et que Jeanne mourait victime d'une très grande injustice.

Je ne sais rien autre.

IX. — DÉPOSITION DU DOCTEUR MÉDECIN TIPHAINE

Vénérable et discrète personne, JEAN TIPHAINE, âgé de soixante ans, était un chanoine de la sainte chapelle de Paris qui avait les titres de maître ès arts et de docteur en médecine. C'est malgré lui qu'il avait participé au procès de Jeanne. Appelé à rendre témoignage dans l'enquête de 1456, il donna des détails caractéristiques sur les interrogatoires et la captivité de Jeanne. Voici sa déposition :

Je fus mandé à Rouen pour assister au procès. La première fois je refusai, la seconde fois je m'y rendis. Je craignais les Anglais, et que ma mauvaise volonté ne me fît encourir leurs colères.

Étant venu, je vis Jeanne et j'assistai à son interrogatoire.

La séance avait lieu dans une petite salle derrière la grande salle du château. Jeanne tenait beaucoup de beaux propos. Elle répondait fort prudemment, fort sagement, et avec grande hardiesse.

Ce jour-là maître Beaupère était le principal interrogateur. C'est lui qui questionnait Jeanne. Toutefois maître Jacques de Touraine, de l'ordre des frères Mineurs, faisait, lui aussi, quelques questions. Je me souviens parfaitement que maître Jacques demanda une fois à Jeanne si elle avait jamais été en lieu où des Anglais eussent été tués. A quoi elle répondit : « En nom Dieu, si ay. Comme vous parlez doulcement[1] ! Que ne partaient-ils de France et n'allaient-ils dans leur pays » ! Il y avait là un grand seigneur d'Angleterre dont le nom ne me revient pas. En entendant ces paroles il dit : « Vraiment, c'est une bonne femme. Si elle était Anglaise[2] ! » En parlant ainsi il s'adressait à maître Guillaume Desjardins et à moi.

De fait, il n'est docteur si grand et si subtil, qui, interrogé par de grands docteurs et dans une si grande assemblée comme l'était Jeanne, n'eût été bien démonté et perplexe.

Jeanne était en prison dans une tour du château. Je me souviens que je l'y ai vue les deux jambes chargées de fers. Là où elle était, il y avait un lit.

La prisonnière étant tombée malade dans le cours du procès, les seigneurs juges me firent mander pour la visiter, et je fus conduit auprès d'elle par le nommé

1. Cette première partie de la réponse de Jeanne est en français dans le texte. La suite est : « Quare non recedebant ipsi a Francia et ibant ad suam patriam? » — La réponse ici mentionnée ne figure pas dans le procès-verbal du procès. Combien d'autres belles paroles de Jeanne doivent y manquer !

2. « Vere ipsa est bona mulier. Si esset Anglica ! »

d'Estivet. En présence dudit d'Estivet, de maître Guillaume Delachambre, docteur en médecine, et de plusieurs autres, je tâtai le pouls de Jeanne pour savoir la cause de son mal et je lui demandai : « Qu'avez-vous ? d'où vient votre souffrance ? » Elle me répondit qu'une carpe lui ayant été envoyée par l'évêque de Beauvais, qu'elle en avait mangé, et qu'elle se doutait que là était la cause de son mal[1]. Sur ce, d'Estivet de la tancer durement. Il se plaignit de ses mauvais propos, et il l'appela paillarde en ces termes : « C'est toi, paillarde, qui as mangé des harengs et autres choses à toi contraires[2]. » — « Je ne l'ai pas fait, » répondit-elle ; et il y eut entre lui et elle un assez long échange de paroles injurieuses. Pourtant, je voulais en savoir plus long sur la maladie de Jeanne. J'appris bientôt par certaines personnes présentes qu'elle avait été affligée d'un fort vomissement.

Je ne sais rien autre ; et, ce cas de maladie excepté, je n'ai pas souvenir que j'aie jamais opiné dans le procès[3].

1. « Quæ respondit quod sibi fuerat missa quædam carpa per episcopum Belvacensem, de qua comederat, et dubitabat quod esset causa suæ infirmitatis. »

2. « Tu, *paillarde*, comedisti halleca et alia tibi contraria. »

3. Pourtant Tiphaine figure parmi ceux qui, lors de la grave délibération du 29 mai, s'étaient rangés à l'opinion de l'abbé de Fécamp, concluant à la condamnation de Jeanne. (Voir PROCÈS DE CONDAMNATION, page 371.)

X. — DÉPOSITION DU DOCTEUR MÉDECIN DELACHAMBRE

De même que maître Tiphaine, maître Guillaume Delachambre était médecin et avait participé à contre-cœur au procès ainsi qu'à la condamnation. Nous allons l'entendre raconter les incidents significatifs d'une maladie où Jeanne reçut ses soins. Il avait quarante-huit ans quand il déposa dans l'enquête de 1456 :

J'ai connu Jeanne lors de son procès, auquel j'ai assisté plusieurs fois avec d'autres docteurs et praticiens[1]. A mon avis, elle était une bonne jeune fille. J'ai entendu dire depuis, par maître Pierre Morice qu'il avait entendu Jeanne à confesse, et que jamais il n'avait ouï telle confession de la bouche d'un docteur ou d'homme quelconque; qu'aussi croyait-il que Jeanne marchait justement et saintement avec Dieu.

On m'a aussi raconté que Jeanne avait été visitée pour savoir si, oui ou non, elle était vierge, et qu'elle fut trouvée telle. Personnellement je sais, autant que

1. Delachambre était alors licencié en médecine.

mon art m'a permis d'en juger, qu'elle était vierge et sans tache, l'ayant visitée dans une maladie[1].

Lors d'une indisposition qu'eut Jeanne, le cardinal d'Angleterre et le comte de Warwick m'envoyèrent chercher. Je parus devant eux en compagnie de maître Guillaume Desjardins et d'autres médecins. Le comte de Warwick nous dit : « Jeanne, d'après ce qu'on m'a rapporté, a été malade. Je vous ai mandés pour que vous pensiez à la guérir. Le roi ne veut pas, pour rien au monde, qu'elle meure de mort naturelle; car il l'a chère, l'ayant chèrement achetée[2]. Il entend qu'elle ne trépasse que par justice et soit brûlée. Faites donc le nécessaire. Visitez-la avec grand soin et tâchez qu'elle soit rétablie. »

Nous allâmes donc la visiter, Guillaume Desjardins, d'autres et moi. Desjardins et moi, nous la palpâmes au côté droit et lui trouvâmes de la fièvre : d'où nous conclâmes à une saignée. Nous en avisâmes le comte de Warwick qui nous dit : « Une saignée? Prenez garde. Elle est rusée et pourrait bien se tuer[3]. » Néanmoins la saignée eut lieu, et la guérison suivit immédiatement.

1. Le texte latin renferme quelques détails que je m'abtiens de traduire. Voici ce texte : « Et sit ipso loquens, prout percipere potuit secundum artem medicinæ, quod erat incorrupta et virgo, quia eam vidit quasi nudam, cum visitaret eam de quadam infirmitate et palpavit in renibus, et erat multum stricta, quantum percipere potuit ex aspectu. »

2. « Quia pro nullo rex volebat quod sua morte naturali moreretur, rex enim eam habebat caram et care emerat. »

3. « Caveatis a phlebotomia, quia cauta est et posset se interficere. »

Jeanne rétablie, survint maître d'Estivet qui se livra envers elle à des propos injurieux. Il l'appela *p....*, *paillarde*[1]. Ces injures mirent Jeanne fort en colère, si bien que la fièvre reprit et qu'elle eut une rechute. Ce fait étant arrivé à la connaissance du comte, il enjoignit audit d'Estivet d'avoir à ne plus injurier Jeanne.

Quels sentiments animaient les juges de Jeanne? Je m'en réfère à leurs consciences. Pour moi, je sais bien qu'en réalité je n'ai pas donné d'avis dans le procès, quoique j'aie donné ma signature: ce que je n'ai fait qu'étant contraint et forcé par l'évêque de Beauvais. Je m'étais plusieurs fois excusé auprès de lui, en disant que ce n'était pas mon métier d'opiner en telle matière. Finalement, il me fut dit que, si je ne souscrivais pas comme les autres à l'avis qui prévalait, il m'adviendrait mal d'être venu à Rouen. Voilà comment je fus amené à donner ma signature.

J'ajouterai que des menaces furent adressées à maître Jean Lohier et à maître Nicolas de Houppeville. Il était question de les noyer pour les punir de ne vouloir point participer au procès.

J'ai vu une fois le seigneur abbé de Fécamp interroger Jeanne. Maître Jean Beaupère l'interrogeait en même temps, et les questions se mêlaient nombreuses et diverses. Jeanne n'aurait pas voulu répondre à tant d'interrogations à la fois. Aussi dit-elle aux deux docteurs qu'ils lui faisaient grande injustice de tant

1. « Eam vocavit putanam, paillardam. »

la tourmenter et que déjà elle avait répondu sur toutes ces questions[1].

Je me souviens aussi qu'une fois, étant interrogée par l'évêque et quelques assesseurs, elle dit que ni eux ni l'évêque n'étaient ses juges. Je lui ai également entendu dire qu'elle se soumettait à notre seigneur le Pape.

Lors du sermon fait par Guillaume Érard, je me trouvai parmi les assistants. Je ne me souviens pas cependant de ce qui fut dit dans le sermon. Mais j'ai bonne souvenance de l'abjuration que fit Jeanne. Elle différa longtemps de la faire. Enfin maître Guillaume Érard l'y détermina, en lui disant de faire ce qu'on lui conseillait et qu'elle serait délivrée de sa prison. Sous cette condition, non autrement, elle se décida, et lut ensuite certaine autre petite cédule contenant six ou sept lignes sur une feuille de papier double. J'étais si près que je pouvais voir apparemment les lignes et leur quantité[2].

Peu de temps après, j'ouïs dire que les Anglais avaient amené Jeanne à reprendre l'habit d'homme. On racontait que les habits de femme lui avaient été

1. « Eisdem dixit quod sibi faciebant magnam injuriam eam taliter vexare, et quod jam super illis interrogatoriis responderat. »

2. « Et sub hac conditione et non alias hoc fecit, legendo post aliam quamdam parvam schedulam, continentem sex vel septem lineas, in volumine folii papyrei duplicati; et erat ipse loquens ita prope quod verisimiliter poterat videre lineas et modum earum. »

soustraits et les habits d'homme mis à la place : d'où cette conclusion qu'on l'avait injustement condamnée.

J'assistai à la dernière prédication qui fut faite sur la place du Vieux-Marché, à Rouen, par maître Nicolas Midi, et que suivit la mort Jeanne sur le bûcher. Les fagots étaient tout prêts pour la brûler, et Jeanne faisait de si pieuses lamentations et exclamations que beaucoup pleuraient. Quelques Anglais riaient. J'entendis Jeanne prononçant ces mots ou d'autres semblables : « Ha ! Rouen ! j'ay grant paour que tu ne ayes à souffrir de ma mort[1] ! » Un moment elle se mit à crier : « Jésus », et à invoquer saint Michel. Puis enfin elle expira dans les flammes.

Je ne sais rien autre.

1. En français dans le texte.

XI. — DÉPOSITIONS DU GREFFIER MANCHON

Guillaume Manchon, le principal greffier du procès de Jeanne, né en 1395, est le témoin dont les dépositions offrent les plus nombreux et les plus intéressants détails. Il fut entendu dans l'enquête de 1450 par Guillaume Bouillé, dans l'enquête de 1452, par le cardinal d'Estouteville d'abord et ensuite par Philippe de La Rose; enfin, et très longuement, dans l'enquête de 1456, par les juges du procès de réhabilitation. La sollicitude avec laquelle ce bon prêtre s'intéressa et aida à la revision du procès prouve la sincérité des sympathies que Jeanne lui avait inspirées.

Voici ce qu'a dit ce témoin précieux, dans ses quatre dépositions[1] :

Je n'ai jamais connu ni le père ni la mère de Jeanne, ni aucun de ses parents. Elle-même, je ne l'ai connue qu'à l'époque où elle fut amenée à Rouen.

1. Réserve faite de son interrogatoire sur les douze articles, qui m'a paru devoir servir de matière à un chapitre à part venant après celui-ci.

On disait qu'elle avait été prise dans le diocèse de Beauvais. Pierre Cauchon en tira prétexte pour se la faire livrer. Il écrivit tant au roi d'Angleterre et au duc de Bourgogne qu'enfin il l'obtint en échange d'une rente annuelle de trois cents livres et d'une somme de mille écus donnée au nom du roi d'Angleterre à l'homme d'armes du duc de Bourgogne qui avait fait Jeanne prisonnière.

Et monseigneur de Beauvais, et les maîtres qu'on fit venir de Paris, et les Anglais, à l'instance desquels fut mené tout le procès, procédèrent par haine. Ils ne pardonnaient pas à Jeanne d'avoir combattu le parti anglais et, en la frappant, ils voulaient atteindre le roi de France.

Je ne veux pas dire que tous ceux qui ont jugé Jeanne aient obéi à des sentiments de haine. Là-dessus, je m'en rapporte à leur conscience. Ce que je sais bien, c'est que, si Jeanne eût été pour les Anglais, jamais elle n'aurait encouru de telles rigueurs ni subi un tel procès.

Je crois que, par ce chemin, les Anglais visaient à infliger une flétrissure au roi de France. Puis, ils craignaient Jeanne. D'après la rumeur commune, jamais ils n'eussent osé mettre le siège devant Louviers tant que Jeanne aurait vécu [1].

1. Ce n'est pas seulement par crainte de Jeanne, ce fut aussi par nécessité de réunir des forces plus considérables, que les Anglais ajournèrent le siège de Louviers, où Lahire s'était puissamment retranché.

Si Jeanne fut conduite à Rouen et non à Paris, c'est que le roi d'Angleterre et ses principaux conseillers étaient alors à Rouen[1].

On m'obligea à prendre part au procès comme greffier. Je le fis, bien malgré moi. Mais je n'aurais pas osé résister à un ordre des seigneurs du conseil royal[2].

C'étaient les Anglais qui poursuivaient le procès; et il eut lieu à leurs frais. Ce n'est pas à dire que l'évêque de Beauvais ou le promoteur aient cédé à une pression de la part des Anglais. Ils s'acquittèrent de leur besogne bien volontairement. Je n'en dirais pas autant des assesseurs et des autres conseillers. Ils n'auraient pas osé faire de l'opposition; et il n'y en avait pas un qui ne fût en crainte.

Au commencement du procès eut lieu une réunion où étaient le seigneur évêque de Beauvais, l'abbé de Fécamp, maître Nicolas Loyseleur et plusieurs autres, dans une maison près du château. J'y fus mandé; et l'évêque me dit : « Il vous faut bien servir le roi. Nous avons l'intention de faire un beau procès contre cette

1. De fait, d'après le chroniqueur normand Cochon, contemporain de Jeanne et présent à Rouen en 1430, Henri VI s'était installé à Rouen dès le 29 juillet 1430, et il y resta jusque bien après la mort de Jeanne. Il avait sa résidence dans le même château où Jeanne avait sa prison. Le comte de Warwick, créé gouverneur du château par le régent Bedfort, était à la fois l'éducateur du jeune roi et le geôlier de la Pucelle.

2. « Hoc invitus fecit, quia non fuisset ausus contradicere præcepto dominorum de consilio regis. »

Jeanne[1]. Avisez un autre greffier qui vous assiste. » Je nommai Boisguillaume, et il me fut adjoint.

Ayant été ainsi greffier au procès, j'ai bien connu Jeanne. A ce qu'il me semblait elle était très simple; et cependant, dans ses réponses, il y avait maintes fois beaucoup de sagesse à côté de pas mal de simplicité, comme on peut le voir au procès[2]. A mon avis, il était impossible que, dans une cause si difficile, elle suffît elle-même à se défendre contre de si grands docteurs, si elle n'eût été inspirée.

Bien des fois avant et pendant le procès, Jeanne requit qu'on la menât dans la prison épiscopale. Mais on ne l'écouta point et il ne fut aucunement fait droit à sa demande. Je crois d'ailleurs que les Anglais ne l'auraient point livrée à l'évêque et que l'évêque n'aurait point voulu qu'elle fût transférée hors du château.

Puis il n'y a pas de conseillers qui eussent osé en toucher un mot. Chacun craignait de déplaire à l'évêque et aux Anglais.

Ainsi, après le commencement du procès, maître Jean Lohier, notable clerc normand, vint à Rouen. L'évêque de Beauvais le manda et l'invita à dire son opinion sur le procès de Jeanne. Quelle réponse fit-il

1. « Quod intendebant facere unum pulchrum processum contra istam Johannam. »

2. « Quæ, ut sibi videbatur, erat multum simplex, licet aliquando multum prudenter responderet, et interdum satis simpliciter, prout videri potest in processu. »

à l'évêque? Je l'ignore, n'ayant pas été présent[1]. Mais le lendemain je rencontrai maître Lohier dans l'église Notre-Dame de Rouen et je lui demandai: « Avez-vous vu le procès? » — « Je l'ai vu, me répondit-il. [Comme je l'ai dit à l'évêque], ce procès, ne vaut rien. Impossible de le soutenir, pour plusieurs raisons. Premièrement, il y manque la forme d'un procès ordinaire. Deuxièmement, il est déduit dans le château, en lieu clos et fermé où juges et assesseurs, n'étant point en sûreté, n'ont pas pleine et entière liberté de dire purement et simplement ce qu'ils veulent. Troisièmement, le procès touche à plusieurs personnes qui ne sont pas appelées à comparaître, et on y met en jeu notamment l'honneur du roi de France dont Jeanne suivit le parti, sans citer le roi ni quelqu'un qui le représente. Quatrièmement, ni libellés, ni articles n'ont été donnés, et cette femme, qui est une simple fille, on la laisse sans conseil pour répondre à tant de maîtres, à de si grands docteurs et en matières si graves, spécialement celle qui concerne ses révélations. Pour tous ces motifs, le procès ne me semble pas valable. » Il ajouta : « Vous voyez comment ils procèdent. Il la prendront, s'ils peuvent, par ses paroles. Ils tireront avantage des assertions où elle dit : *Je sais de certain* au sujet de ses apparitions. Mais si elle disait : *Il me*

1. « Certis responsis factis eidem episcopo quæ ignorat, quia non erat præsens. » (Déposition de 1456.) D'après les dépositions de 1450 et 1452, ce qui va suivre est la réponse de Lohier à l'évêque.

semble, au lieu de : *Je sais de certain*, m'est avis qu'il n'est homme qui la pût condamner. Je m'aperçois bien qu'ils agissent plus par haine que par tout autre sentiment. Ils ont l'intention de faire mourir Jeanne[1]. Aussi ne me tiendrai-je plus ici. Je ne veux plus y être. Ce que j'y dis déplait. »

De fait, monseigneur de Beauvais était fort indigné contre ledit Lohier. Néanmoins, il l'avait pressé de demeurer pour voir la conduite du procès : à quoi Lohier répondit qu'il ne demeurerait point. Incontinent, l'évêque de Beauvais, alors logé en la maison où demeure à présent maître Jean Bidault, près Saint-Nicolas-le-Painctour, était venu trouver les maîtres Jean Beaupère, Jacques de Touraine, Nicolas Midi, Pierre Morice, Thomas de Courcelle et Loiseleur. — « Voilà Lohier qui nous veut bailler belles interlocutoires en notre procès, leur dit-il. Il veut tout calomnier, et dit que le procès ne vaut rien. Qui l'en voudrait croire, il faudrait tout recommencer, et tout ce que nous avons fait ne vaudrait rien. On voit bien de quel pied il cloche. Par saint Jean, nous n'en ferons rien ; mais continuerons notre procès comme il est commencé[2]. »

Cela se passait l'après-dînée d'un samedi, en carême.

1. « *Prout videbatur sibi, erant intentionis facere eam mori.* »

2. La déposition de 1456 indique en deux lignes cette sortie de l'évêque et la reporte au surlendemain du départ de Lohier : « *Duobus* diebus vel circiter postmodum transactis. » Les deux dépositions de 1452 n'en parlent pas. La déposition de 1456 en fait l'exposé explicite, tel qu'on vient de le lire.

Le lendemain matin, maître Lohier avait avec moi l'entretien que j'ai dit. Ce jour même, il quitta Rouen. Il n'aurait plus osé rester en cette ville sous l'autorité des Anglais; et de fait il est toujours demeuré depuis en cour de Rome, où il est mort doyen de rote.

Maître Jean de Lafontaine fut le lieutenant de monseigneur l'évêque de Beauvais pour les interrogations faites à Jeanne depuis le commencement du procès jusqu'à la semaine d'après Pâques. Or, pendant la semaine sainte, il vint trouver Jeanne en compagnie de deux religieux de l'ordre des frères prêcheurs, frère Isambard de la Pierre et frère Martin Ladvenu, afin de la décider à se soumettre à l'Église, l'avertissant qu'elle devait croire et tenir que l'Église c'était Notre Saint Père le Pape et ceux qui président en l'Église militante; qu'elle ne devait point hésiter à se soumettre au Souverain Pontife et au saint concile, vu qu'il y avait plusieurs notables clercs tant de son parti que d'ailleurs; et que, si elle ne le faisait, elle se mettrait en grand danger. Le lendemain de cet avertissement, Jeanne dit qu'elle voulait bien se soumettre à Notre Saint Père le Pape et au sacré concile. Quand il ouït cette déclararation, l'évêque de Beauvais demanda qui donc, la veille, était allé parler à Jeanne, et il fit venir le garde anglais pour s'enquérir là-dessus. Le garde lui répondit que c'étaient Jean de Lafontaine, frère Isambard et frère Martin. Aucun des trois n'était là. En leur absence, l'évêque se courrouça très fort contre Jean Lemaître, vicaire de l'inquisiteur. Bientôt Jean de Lafontaine sut tout cela et qu'il était menacé pour cette affaire. Il quitta Rouen; et depuis oncques n'y retourna. Quant aux deux religieux, n'eût été Jean Lemaître, qui supplia pour eux et dit que si on leur faisait déplaisir il ne viendrait jamais plus au procès, ils eussent été en péril de mort. Dès lors, défense fut faite par le comte de Warwick que personne n'eût accès auprès de la Pucelle, sinon monseigneur de Beauvais ou qui viendrait de par lui. L'évêque demeurait libre d'aller voir la Pucelle toutes les fois qu'il lui plairait; mais le vicaire inquisiteur n'y eut point d'entrée sans lui. De fait, ledit vicaire avait différé le plus possible de participer au procès; et il n'y participait qu'avec le plus grand déplaisir[1].

Je citerai encore maître Nicolas de Houppeville, qui fut en grand péril pour avoir refusé d'obtempérer à la sommation qu'on lui adressa d'assister au procès.

Je citerai enfin Jean de Châtillon. Un jour, pendant les interrogatoires faits à Jeanne, Jean de Châtillon montra quelque faveur pour elle en disant qu'on lui adressait des questions trop difficiles et que peut-être elle n'était pas tenue de répondre[2]. Ses critiques, dont je ne me rappelle pas bien les termes, déplurent aux autres assesseurs. Ils lui dirent à plusieurs reprises

1. « Quantum potuit distulit interesse hujusmodi processui, et sibi multum displicebat interesse. » — Cette apologie du vice-inquisiteur ne se trouve que dans la déposition de 1456.

2. « Quod forte non tenebatur respondere. »

de les laisser en repos. — « Il faut pourtant, leur répondit-il, que j'acquitte ma conscience ». Là-dessus grand tumulte. L'évêque de Beauvais dit à Jean de Châtillon : « Taisez-vous et laissez parler les juges. » En même temps il lui fut intimé de ne revenir aux séances que quand il serait mandé.

Je me souviens aussi de l'apostrophe que s'attira dans une séance frère Isambard de la Pierre. Parlant à Jeanne, il essayait de la diriger, et l'avisait sur le fait de la soumission à l'Église. « Taisez-vous, au nom du diable[1] ! » lui dit l'évêque.

Une autre fois, je ne sais qui ayant tenu sur Jeanne des propos que le seigneur de Stafford trouva déplaisants, ledit seigneur dégaina, et, l'épée nue, il poursuivit l'homme jusqu'en un lieu sacré et privilégié. N'eût été la sainteté du lieu dont on l'avisa, il l'eût frappé.

Parmi les docteurs les plus affectés contre Jeanne, j'ai remarqué Beaupère, Midi et Jacques de Touraine. J'ajouterai Loiseleur. Maître Nicolas Loiseleur était un familier de monseigneur de Beauvais et tenait extrêmement le parti des Anglais. Il se fit passer auprès de Jeanne comme étant de son pays, et ainsi trouva moyen d'avoir familiarité et conversation avec elle. Mon confrère Boisguillaume et moi nous fûmes avisés de la chose par le seigneur de Warwick, l'évêque de Beauvais et maître Loiseleur. Ils nous dirent : « Cette Jeanne dit merveilles sur ses apparitions. Pour savoir plus à plein

1. « Taceatis in nomine diaboli ! »

la vérité de sa bouche, nous nous sommes avisés de ceci : maître Nicolas feindra qu'il est Lorrain et du parti de Jeanne; il entrera dans la prison en habit court (*en habit laïque*); les gardes se retireront et on les laissera seuls[1]. »

Il y avait dans une chambre voisine une ouverture faite exprès où on nous fit placer, mon confrère et moi, pour entendre ce que dirait Jeanne. Nous étions là, entendant tout sans être vus. Loiseleur se mit à converser avec Jeanne, en lui donnant des nouvelles imaginées à sa fantaisie. Après avoir parlé de l'état du roi, il l'entretint sur ses révélations. Jeanne répondait à ses questions, persuadée qu'il était de son pays et de son parti. L'évêque et le comte nous dirent d'enregistrer les réponses faites par Jeanne. Mais je répondis que cela ne devait pas se faire; qu'il n'était pas honnête d'engager ainsi un procès; qu'au surplus, si Jeanne disait de telles choses dans les formes régulières de justice, volontiers nous l'enregistrerions.

[Cela n'empêche que] Loiseleur, si mes souvenirs ne me trompent, nous tenait bien au courant, nous notaires, de tout ce que la Pucelle lui disait familièrement et en secret, trouvant toujours manière de le faire venir à notre ouïe. Il en était fait mémoire en vue des interrogations du procès, pour avoir moyen de la prendre captieusement[2].

1. « Intraret carcerem in habitu brevi, et quod custodes recederent et essent soli in carcere. »

2. Manchon n'a donné ce détail que dans la déposition de 1450.

Jeanne avait grande confiance en Loiseleur, si bien que plusieurs fois il l'ouït en confession. En général, elle n'était jamais menée devant ses juges que ledit Loiseleur n'eût au préalable conféré avec elle[1]. Il n'était point permis à Jeanne de se confesser à personne, qu'à lui[2].

Le texte du procès que vous me montrez a été produit par moi. J'affirme que c'est bien le procès authentique qui a été dressé dans la déduction de la cause

C'est plus tard seulement, dans la déposition de 1456, qu'il introduisit les réserves contenues au paragraphe précédent. En 1452 et surtout en 1456, la préoccupation d'excuser les assesseurs et de s'excuser lui-même se trahit de plus en plus dans les témoignages de Manchon.

1. « Nec communiter ducebatur ad judicium ipsa Johanna quin ipse Loyseleur per prius cum eadem fuisset locutus. »

2. La conduite de Loiseleur était virtuellement autorisée par une prescription que dom Edmond Martène cite dans son *Traité sur l'hérésie des pauvres de Lyon* (*Tractatus de hæresi pauperum de Lugduno*) et dont il emprunte le texte, par l'intermédiaire d'un auteur anonyme, au dominicain Étienne de Belleville, écrivain du XIIIe siècle.

Voici cette ordonnance : « Une fois convaincu de son crime par les témoins, que nul n'approche l'hérétique, si ce n'est, de temps à autre, deux fidèles adroits qui l'avertissent, avec précaution et comme par compassion, de se garantir de la mort en confessant ses erreurs, et qui lui promettent que, s'il le fait, il pourra échapper au supplice du feu ; car la crainte de la mort et l'espoir de la vie amollissent quelquefois un cœur qu'on n'aurait pu attendrir autrement ».

Loiseleur, en se faisant l'espion de sa pénitente, trouva moyen d'aggraver les criminelles pratiques admises par l'inquisition.

contre Jeanne; qu'il contient la vérité, et qu'il a été signé par mes deux confrères et par moi. Un exemplaire a été donné au seigneur inquisiteur; un autre au roi d'Angleterre; un autre à l'évêque de Beauvais. Lesdits textes du procès ont été faits sur une minute française, que j'ai écrite de ma propre main, exception faite de la première séance, et que je vous ai également remise. Le procès fut mis du français en latin par maître de Courcelles et par moi, en la forme où il subsiste maintenant, le mieux et le plus exactement qu'il se pût faire, longtemps après l'exécution et la mort de Jeanne[1]. Quant au libellé de l'accusation et autres pièces du procès, maître Thomas y est demeuré étranger, ou du moins ne s'en est guère mêlé.

Pour les *Nota* qui se trouvent en tête de quelques articles de la minute française du procès, je vais vous en expliquer la raison et le but. Lors du premier interrogatoire, dans la chapelle du château de Rouen, à l'occasion des premières questions posées à Jeanne, il se fit un très grand tumulte. Jeanne était pour ainsi dire interrompue à chaque mot, quand elle parlait de ses apparitions; et il y avait là deux ou trois secrétaires du roi d'Angleterre qui enregistraient selon leur fantaisie ses déclarations, omettant ses excuses et tout ce qui allait à sa décharge. Je m'en plaignis, et dis que, si on n'y mettait ordre, je n'accepterais pas la responsabilité de tenir la plume. Sur ma réclamation, on

1. « Longe post mortem et executionem factam de ipsa Johanna. »

changea de lieu le lendemain, et on se réunit dans une salle du château voisine de la grande salle, avec deux gardes anglais à la porte. Néanmoins, il y avait quelquefois difficulté sur les réponses de Jeanne ; et certains disaient que ce que j'avais écrit n'était pas ce qu'elle avait répondu. En conséquence, là où m'apparaissait matière à contestation, je mettais en tête *Nota*, pour que Jeanne fût interrogée à nouveau et la difficulté éclaircie.

Au commencement, [et durant une grande partie du procès[1]], de par le commandement de monseigneur de Beauvais, deux clercs se tinrent cachés près d'une fenêtre, derrière un rideau, tout à côté de l'endroit où étaient les juges, tandis que Guillaume Colles et moi nous étions au pied des juges, ainsi que Jean Monnet, secrétaire de maître Guillaume Beaupère. Ces deux clercs écrivaient pendant que Jeanne parlait, et ils rapportaient ce qui était à sa charge en taisant ses excuses. Je crois que maître Loiseleur se tenait caché avec eux, ayant l'œil sur ce qu'ils écrivaient[2].

L'après-dînée, on faisait, dans la maison de l'évêque, en présence de quelques docteurs, la collation de nos

1. La déposition de 1456 porte : « *In principio processus* » la seconde déposition de 1452 porte : « *Per magnum spatium ipsius processus* ».

2. « Credit quod magister Nicolaüs Loyseleur erat cum eisdem absconsus qui adspiciebat quæ scribebant. » — Ce que Manchon dit dans les deux paragraphes qu'on vient de lire fait partie de la déposition de 1456. Ce qu'il dit dans les trois paragraphes qui vont suivre appartient aux dépositions de 1452 ou de 1450.

écritures. Or, comme les deux clercs rapportaient les choses d'autre manière que moi et ne mettaient point ce qui excusait Jeanne, il advint que monseigneur de Beauvais se courrouça grandement contre moi. On me représentait que les autres avaient écrit autrement que moi, et on cherchait à m'amener à écrire comme eux. Mais je répondais que j'avais fidèlement écrit et je refusais de rien changer[1]. En même temps, comme je l'ai dit, je marquais par un *Nota* les endroits où il y avait controverse et sur lesquels il convenait de recommencer les interrogations. Le lendemain, Jeanne était de nouveau questionnée sur les points douteux, et ses réponses confirmaient l'exactitude de ce que j'avais écrit, comme on pourra s'en assurer par l'examen du procès.

Bien des fois, en écrivant le procès, j'eus à subir les réprimandes de l'évêque de Beauvais et de divers autres maîtres. Ils voulaient me forcer à écrire selon leur imagination et contrairement à ce que Jeanne avait eu en tête de dire ; et, quand il y avait quelque chose qui ne leur plaisait point, ils défendaient de l'écrire, en disant que cela ne servait point au procès.

Pendant les cinq ou six premières journées notamment, comme je consignais par écrit les réponses de Jeanne sans rien omettre de ce qui l'excusait, les juges voulurent à plusieurs reprises me contraindre à modifier ma rédaction. Ils me disaient en latin d'employer

1. « Quibus respondebat loquens fideliter scripsisse, et quod nihil mutaret. »

d'autres termes, de façon à changer le sens des paroles et à rédiger autre chose que ce que j'entendais.

Mais je n'écrivis jamais que selon mon entendement et ma conscience.

Un jour, l'évêque de Beauvais, le comte de Warwick et moi, nous entrâmes dans la prison où était Jeanne, et nous la trouvâmes les deux pieds dans les fers. Il paraît, d'après ce que j'ouïs dire alors, que, la nuit, elle était attachée par une chaîne de fer qui lui ceignait le corps; mais je ne l'ai pas vue attachée ainsi. Il n'y avait dans la prison ni lit ni objet de literie, mais quatre ou cinq misérables individus[1] qui étaient ses gardiens.

Jeanne vivait-elle catholiquement? Il ne m'appartient pas d'en juger. Ce que je puis dire, c'est que, durant le procès, je l'ai entendue demander à entendre la messe, notamment les dimanches des Rameaux et de Pâques. Elle voulait le jour de Pâques se confesser et recevoir le corps de Notre-Seigneur. Interdiction lui était faite de se confesser, sauf à maître Loiseleur, qui en tout cela jouait la comédie[2]. Elle se plaignait beaucoup des refus qu'on lui opposait.

Il est bien mentionné dans le procès que les juges disaient avoir fait faire des informations. Mais je ne me rappelle pas les avoir lues ni vues. Je sais bien que

1. « Miserabiles homines. »
2. « Qui in ea re fictus erat. »

si elles eussent été produites, je les aurais insérées au procès[1].

On fatiguait Jeanne par des interrogations multiples et diverses. Presque chaque jour, avaient lieu le matin des interrogatoires qui se prolongeaient trois ou quatre heures; et, maintes fois, de ce qu'avait dit Jeanne le matin on extrayait la matière de questions difficiles et subtiles qui servaient à l'interroger encore l'après-dînée pendant deux ou trois heures. On ne cessait de changer de sujet et de passer d'une question à une autre. En dépit de ces va-et-vient, Jeanne répondait prudemment. Elle avait une très grande mémoire. « Je vous ai déjà répondu là-dessus, » disait-elle bien souvent; et elle ajoutait, voulant parler de moi : « Je m'en rapporte au clerc[2]. »

Lorsque le procès eut été complètement instruit, des consultations furent demandées; la collation en fut faite, et on décida que Jeanne serait prêchée.

Elle avait pour l'assister comme conseil maître Nicolas Loiseleur qui, tandis qu'elle était debout près d'une

1. Que Manchon ne les eût ni lues ni vues, c'est possible. Du moins savait-il qu'elles existaient, lui qui les avait si expressément mentionnées dans divers procès-verbaux, notamment dans le procès-verbal de la séance du 13 janvier. (Voir tome I du présent ouvrage, page 324). Aussi ne faut-il pas imaginer qu'il conteste l'existence des informations. Il se contente d'affirmer qu'elles n'avaient pas été officiellement produites comme pièce à insérer au procès.

2. « Ego me refero clerico. »

petite porte, lui disait : « Jeanne, croyez-moi, parce que, si vous le voulez, vous serez sauvée[1]. Prenez l'habit de votre sexe; et faites tout ce qui vous sera ordonné. Autrement vous êtes en péril de mort. Si vous faites ce que je vous dis, je le répète, vous serez sauvée ; vous n'aurez aucun mal ; vous aurez beaucoup de bien ; et vous serez remise à l'Église. »

On la conduisit alors sur un échafaud.

Je me souviens que, dans la prédication qui fut faite, maître Jean Erard proféra, entre autres, les paroles suivantes : « Ha, noble maison de France qui as toujours été protectrice de la foi, as-tu été ainsi abusée, de t'attacher à une hérétique et schismatique! C'est grande pitié! » A quoi la Pucelle fit une réponse que je ne me rappelle pas, sauf qu'elle y faisait grand éloge de son roi, en disant que c'était le meilleur chrétien et le plus sage qui fût au monde. Sur ce, ledit Erard et monseigneur de Beauvais dirent impérieusement à l'huissier Massieu : « Faites-la taire ».

Deux sentences avaient été préparées, l'une d'abjuration, l'autre de condamnation. L'évêque les avait toutes deux sur lui. Déjà il avait produit la sentence de condamnation et en donnait lecture. Maître Nicolas Loiseleur continuait à presser Jeanne de faire ce qu'il lui avait dit et de prendre un habit de femme. Il y eut un court temps d'arrêt pendant lequel un Anglais, là présent, dit à l'évêque qu'il était un traître. « Vous men-

1. « Johanna, credatis mihi, quia, si vos velitis, eritis salvata. »

tez », lui répondit l'évêque. Sur ces entrefaites, Jeanne déclara qu'elle était prête à obéir à l'Église. Aussitôt on lui fit prononcer l'abjuration dont lecture lui fut donnée. Je ne sais si elle la fit en répétant ce qui était lu, ou si elle se borna, la lecture faite, à déclarer qu'elle disait de même. Ce que je sais, c'est qu'elle souriait[1]. Le bourreau était là, tout près, avec sa charrette, attendant qu'on lui donnât Jeanne pour la brûler.

Je n'ai pas vu faire la cédule d'abjuration ; mais elle avait été faite, une fois les opinions recueillies, avant qu'on se rendît à la place Saint-Ouen. Je ne me souviens pas qu'on eût lu ou expliqué à Jeanne la cédule d'abjuration, si ce n'est au moment même où elle abjura.

C'est le jeudi après la Pentecôte qu'eurent lieu la prédication, l'abjuration, et la sentence par laquelle Jeanne fut condamnée à la prison perpétuelle.

Qu'est-ce qui détermina les juges à condamner Jeanne à la prison perpétuelle, alors qu'ils lui avaient promis qu'il ne lui serait fait aucun mal? J'imagine que la chose se passa ainsi à cause de la diversité des obédiences. On craignait que Jeanne ne s'évadât[2].

Jugea-t-on bien, jugea-t-on mal? je m'en rapporte au droit et aux consciences des juges.

1. « Et tunc fecerunt sibi dicere abjurationem, quæ sibi fuit lecta; sed nescit si loquebatur post legentem, aut si postquam fuerit lecta dixit quod ita dicebat. Sed dicit quod subridebat. »

2. « Dicit quod credit hoc contigisse propter diversitatem obedientiarum; et timebant ne evaderet. »

Comme on revenait du prêche de Saint-Ouen[1], après l'abjuration, Loiseleur disait à la Pucelle : « Jeanne, vous avez fait une bonne journée. S'il plaît à Dieu, vous avez sauvé votre âme ». — « Or çà, dit-elle, entre « vous gens d'Église, menez-moi en vos prisons, et « que je ne sois plus en la main de ces Anglais[2]. » Sur quoi, monseigneur de Beauvais : « Menez-la où vous l'avez prise. » En conséquence, Jeanne fut ramenée au château d'où elle était partie.

Pendant le procès, sur cette demande qui lui était faite : « Pourquoi ne pas revêtir un habit de femme et ne pas reconnaître qu'il est indécent pour une personne de votre sexe d'avoir une tunique d'homme ainsi que ces chausses attachées avec ce tas de cordons fortement serrés? » j'ai entendu Jeanne se plaindre ainsi à monseigneur de Beauvais et au comte de Warwick : « Je n'oserais pas quitter ces chausses, ni les garder sans qu'elles fussent fortement attachées. Vous savez bien, l'un et l'autre, que mes gardes ont plusieurs fois tenté de me faire violence. Une fois même, comme je criais, vous, comte de Warwick, vous êtes venu à mes cris pour me secourir; et, si vous n'étiez venu, j'aurais été victime de mes gardes[3]. »

1. Le cimetière de Saint-Ouen, à Rouen, occupait l'emplacement voisin du portail des Marmousets.

2. En français dans le texte.

3. Conquesta fuit dicendo quod non auderet exuere dictas caligas nec eas tenere quin essent fortiter ligatæ, quia bene

De fait, Jeanne redoutait que, dans la nuit, ses gardiens n'attentassent sur elle. Une ou deux fois, elle s'était plainte à l'évêque de Beauvais, au vice-inquisiteur et à maître Loiseleur de ce qu'un de ses gardiens avait voulu la violer. Warwick, avisé, menaça ces Anglais de les punir durement en cas de récidive, et deux autres gardiens furent mis près de Jeanne.

Le dimanche qui suivit l'abjuration et qui était le jour de la Trinité, nous maîtres-greffiers et d'autres gens s'entremettant du procès, nous fûmes mandés par l'évêque et par le comte de Warwick pour nous rendre au château de Rouen. « Jeanne, nous disait-on, avait repris l'habit d'homme et était relapse. » Nous allâmes au château; mais, quand nous fûmes arrivés à la grande cour, en l'absence de monseigneur de Beauvais, voilà que des Anglais en armes vinrent nous assaillir. Ils étaient au moins cinquante, peut-être quatre-vingts, peut-être même cent. Il nous invectivaient, disant que nous tous gens d'église étions faux, traîtres, armagnacs et mauvais conseillers, ayant gâté le procès. Ils étaient ainsi en colère, à ce que je crois, parce que Jeanne n'avait pas été brûlée à la suite de la première prédication et de la première sentence. C'est à grand'peine, et non sans grande peur, que nous pûmes

sciebant, ut dicebat, dicti episcopus et comes quod sui custodes pluries tentaverant eam violare, et semel, dum clamabat, ipse comes venit ad clamorem et in adjutorium, ita quod, nisi advenisset, dicti custodes eam violassent. »

échapper de leurs mains et sortir du château. Pour ce jour-là, nous ne fîmes rien.

Le lendemain, lundi, je fus derechef mandé au château par l'évêque et par le comte. Je répondis que je n'irais point si je n'avais entière sûreté, vu la peur que j'avais eue la veille. Et, en effet, je n'y fusse pas retourné, n'eût été l'envoi qui me fut fait d'un des gens de monseigneur de Warwick, qui me conduisit jusqu'à la prison, où je trouvai les deux juges et quelques autres avec eux, mais en petit nombre.

En ma présence on demanda à Jeanne pourquoi elle avait repris l'habit d'homme. Jeanne répondit qu'elle l'avait fait pour défendre sa pudeur, parce qu'elle n'était pas en sûreté sous l'habit de femme, avec ses gardiens qui avaient voulu attenter à son honneur, chose dont elle s'était plainte plusieurs fois à l'évêque et au comte; que pourtant les juges lui avaient promis qu'elle serait aux mains et dans les prisons de l'église, avec une femme pour compagne. Elle ajouta que, si c'était le plaisir des juges de la mettre en lieu sûr où elle fût sans crainte, elle était disposée à reprendre l'habit de femme, comme c'est marqué dans le procès. Quant au surplus des choses qu'elle passait pour avoir abjurées elle disait n'avoir rien compris du contenu de cette abjuration. Tout ce qu'elle avait fait, cela avait été par peur du feu, ayant devant les yeux le bourreau prêt, avec sa charrette[1].

1. « Quæ respondit quod hoc fecerat ad suæ pudicitiæ defensionem, quia non erat tuta in habitu muliebri cum suis custodibus, qui

Peu après, les seigneurs juges délibérèrent sur le cas de Jeanne, avec leurs conseillers ; et il s'ensuivit la nouvelle sentence prononcée par l'évêque le mercredi suivant. Les détails sont dans le procès.

J'assistai à la continuation du procès jusqu'à la fin. Mais je n'assistai point à certain examen de gens qui parlèrent à Jeanne à part, comme personnes privées. Néanmoins monseigneur de Beauvais a voulu me contraindre à signer le procès-verbal de cet examen. Je m'y suis refusé[1].

Le mercredi, dès le matin, avant le prononcé de la sentence et avant la sortie du château, le corps du Seigneur fut administré à Jeanne, comme elle l'avait instamment demandé. Pouvait-on donner la communion à une personne ainsi déclarée excommuniée et hérétique? Ne fallait-il pas une absolution en forme de l'Église? Il fut délibéré là-dessus entre les juges et les conseillers. On décida qu'il y avait lieu de lui donner,

voluerant attentare suæ pudicitiæ, de quo pluries conquesta fuerat eidem episcopo et comiti ; quodque ipsi judices sibi promiserant quod esset in manibus et carceribus Ecclesiæ, et quod secum haberet unam mulierem ; dicendo ulterius quod si placeret eisdem dominis judicibus ponere eam in loco tuto, in quo non timeret, quod erat parata recipere habitum mulieris, prout dicebat loquens contineri in processu. De aliis autem quæ dicebantur per eam abjurata dicebat nihil de contentis in eadem abjuratione intellexisse. Et quidquid fecerat, hoc fuerat metu ignis, videns tortorem paratum cum quadriga. »

1. (Voir Procès de condamnation. — Épilogue. Pages 334 et suivantes.)

sur sa requête, le sacrement de l'Eucharistie, et de l'absoudre au tribunal de la pénitence.

Jeanne fut conduite au lieu du supplice avec une grande escorte d'hommes d'armes, au nombre d'environ quatre-vingts, portant glaives et bâtons. Je la vis amener à l'échafaud. Il y avait sur la place sept à huit cents hommes de guerre. Ils entouraient Jeanne, armés de bâtons et de glaives, si bien qu'il n'y avait homme qui eût été assez hardi pour lui parler, excepté frère Martin Ladvenu et maître Jean Massieu.

Jeanne ouït patiemment le sermon tout au long. Après, elle fit ses prières et lamentations, bien notablement et dévotement, de telle sorte que les juges, les prélats et tous les autres assistants furent provoqués à grands pleurs et larmes en la voyant exprimer ses pitoyables regrets et faire ses douloureuses complaintes. La sentence de l'Église venait d'être prononcée et Jeanne savait qu'elle devait mourir. Elle fit les plus belles oraisons, recommandant son âme à Dieu, à la sainte Vierge et à tous les saints, les invoquant, et demandant pardon et à ses juges, et aux Anglais, et au roi de France, et à tous les princes du royaume [1]. Je me retirai et ne vis pas le reste. Jamais je ne pleurai tant pour chose qui m'advint. Encore un mois après, je ne m'en pouvais bonnement apaiser. C'est pourquoi de

1. « Fecit pulcherrimas orationes, recommendando animam suam Deo, beatæ Mariæ et omnibus sanctis, eos invocando ac petendo veniam a judicibus et ab Anglicis, regique Franciæ et omnibus principibus ejusdem regni. »

l'argent que j'avais eu du procès en rémunération de mes peines et labeurs, j achetai un petit missel, que j'ai encore, comme souvenir de Jeanne et afin d'avoir occasion de prier pour elle.

J'ai ouï dire qu'à la suite de la sentence du juge ecclésiastique qui l'abandonnait au bras séculier, Jeanne fut conduite au bailli là présent, et que celui-ci, sans autre délibération ou sentence, faisant signe de la main, dit : « Menez! menez! [1] » Et c'est ainsi que Jeanne fut menée au bûcher où elle fut brûlée.

J'ai encore ouï dire, par ceux qui avaient assisté à l'exécution, que Jeanne à sa fin avait invoqué le nom de Jésus. Elle ne voulut jamais révoquer ses révélations et y persista jusqu'à la dernière heure. De l'avis de tous, sa mort fut une mort bien chrétienne. Pour moi, jamais je ne vis en un chrétien plus grand signe de pénitence finale.

Je ne sais rien autre; et je m'en rapporte pour le surplus au contenu du procès [2]. »

1. « Faciens signum cum manu, dixit : « Ducatis, ducatis. »
2. « Nec aliud scit, et ulterius se refert ad contenta in processu. »

XII. — INTERROGATOIRE DU GREFFIER MANCHON SUR LES DOUZE ARTICLES

Lors de sa déposition devant les juges du procès de réhabilitation, en 1456, Manchon fut particulièrement questionné au sujet des douze fameux articles qui avaient été présentés comme le résumé exact des réponses de Jeanne et qui avaient servi de base aux consultations d'où résulta la sentence de condamnation.

On va lire cet important interrogatoire. Les juges s'y montrèrent pressants ; Manchon témoigna un visible embarras, et ses réponses mirent en évidence les perfidies dont Jeanne fut victime.

LE JUGE. — Le promoteur constitué en la cause de Jeanne avait dressé contre elle soixante-dix articles[1] ; et il se trouve qu'à la fin du procès ces articles sont réduits à douze. Qui a fait ces douze articles? Pourquoi

1. Quoique le texte porte ici 77, je dis 70, parce que dans le procès de condamnation il n'y a en fait que 70 articles.

les soixante-dix articles du promoteur n'ont-ils pas figuré dans l'instrument de la sentence [1], comme il le demandait, tandis qu'on y voit figurer les douze articles?

GUILLAUME MANCHON. — Avant que fussent rédigés les articles contenus au procès, Jeanne avait été plusieurs fois interrogée et avait fait de nombreuses réponses. C'est sur ces interrogations et sur ces réponses que furent faits, conformément à l'avis des assistants, les soixante-dix articles présentés par le promoteur, afin de mettre en ordre des matériaux confus et épars. Jeanne fut interrogée de nouveau sur ces soixante-dix articles; et les conseillers, principalement ceux qui étaient venus de Paris, furent d'avis qu'il fallait, comme c'était l'usage, tirer de l'ensemble des articles et des réponses un petit nombre d'articles courts où seraient réunis les points principaux, de sorte que, toute la matière étant condensée dans un bref formulaire, les délibérations se fissent plus rapidement et mieux [2]. Voilà pourquoi furent faits les douze articles. Ils ne sont aucunement mon œuvre. Qui les a composés ou extraits? Je l'ignore.

LE JUGE. — Mais comment a-t-il pu se faire qu'une si grande multitude d'articles et de réponses ait été réduite en douze articles, et surtout dans une forme si différente des confessions de Jeanne, n'étant pas vrai-

1. Pour les soixante-dix articles, pour les douze articles et pour l'instrument de la sentence, voir PROCÈS DE CONDAMNATION (*pages* 210 à 260, 263 à 277, 401 à 406).

2. « Ut melius et celerius fierent deliberationes. »

semblable que de si grands personnages eussent voulu composer de tels articles[1] ?

MANCHON. — Sur la minute française du procès j'ai écrit la vérité en ce qui touche soit les interrogations, soit les articles remis par le promoteur et les juges, soit les réponses de Jeanne. A l'égard des douze articles, je m'en rapporte à ceux qui les ont rédigés, gens que nous n'aurions pas osé contredire, ni mon collègue ni moi[2].

LE JUGE. — Lorsqu'on mit en avant ces douze articles, les confrontâtes-vous avec les réponses de Jeanne pour vérifier s'ils y étaient conformes?

MANCHON. — Je ne m'en souviens pas.

LE JUGE. — Les articles vont vous être montrés et lus, pour que vous puissiez juger des divergences évidentes qui subsistent. On va également vous mettre sous les yeux une note écrite de votre main, comme vous le reconnaissez, note où il est dit expressément que les douze articles n'étaient pas bien rédigés et s'écartaient, au moins en partie, des confessions de Jeanne[3]. La conclusion était qu'il y avait lieu de les corriger; et, en effet, on voit sur ce texte des corrections ajoutées et quelques retranchements. Cependant les douze articles n'ont pas été corrigés conformément à votre

1. « Quum non sit verisimile quod tanti viri tales articulos componere voluissent. »

2. « Se refert ad compositores, quibus non fuisset ausus contradicere, nec ipse, nec socius suus. »

3. « A confessionibus saltem in parte extranei. »

note[1]. Nous vous demandons, ainsi qu'à vos deux confrères Guillaume Colles et Nicolas Taquel, pourquoi les douze articles n'ont pas été corrigés, pourquoi ils sont insérés au procès et dans l'instrument de la sentence sans corrections, et en quelle forme ils ont été envoyés aux consultants, si c'est avec ou sans corrections.

MANCHON. — Comme l'ont déclaré mes deux confrères, je déclare que la note en question a été écrite de ma main. Mais qui a fait les douze articles? Eux et moi nous l'ignorons. Il fut dit que c'était l'usage et le devoir de dresser en cette forme des articles tirés des confessions faites par les accusés en matière d'hérésie; et qu'à Paris les maîtres et les docteurs de théologie avaient coutume de procéder ainsi dans les affaires de foi. Nous croyons qu'il fut délibéré qu'on ferait les corrections indiquées, comme c'est constaté dans cette note à nous montrée et par nous reconnue. Mais de fait les corrections furent-elles introduites dans les articles envoyés tant à Paris qu'ailleurs aux consultants? Nous ne le savons pas. Toutefois, nous croyons que non. Une autre note écrite de la main de maître Guillaume d'Estivet, promoteur en la cause, nous indique que les articles furent envoyés, dès le lendemain, par ledit d'Estivet, sans correction. Du surplus, je m'en rapporte au procès.

1. Dans le PROCÈS DE CONDAMNATION j'ai rapproché des douze articles les modifications qui étaient indiquées dans la feuille produite par Manchon. (Voir page 264 et suivantes.)

LE JUGE. — Croyez-vous que la vérité ait présidé à la composition des douze articles et qu'il n'y ait pas grande différence entre eux et les réponses de Jeanne?

MANCHON. — Ce qui est dans le procès écrit par moi est vrai. Au sujet des articles, je m'en rapporte à ceux qui les ont rédigés. Ils ne sont pas mon œuvre.

LE JUGE. — Est-ce sur l'ensemble du procès ou est-ce sur ces douze articles qu'ont été faites les délibérations?

MANCHON. — Je crois que les délibérations n'ont pas été faites sur l'ensemble du procès. Il n'était pas encore rédigé en forme. Il a été rédigé dans la forme où il est après la mort de Jeanne. C'est sur les douze articles que les consultations ont été données [1].

LE JUGE. — Les douze articles furent-ils lus à Jeanne?

MANCHON. — Non [2].

LE JUGE. — Ne vous êtes-vous jamais aperçu de la différence entre les douze articles et les confessions de Jeanne?

MANCHON. — Je n'en ai pas souvenir. Ceux qui présentaient les douze articles disaient qu'il était d'usage

1. « Respondit quod credit quod deliberationes non fuerunt factæ super toto processu, quum non esset adhuc in forma positus, quia fuit redactus in forma in qua est post mortem ipsius Johannæ; sed fuerunt datæ deliberationes super hujusmodi duodecim articulis. » — Une telle procédure n'est-elle pas abominable?

2. « Interrogatus si illi duodecim articuli fuerunt lecti eidem Johannæ, respondit quod non. » — Voilà qui est complet.

de faire ainsi un extrait en articles. Je n'y fis pas autrement attention, d'autant plus que je n'aurais pas osé m'inscrire en faux contre de si grands personnages [1].

LE JUGE. — Voici, signé par vous et par les deux autres greffiers, l'instrument de la sentence où se trouvent inscrits les douze articles et non la requête du promoteur.

MANCHON. — J'ai signé cet instrument de la sentence de même que mes deux collègues. Pour le narré de la sentence, je m'en rapporte au dire des juges. A l'égard des articles, il a plu aux juges de faire ainsi. Ce sont eux qui l'ont voulu [2].

1. « Et etiam non fuisset ausus tantos viros redarguere. »
2. « De articulis autem dicit quod sic placuit judicibus facere, qui hoc voluerunt. »

XII. — DÉPOSITION DU GREFFIER BOISGUILLAUME

Guillaume Collès, dit Boscguillaume ou Boisguillaume, curé de Notre-Dame-la-Ronde, greffier de l'officialité de Rouen, avait été l'auxiliaire de Guillaume Manchon dans le procès de Jeanne. Il fut entendu en 1456. Il avait alors soixante-six ans. Voici son attachante déposition :

Je n'ai connu Jeanne qu'à l'époque où elle fut menée à Rouen pour le procès qui devait être fait contre elle. Dans ce procès je fus adjoint comme greffier à Guillaume Manchon. Pierre Taquel fut le troisième greffier.

On met sous les yeux de Boisguillaume le manuscrit du procès de Jeanne.

Je reconnais ma signature à la fin du manuscrit que vous me montrez ; et je déclare que c'est là le vrai procès fait contre Jeanne. Il en fut fait cinq exemplaires semblables. Celui que vous m'exhibez en est un.

Mes deux collègues et moi, nous avons fidèlement rédigé les questions et les réponses telles qu'on les trouve au procès. Le matin, nous enregistrions les unes et les autres, et, l'après-dîner, nous confrontions les textes. Pour qui ou quoi que ce soit, nous ne les aurions faussés, ne craignant rien tant que de mal faire[1].

A ma connaissance, l'évêque de Beauvais commença le procès contre Jeanne en alléguant qu'elle avait été prise dans les frontières du diocèse de Beauvais. Le fit-il par haine ou autrement? Je m'en rapporte à sa conscience.

En tout cas, je sais que tout se faisait aux frais du roi d'Angleterre et à l'instigation des Anglais. J'ajouterai que l'évêque et autres gens qui s'étaient entremis du procès obtinrent du roi d'Angleterre des lettres de garantie, que j'ai vues.

Ici on montre à Boisguillaume les lettres de garantie[2]. Il reprend :

Ces lettres que vous me montrez sont bien celles que j'ai vues jadis. Je reconnais parfaitement la signature de maître Laurent Calot, secrétaire du roi d'Angleterre, qui y est apposée.

Y eut-il des informations préalables faites sur Jeanne? Je ne le crois pas. En tout cas, je ne sais rien sur elles, ne les ayant jamais vues.

Jeanne était dans une forte prison, les fers aux pieds. On lui avait laissé un lit. Elle avait des gardes anglais

1. « Nec aliquid fecissent ipsi notarii pro quocumque, quia nullum quoad hoc timebant. »

2. Voir PROCÈS DE CONDAMNATION (page 420).

dont elle se plaignit maintes fois, disant qu'ils l'opprimaient fort et la maltraitaient [1].

J'ai entendu dire par plusieurs personnes dont je ne me rappelle pas les noms que Jeanne avait été visitée par des matrones et qu'elle avait été trouvée vierge. On ajoutait que c'était madame la duchesse de Bedford qui avait fait faire cette visite et que le duc de Bedford était en un lieu secret d'où il voyait la chose [2].

Je me souviens parfaitement que Jeanne répondait avec beaucoup de prudence. Quand on l'interrogeait sur un point au sujet duquel elle avait été déjà interrogée, il lui arrivait de dire qu'ayant déjà répondu antérieurement elle ne répondrait pas; et elle faisait lire par les greffiers le procès-verbal de ses réponses.

Durant le procès, Jeanne bien souvent s'est plainte qu'on lui fit des questions subtiles et non pertinentes. Je me souviens en particulier qu'une fois il lui fut demandé si elle était en état de grâce. Elle répondit

1. « Dicens quod eam multum opprimebant et male tractabant. »

2. Si Bedford assista à cette visite, il faut en conclure qu'elle eut lieu pendant les quinze premiers jours qui suivirent l'arrivée de Jeanne à Rouen. En effet, il résulte des indications contenues dans divers documents, que Bedford quitta Rouen le 13 janvier 1431 et n'y rentra que le 18 septembre. Le procès se fit lui absent, mais sous son influence toujours présente. Les contemporains avisés reconnurent bien dans Bedford l'instigateur du procès de Jeanne, l'auteur véritable de sa mort. Là-dessus le chroniqueur écossais Walter Bower et l'historien toscan Lorenzo Buonincontro s'accordent avec le chroniqueur des ducs d'Alençon, Perceval de Cagny.

d'abord que c'était grande chose de répondre en telle occurrence, et finit par faire cette réponse : « Si j'y suis, Dieu m'y tienne; si je n'y suis, Dieu veuille m'y mettre : car j'aimerais mieux mourir que de n'avoir pas l'amour de Dieu[1]. » Devant ces paroles les interrupteurs furent tout stupéfaits. A ce moment ils congédièrent Jeanne et ne la questionnèrent plus pour cette fois[2].

Au surplus, s'il y a eu des personnes à qui il ait été fait violence à cause de leur répugnance pour le procès ou qui aient été contraintes à y assister, je n'en ai pas connaissance. Je sais seulement que maître Nicolas de Houppeville ne voulut pas être un des assesseurs du procès, mais quitta Rouen; et cela, à ce que je crois, pour ne pas être forcé d'y assister.

Maître Nicolas Loiseleur, se feignant cordonnier originaire des Marches de Lorraine et prisonnier du parti de Charles VII, entrait de temps en temps dans la prison de Jeanne et l'exhortait à ne pas donner créance à tous ces gens d'Église; « car, lui disait-il, si tu leur donnes créance, tu seras détruite[3]. » Je crois que l'évêque de Beauvais était bien au courant; sans cela Loiseleur n'eût pas osé tenir telle conduite. Beaucoup

1. « Si ego sim, Deus me teneat; si ego non sim, Deus me velit ponere, quia ego prædiligerem mori quam non esse in amore Dei. »

2. « Illa hora dimiserant, nec amplius interrogaverant pro illa vice. »

3. « Quia, si tu credas eis, tu eris destructa ».

d'assesseurs du procès en murmuraient. Ce Loiseleur finit par mourir de mort subite dans une église. J'ouïs dire en ce temps-là que le jour où il vit Jeanne condamnée à mort, Loiseleur eut le cœur torturé par le remords, et voulut monter sur la charrette pour crier pardon[1] à Jeanne. Cela indigna les nombreux Anglais présents, si bien que, sans l'intervention du comte de Warwick, Loiseleur aurait été tué. Ledit comte enjoignit à Loiseleur de sortir de Rouen au plus vite, s'il voulait sauver sa vie.

C'est de façon semblable que maître Guillaume d'Estivet entra dans la prison de Jeanne. Il se fit passer pour prisonnier, comme avait fait Loiseleur[2]. Ce d'Estivet eut la fonction de promoteur, et, dans l'affaire, il se montra très passionné en faveur des Anglais, à qui il avait fort à cœur de complaire. C'était d'ailleurs un mauvais homme, cherchant toujours, durant le procès, à quereller les greffiers et tous ceux qu'il voyait procéder selon la justice. Il lançait force injures à Jeanne, l'appelant paillarde, ordure. Je crois bien que c'est Dieu qui le punit au terme de ses jours, car il finit sa vie misérablement. On le trouva mort dans un bourbier aux portes de Rouen.

J'ai connaissance des douze articles qui sont au procès. Mais diffèrent-ils des confessions de Jeanne? Je m'en rapporte au procès. Qui les a rédigés? Je l'ignore.

1. « Clamare veniam eidem Johannæ. »
2. Ce détail n'est donné que par Boisguillaume.

Ce que je sais, c'est que ni les autres notaires ni moi n'en sommes les auteurs.

Au sujet de la cédule d'abjuration qui fut faite lors de la première sentence, je sais qu'elle fut lue en public. Par qui? Je ne m'en souviens pas. Selon ma créance, Jeanne ne comprenait nullement; et il ne lui fut pas donné d'explication. Pendant un long espace de temps, elle refusa de signer cette cédule d'abjuration. Enfin, de force et par crainte, elle signa, en faisant une croix.

Pour ce qui touche l'acceptation par Jeanne d'un habit de femme après l'abjuration, les souvenirs me manquent et je m'en rapporte au procès.

Le dimanche qui suivit, je fus mandé au château et je m'y rendis avec les autres greffiers pour voir Jeanne en habit d'homme. Nous arrivâmes au château; nous entrâmes dans la prison, et nous vîmes qu'en effet Jeanne était habillée en homme. On lui demanda pourquoi elle avait repris cet habit. Elle donna quelques excuses qui sont au procès. J'ignore le reste, mais je crois que Jeanne fut poussée à faire ce qu'elle fit; car quelques-uns de ceux qui avaient pris part au procès accueillirent avec grand applaudissement et grande joie cette reprise d'habit. A côté il y avait plusieurs notables hommes qui s'en attristaient, entre autres maître Pierre Morice, que je vis fort affligé.

Le mercredi suivant, Jeanne fut conduite au Vieux Marché de Rouen. Là une prédication fut faite par maître Nicolas Midi; puis la sentence de relapse fut prononcée par monseigneur l'évêque de Beauvais. Après le prononcé de la sentence Jeanne fut immédiatement saisie par les séculiers, et, sans autre procès ni sentence, conduite au bourreau pour être brûlée. Pendant qu'on la menait ainsi, elle faisait force pieuses lamentations, invoquant le nom de Jésus; et presque tous les assistants ne pouvaient se contenir de pleurer.

Je sais de certain que les juges et leurs complices encoururent une grande note d'infamie de la part du populaire [1]. Quand Jeanne eut été brûlée, le peuple montrait les auteurs de sa mort et en avait horreur. En outre, j'ai ouï dire comme un fait constant que tous ceux qui furent coupables du trépas de Jeanne périrent de la mort la plus honteuse. Ainsi maître Nicolas Midi fut frappé de la lèpre peu de jours après, et l'évêque Cauchon mourut subitement, en se faisant raser [2].

Voilà tout ce que je sais.

1. « Scit veraciter quod judicantes, et hi qui interfuerant, magnam notam a popularibus incurrerunt ».

2. Il y a à observer le soin que prend Boisguillaume de relever ses témoignages par l'idée d'une sanction morale dont il montre l'application soit dans les flétrissures de l'opinion condamnant les juges, soit dans la triste fin de Loiseleur, de Jean d'Estivet et de Cauchon. J'ai remarqué ailleurs que Midi, frappé de la lèpre, n'en mourut pas, et qu'il était réservé à l'honneur de haranguer Charles VII rentrant dans sa bonne ville de Paris en 1438. (Voir Procès de condamnation, page 27.)

XIV. — DÉPOSITIONS DU GREFFIER NICOLAS TAQUEL

Vénérable personne, messire NICOLAS[1] TAQUEL, curé de l'église paroissiale de Bacqueville-le-Martel, greffier juré de la cour de Rouen, âgé de cinquante-huit ans, avait été adjoint, pour le procès de Jeanne, à Manchon et à Boisguillaume, comme greffier du vice-inquisiteur. Il fut entendu en 1452 et en 1456. Voici ce qu'il a dit dans ses instructives dépositions :

J'ai connu Jeanne durant le procès fait contre elle en matière de foi. Je fus adjoint aux deux greffiers, Manchon et Boisguillaume, sur leur demande[2]. Toutefois je ne figurai pas parmi les greffiers au commencement, comme cela ressort de l'examen des actes où se trouve ma signature, ni pendant tout le temps où les séances eurent lieu dans la grande salle, mais seulement à l'époque où elles eurent lieu dans la prison. A ce que je crois,

1. La déposition de 1456 lui donne le prénom de *Petrus*. Mais partout ailleurs, et notamment dans la déposition de 1452, il est appelé *Nicolaus*.

2. « Fuit vocatus per duos notarios processus ad assistendum cum eis. »

je commençai à assister au procès le 14 mars, l'an du seigneur 1431. Ainsi le témoigne ma commission, à laquelle je me réfère.

Depuis ce temps-là jusqu'à la fin du procès je fus présent comme greffier aux interrogatoires et j'entendis les réponses de Jeanne. Je n'écrivais pas; mais j'écoutais, et je servais de moniteur aux deux autres greffiers Boisguillaume et Manchon, qui écrivaient, Manchon principalement.

On montre à Taquel le manuscrit du procès.

Le manuscrit que vous me montrez porte mon seing manuel, que je reconnais parfaitement. Il est exact que j'ai signé ce registre et que j'ai certifié la fidélité du procès-verbal pour les séances auxquelles j'ai assisté.

Le procès a été rédigé en la forme où il est, un long laps de temps après la mort de Jeanne. A quelle date précise? Je ne sais. Pour mes peines et labeurs je n'eus que dix francs, quoiqu'il m'eût été dit que j'en aurais vingt. Ces dix francs me furent remis par les mains d'un certain Benedicite [1]. Mais d'où venait l'argent? Je l'ignore.

J'ai ouï dire que le procès se faisait aux frais du roi d'Angleterre. Je crois bien que si Jeanne n'eût pas fait la guerre aux Anglais il n'eût pas été procédé contre elle avec telle diligence et telle rigueur. A mon avis le

1. « Per manus cujusdam *Benedicite.* » — Il s'agit du promoteur d'Estivet, surnommé *Benedicite.*

but qu'on visait était de relever le parti anglais et de rabaisser le roi de France.

J'ai vu Jeanne à la prison du château de Rouen. Elle était enfermée dans une tour, vers les champs. Je l'ai vue quelquefois dans les fers, et cela quelquefois nonobstant son état de maladie [1]. Un Anglais avait la garde de la porte de la prison et de la chambre de Jeanne. Sans sa permission, personne, pas même les juges, ne pouvait avoir accès auprès de Jeanne.

J'ai ouï dire par la ville que, pendant la nuit, en l'absence des juges, les Anglais mettaient Jeanne en trouble, lui disant tantôt qu'elle mourrait, tantôt qu'elle serait délivrée. Est-ce exact ? Je ne sais.

Jeanne, à la voir, paraissait âgée de dix-neuf ans ou environ. Elle était simple comme une fille de cet âge. Tantôt elle parlait bien sur la matière des interrogatoires; tantôt elle variait et ne répondait pas aux questions.

J'ai été témoin d'interrogations bien difficiles que certains juges adressaient à Jeanne. Sa réponse était qu'il ne lui appartenait pas de répondre et qu'elle s'en rapportait à eux. Il arrivait alors que quelques-uns des docteurs présents lui disaient : « Vous dites bien, Jeanne [2]. »

1. « *Vidit eam aliquando in compedibus, et aliquando non obstante infirmitate sua.* » — Je présumerais volontiers qu'il manque ici une virgule après *non*. Dans ce cas le sens serait : *Je l'ai vue quelquefois dans les fers, et quelquefois non, sa maladie y faisant obstacle.*

2. « Vos dicitis bene, Johanna. »

J'ai entendu Jeanne répéter souvent qu'elle ne voudrait ni dire ni faire chose contre la foi. Mais je crois que c'est consigné au procès.

Je ne me souviens pas que, dans le cours du procès, Jeanne ait dit qu'elle ne voulût point se soumettre au jugement de l'Église. Il est vrai que je l'ai vue quelquefois troublée. Alors les docteurs présents la dirigeaient. Parfois on lui donnait congé jusqu'au lendemain. Je me souviens de certains cas où les docteurs exposèrent à Jeanne ce qu'était l'Église. Elle disait alors qu'elle y croyait, et elle se soumettait au jugement de l'Église.

Je n'ai pas souvenir qu'au sujet du procès-verbal on nous ait adressé aucune prohibition intéressant la cause. On nous empêchait bien quelquefois d'écrire certaines choses; mais, à mon avis, ces choses étaient sans portée pour le procès.

Je crois que les greffiers notaient tout fidèlement, soit en latin, soit en français, selon ce que requéraient la matière et les paroles prononcées. Il m'est revenu que c'est Thomas de Courcelles qui fut chargé de translater le procès du français en latin. Y eut-il quelque chose de changé, d'ajouté ou de retranché? Je ne sais[1].

1. « Credit quod notarii fideliter scripserunt, interdum in gallico, interdum in latino, secundum quod materia et verba requirebant. Et de translatione, audivit quod magister Thomas de Courcelles fuit oneratus de transferendo processum de gallico in latinum; sed si aliquid fuerit mutatum, additum aut diminutum, nescit. » — Ces déclarations significatives sont faites par Taquel dans sa déposition de 1452. Il ne les renou-

Je n'ai souvenir d'avoir signé que le procès et la sentence. Je ne crois pas avoir signé les douze articles qui furent faits je ne sais par qui et qu'on envoya à Paris. Avait-il été convenu, une fois ces articles extraits et vus par les juges, qu'ils seraient corrigés? Je ne m'en souviens pas.

Vous me montrez une note datée du 4 avril 1431, où il est entendu que les articles, en la forme où ils furent envoyés, devaient être corrigés, et où se trouvent indiquées au dos les corrections [1]. Je reconnais que cette note a été écrite de la main de Guillaume Manchon, et je crois bien que j'étais présent. Néanmoins j'ai en ma créance qu'aucune correction ne fut faite, malgré la clause dont je constate l'exactitude. Au surplus, vous vous expliquez que, sur le détail de cette affaire, la mémoire me fasse défaut, vu la longueur du temps écoulé depuis.

J'ai assisté à la prédication de Saint-Ouen. Je n'étais pas sur l'estrade avec les autres greffiers; mais j'étais assez près pour tout voir et tout entendre. J'avais les

velle pas dans sa déposition de 1456. Ici, pas un mot du rôle de Thomas de Courcelles, qui, comme on l'a vu, comparaissait en 1456 comme témoin; pas un mot non plus de l'impuissance où est Taquel de garantir l'exactitude de ce texte officiel auquel il avait apposé pourtant sa signature à titre de garantie. (Voir le *fac-simile* des attestations autographes, PROCÈS DE CONDAMNATION.) En 1456, Taquel se borne à faire les déclarations qu'on a lues ci-dessus, page 55.

1. « Notula qua cavetur quod articuli in forma in qua fuerunt missi debebant corrigi, et in dorso appositæ correctiones. »

yeux sur Jeanne, je me le rappelle bien, quand la cédule d'abjuration lui fut lue. C'est messire Jean Massieu qui la lut. Elle comprenait à peu près six lignes de grosse écriture [1]. Jeanne répétait à mesure que Massieu lisait. Cette formule d'abjuration était en français et commençait par ces mots : « *Je Jehanne...* » Après l'abjuration, Jeanne fut condamnée à la prison perpétuelle et conduite au château.

Peu de temps après, je fus mandé pour un interrogatoire qu'on parlait de faire à Jeanne. Mais un tumulte survint. J'ignore ce qui s'ensuivit.

J'arrive au jour de la mort de Jeanne. Le matin de ce jour, Jeanne, que j'ai toujours connue comme bonne catholique, obtint la permission de recevoir le corps de Notre-Seigneur. J'étais présent quand l'autorisation fut donnée. Mais je n'assistai pas à la communion de Jeanne. Elle avait reçu Notre-Seigneur quand je vins dans la chambre où eurent lieu les interrogations [2].

Peu avant qu'elle vînt au lieu du supplice, Jeanne fit à Dieu, à la vierge Marie et aux saints de belles et dévotes oraisons, dont plusieurs personnes présentes furent touchées jusqu'aux larmes. Maître Nicolas Loiseleur, promoteur en la cause [3], fut un des plus at-

1. « Et erat quasi sex linearum grossæ litteræ. »

2. « Venit loquens, post susceptionem, in camera qua fuerunt interrogationes factæ. »

3. « Promotor in causa. » — Taquel confond ici Loiseleur, le directeur de Jeanne, avec d'Estivet, le promoteur du procès. Moralement, les deux hommes se valaient.

tendris. Comme il s'éloignait de la compagnie de Jeanne en pleurant, il trouva sur son chemin une troupe d'Anglais dans la cour du château. Ces Anglais se mirent à le gourmander et à le menacer, l'appelant traître. Il fut tout effrayé, et sur-le-champ courut au comte de Warwick pour qu'il le protégeât. N'eût été le comte, je crois bien qu'on l'eût tué.

J'assistai jusqu'à la fin à la prédication qui eut lieu au Vieux-Marché. Après la prédication, la sentence de l'Église fut portée, et Jeanne fut laissée à la justice séculière. A ce moment les gens d'Église se retirèrent. Je me retirai aussi. Ainsi, je n'étais pas présent quand Jeanne subit son supplice. Mais j'ai ouï dire qu'elle mourut pieusement et chrétiennement, en invoquant le nom de Jésus et de la sainte vierge Marie.

Tout ce que j'ai dit est vrai et confirmé par la voix publique.

XV. — DÉPOSITIONS DE L'HUISSIER JEAN MASSIEU

Messire JEAN MASSIEU, ancien doyen de la chrétienté de Rouen, curé d'une des dépendances de l'église paroissiale de Saint-Cande-le-Vieux à Rouen, avait rempli la fonction d'huissier dans le procès de Jeanne. En cette qualité, il faisait les citations, mandait les assesseurs, amenait Jeanne au tribunal et la reconduisait dans sa prison. Massieu avait alors trente-deux ans [1].

Nul ne vit Jeanne de près autant que cet honnête et bon prêtre. Aussi, après le greffier Manchon, Massieu est-il le témoin qui nous a laissé les plus intéressants détails sur la captivité, le procès et la mort de la Pucelle.

Il fut entendu en 1450, en 1452 et en 1456. Voici ses dépositions:

1. Pour indiquer l'âge de Massieu, je prends une moyenne entre les chiffres contradictoires des trois dépositions. J'ai dû faire de même pour quelques autres témoins.

Sur la famille de Jeanne et sur sa vie avant le commencement du procès intenté contre elle, je ne sais que ce que je lui ai entendu dire par elle-même, quand elle fut interrogée à ce sujet. Je l'ai seulement connue à Rouen. J'y fus l'exécuteur des mandements contre ladite Jeanne, en qualité de clerc de maître Jean Bénédicite [d'Estivet], promoteur en la cause. De par mon office, j'étais là toutes les fois que Jeanne comparaissait devant les juges et clercs. C'était moi qui l'amenais et la ramenais. Aussi avais-je grande familiarité avec elle ; je la trouvais fille simple, bonne et pieuse. D'après ce que je vis, il me semble qu'on ne procéda ni selon la raison ni selon l'honneur de Dieu et de la foi catholique ; mais par haine, par fureur, avec le parti pris de déprimer l'honneur du roi de France que Jeanne servait, et par vengeance, afin de la faire mourir. Les gens du procès étaient forcés de se conformer à la volonté des Anglais plutôt qu'à la justice[1].

Voici des faits qui me meuvent à parler ainsi :

Une fois, comme je la conduisais devant les juges, Jeanne me demanda s'il n'y avait pas sur le chemin quelque église ou chapelle dans laquelle fût le corps de notre Seigneur Jésus-Christ. Je lui répondis oui, et lui montrai une chapelle située au dessous du château, près de notre chemin. Alors Jeanne me requit très instamment de la faire passer devant la chapelle pour

1. « Tractantes dictum processum cogebantur magis complacere voluntati Anglicorum quam justitiæ. »

qu'elle y pût saluer Dieu et prier[1]. J'y consentis volontiers et la laissai s'agenouiller en face de la chapelle. Inclinée à terre, Jeanne fit dévotement son oraison. Le fait étant arrivé aux oreilles de monseigneur de Beauvais, il en fut mécontent et m'ordonna de ne plus tolérer à l'avenir de telles oraisons. De son côté, le promoteur Bénédicite m'adressa maintes réprimandes : « Truand, disait-il, qui te fait si hardi de laisser approcher de l'église, sans licence, cette p..... excommuniée? Je te ferai mettre en telle tour que tu ne verras ni lune ni soleil d'ici à un mois, si tu le fais plus. » Pourtant je n'obéis point à cette menace. Ledit promoteur, s'en étant aperçu, se mit par plusieurs fois devant la porte de la chapelle, entre Jeanne et moi, pour empêcher qu'elle ne fît ses oraisons devant ladite chapelle.

Autre fait. La quatrième ou la cinquième journée du procès, comme je ramenais Jeanne du tribunal à la prison, un prêtre, appelé maître Eustache Turquetil[2], chantre de la chapelle du roi d'Angleterre, m'interrogea en ces termes : « Que te semble de ses réponses? Sera-t-elle brûlée? Qu'adviendra-t-il? » Je lui répondis : « Jusqu'ici je n'ai vu que bien et honneur en elle et n'y connais rien de répréhensible[3]; mais je ne sais ce qu'il en sera à la fin. Dieu le sache. » Cette réponse fut rapportée aux gens du roi par ledit prêtre. On relata que je n'étais pas bon pour le roi, et à cette

1. « Salutare Deum et orare. »
2. Ou *Anquetil*, d'après la déposition de 1456.
3. « Nihil reprehensibile noverat in ea. »

occasion je fus mandé, l'après-dîner, par monseigneur de Beauvais. L'évêque me parla desdites choses et me gourmanda très sévèrement, m'avisant de bien prendre garde, ou qu'on me ferait boire plus que de raison. Il me semble même que, n'eût été le greffier Manchon qui m'excusa, je n'en fusse jamais échappé. On m'eût jeté en Seine.

Voici encore un incident qui eut lieu au lendemain de l'abjuration de Jeanne, le jour de la sainte Trinité. Jeanne venait de reprendre l'habit d'homme. On raconta la chose à maître André Marguerie qui survint au château. Marguerie répondit qu'il ne suffisait pas de voir Jeanne vêtue de l'habit d'homme, et qu'il fallait savoir les motifs qui lui avaient fait reprendre cet habit. Aussitôt un Anglais leva contre lui la hache qu'il tenait, en l'appelant traître Armagnac[1]. Marguerie se sauva de peur d'être frappé. De ce fait il demeura tout bouleversé et malade.

Sur la captivité de Jeanne, voici ce que je sais de certain :

Elle était enfermée au château de Rouen, dans une chambre du premier étage. On y montait par huit marches, et il s'y trouvait un lit. Jeanne était liée par une chaîne à une grosse pièce de bois longue de cinq ou six pieds et à laquelle adhérait une serrure servant à fermer la chaîne[2].

1. « Vocavit ipsum Marguerie « *traître Armignac!* » levando hastam quam tenebat contra eum. »
2. « Claudebatur cum serra apposita eidem ligno. »

Il y avait cinq Anglais de l'état le plus misérable, dits *houspilleurs*[1], qui la gardaient. Ces gens désiraient fort la mort de Jeanne. Très souvent ils la tournaient en dérision; et elle leur en faisait reproche.

Un serrurier, Etienne Castille, me raconta qu'il avait construit pour Jeanne une cage de fer où elle était tenue droite, attachée par le cou, les pieds et les mains[2], et que ce traitement dura depuis l'arrivée de Jeanne à Rouen jusqu'au commencement de son procès.

Pour moi je ne l'ai jamais vue en cet état. Quand je l'emmenais et la ramenais, elle avait toujours les pieds hors des fers.

Je sais qu'on visita Jeanne pour savoir si elle était vierge ou non. La visite eut lieu sur l'ordre de la duchesse de Bedford. Elle fut faite notamment par Anne Bavon et par une autre matrone dont le nom ne me revient pas. La visite terminée, ces femmes rapportèrent que Jeanne était vierge et sans tache. J'ai entendu raconter le fait par Anne Bavon elle-même. En conséquence, la duchesse de Bedford fit défendre aux gardes et autres de faire à Jeanne aucune violence[3].

Au début du procès, Jeanne demanda à avoir un conseil pour répondre, disant qu elle était trop simple

1. « Gallice *houcepailliers*. »

2. « Quamdam gabeam ferri, in qua retinebatur correcta, et ligata collo, manibus et pedibus. »

3. « Et propter hoc, ipsa ducissa Bedfordiæ fecit inhibere custodibus et aliis ne aliquam violentiam sibi afferrent. »

pour y suffire. On lui déclara qu'elle répondrait par elle-même, comme elle pourrait, et qu'elle n'aurait pas de conseil.

Y eut-il quelque information faite contre Jeanne? Je l'ignore. Je n en ai jamais vu aucune. Je sais seulement que le plus grand nombre lui portait grande haine, les Anglais surtout. Ceux-ci la craignaient beaucoup. Avant qu'elle fût prise, ils n'auraient pas osé se montrer en lieu où ils l'auraient crue présente; et la rumeur publique était que, Jeanne étant en vie, ils n'eussent jamais eu la hardiesse de mettre le siège devant Louviers. Puis, par la condamnation et la mort de Jeanne, ils visaient à infliger une flétrissure au roi de France.

L'évêque de Beauvais agissait en tout à l'instigation du roi d'Angleterre et de son conseil [1], alors résidant à Rouen. Selon moi, ce prélat ne procédait pas par zèle pour la justice, mais par complaisance pour les Anglais.

Parmi les conseillers on murmura de ce que Jeanne était aux mains des Anglais. « C'est entre les mains de l'Église qu'elle devrait être, » disaient certains d'entre eux. Mais l'évêque ne tenait pas compte de ces paroles. Il n'écoutait que sa grande passion pour le parti anglais.

Beaucoup de conseillers éprouvaient de grandes craintes. On ne leur laissait pas leur libre arbitre [2].

1. « Omnia faciebat ad instigationem regis Angliæ et sui consilii. »

2. « Nec erant in suo libero arbitrio. »

Ainsi maître Nicolas de Houppeville, ayant refusé d'assister aux conseils quand il eut vu la manière dont on procédait, fut banni avec plusieurs autres dont je ne me rappelle pas les noms.

Autre fait. Maître Jean de Châtillon, archidiacre d'Évreux, docteur en théologie, trouva un jour qu'on avait adressé à Jeanne des questions trop difficiles. Il critiqua la manière dont on procédait. « En telle matière, il ne faut pas en user ainsi, » disait-il. — « Vous nous rompez les oreilles. Laissez-nous en repos, » lui dirent à plusieurs reprises d'autres conseillers[1]. Mais il leur répondait : « Il faut que j'acquitte ma conscience[2]. » De quoi s'agissait-il au juste? Je ne m'en souviens pas. Mais je sais que Jean de Châtillon fut amené à dire à l'évêque et à ceux qui l'assistaient que le procès, tel qu'il se faisait, lui paraissait être nul[3].

Pour ces faits, il lui fut enjoint de ne jamais plus revenir aux séances, à moins d'y être mandé. En même temps, moi qui, comme huissier, convoquais les assesseurs et les autres conseillers, je reçus l'ordre de ne plus convoquer Jean de Châtillon à aucune séance. Jean de Châtillon ne parut plus.

Semblable chose advint à maître Jean de Lafontaine

1. « Pluries dictum fuit per alios assistentes in processu. » Ce détail, qui témoigne du mauvais esprit des assesseurs, figure dans la déposition de 1452 et ne se retrouve pas dans la déposition de 1456.

2. « Oportet quod acquittem conscientiam meam. »

3. « Quod processus, eo modo quo fiebat, sibi videbatur esse nullus. »

qui avait été chargé pendant quelques jours d'interroger Jeanne. Il cessa de paraître, parce que, dans le procès, il avait signalé certaines choses comme n'étant pas à faire.

Je sais aussi que Jean Lemaître, le vice-inquisiteur, refusa à plusieurs reprises de prendre part au procès, et fit tout son possible pour rester à l'écart. Mais des gens de sa connaissance lui dirent que, s'il persistait dans son abstention, il serait en danger de mort. De fait, il ne se décida que sous la pression des Anglais. Je l'ai souvent entendu me dire : « Je vois que, si on ne procède en cette matière selon la volonté des Anglais, il y va de la vie[1];

C'est messire Guillaume Manchon qui écrivait au procès, comme greffier principal. Il ne suivait pas le bon plaisir de tels ou tels, mais se conformait à la vérité. Maintes fois, quand un point était contesté, il faisait soumettre Jeanne à un nouvel examen, et son compte-rendu était vérifié exact.

Il y avait avec les juges six assesseurs qui interrogeaient Jeanne[2]. C'étaient les clercs de l'Université

1. « Video quod, nisi procedatur in hujusmodi materia ad voluntatem Anglicorum, imminet mors. » — Massieu ne dit rien de Lemaître ni en 1450, ni en 1452. De même que Manchon, c'est surtout dans la déposition de 1456 que Massieu donne les détails tendant à excuser le vice-inquisiteur et tels ou tels assesseurs, particulièrement ceux qui étaient encore vivants.

2. « Erant cum judicibus sex assistentes qui interrogabant eam. »

de Paris : Beaupère, Midi, Morice, Jacques de Touraine, Thomas de Courcelles et Feuillet. Souvent les interrogatoires étaient coupés, et des questions difficiles étaient adressées à Jeanne par plusieurs à la fois [1]. Ainsi, avant qu'elle eût répondu à l'un, un autre interrompait pour faire une nouvelle interrogation, ce qui tendait à mettre de la précipitation et du trouble dans ses réponses. Jeanne s'en montrait mécontente. Plusieurs fois, elle leur dit : « Beaux seigneurs, faites l'un après l'autre. »

Pour moi, j'admirais comment elle pouvait répondre aux questions subtiles et captieuses qui lui étaient faites, quand un homme instruit aurait eu peine à bien répondre [2].

En général, ces interrogatoires duraient de huit heures du matin à onze heures.

Je me souviens que, vers le commencement du procès, Jeanne dit un jour à l'évêque de Beauvais qu'il était son adversaire. L'évêque lui répondit : « Le roi a ordonné que je fasse votre procès, et je le ferai [3]. »

Un jour où il était demandé à Jeanne si elle était en état de grâce, maître Jean Lefèvre, de l'ordre des frères ermites, aujourd'hui évêque de Démétriade, voyant qu'on la fatiguait de questions et que, bien

1. « Fiebant fracta interrogatoria ; et concurrebant interrogatoria difficilia a pluribus. »

2. « Quod homo litteratus vix bene respondisset. »

3. « Rex ordinavit quod ego faciam processum vestrum ; et ego faciam. »

qu'elle eût fait des réponses à son gré convenables, on revenait à la charge, se mit à dire qu'on la tourmentait trop[1]. Alors les interrogateurs dirent à maître Lefèvre de se taire. Quels étaient ces interrogateurs? Je ne m'en souviens pas. Je citerai toutefois l'abbé de Fécamp comme étant un de ceux qui, à mon avis, procédaient par haine de Jeanne et par faveur pour les Anglais, plutôt que par amour de la justice.

J'ai entendu Jeanne disant aux docteurs qui l'interrogeaient : « Vous me questionnez sur l'Église triomphante et militante. Je n'entends pas ces termes-là; mais je veux me soumettre à l'Église, comme il sied à une bonne chrétienne[2]. Elle déclarait vouloir se soumettre à l'ordonnance du pape[3]; et bien souvent j'ai ouï de sa bouche que Dieu ne permettrait jamais qu'elle dît ou fit rien qui fût contre la foi catholique.

D'après le bruit commun, maître Nicolas Loiseleur, s'introduisant près de Jeanne, s'était fait passer pour prisonnier et, avec l'aide de cette feinte, il l'avait induite à dire et à faire des choses à elles nuisibles, touchant la soumission à l'Église.

1. « Quod nimis erat vexata. » — C'est seulement en 1456 que Masseleu éprouva le besoin de faire cette réclame à l'evêque de Démétriade, également cité comme témoin, et destiné à figurer comme juge subdélégué dans le procès de réhabilitation, après avoir jadis siégé comme assesseur dans le procès de condamnation.

2. « Vos me interrogatis de Ecclesia triumphante et militante; ego non intelligo terminos illos; sed volo me submittere Ecclesiæ, sicut decet bonam christianam. »

3. « Se submittere ordinationi Papæ. »

J'ai moi-même souvenir qu'une fois Loiseleur fut commis au soin de conseiller Jeanne. Or cet homme lui était contraire, voulant plutôt la décevoir que la conduire.

Quand Jeanne fut amenée à Saint-Ouen pour être prêchée par maître Guillaume Érard, celui-ci, vers le milieu de sa prédication, après avoir fort blâmé Jeanne, commença à s'écrier à haute voix : « Ha! France! tu » es bien abusée, toi qui as été la maison très chré- » tienne. Charles, qui se dit roi et de toi gouverneur, » s'est attaché comme hérétique et schismatique aux » paroles et faits d'une femme malfaisante, diffamée et » de tout déshonneur pleine; et non pas lui seulement » mais tout le clergé de son obéissance et seigneurie, » par lequel elle a été examinée et non reprise, comme » elle a dit. » Ledit Érard renouvela deux ou trois fois les mêmes propos sur le roi. Puis, s'adressant à Jeanne, il dit en levant le doigt : « C'est à toi, Jeanne, que je » parle; et je te dis que ton roi est hérétique et schis- » matique. » A quoi elle répondit : « Par ma foi, mes- » sire, révérence gardée, je vous ose bien dire et jurer, » sur peine de ma vie, que c'est le plus noble chrétien » de tous les chrétiens, et qui mieux aime la foi et » l'Église, et n'est point tel que vous dites[1]. » Lors le prêcheur me dit : « Fais-la taire. »

Érard, à la fin de sa prédication, lut une cédule contenant les articles qu'il l'invitait à abjurer et à révo-

1. En Français dans le texte.

quer. Jeanne lui répondit qu'elle n'entendait pas ce que cela voulait dire, et que là-dessus elle avait besoin de conseil. Érard me passa la cédule pour la lire à Jeanne. Je la lus devant elle. Je me souviens que, dans cette cédule, il était dit que Jeanne ne porterait plus les armes, ni l'habit d'homme, ni les cheveux taillés en rond, sans compter d'autres points dont je ne me souviens pas. Cette cédule, je puis l'affirmer, ne contenait que sept lignes, huit tout au plus. Je sais positivement que ce n'était pas la même qui est mentionnée au procès : la formule que j'ai lue et que Jeanne a signée était différente de la formule insérée dans le procès [1].

Comme on pressait Jeanne de signer la cédule, il s'éleva un grand murmure parmi les assistants. J'entendis l'évêque dire à l'un d'eux : « Vous me le payerez. » Il ajouta : « Je viens d'être insulté. Je ne procéderai pas plus avant jusqu'à ce qu'il m'ait été fait amende honorable. »

Pendant ce temps j'avertissais Jeanne du péril qui la menaçait au sujet de la signature de cette cédule [2]; je voyais bien qu'elle ne comprenait ni la cédule, ni le danger imminent pour elle.

Jeanne demandant conseil, Érard m'avait dit : « Conseillez-la pour cette abjuration. » D'abord, je

1. « Et scit firmiter quod non erat illa de qua in processu fit mentio, quia aliam ab illa quæ est inserta in processu legit ipse loquens, et signavit ipsa Johanna. »

2. « Adverbetat eam de periculo sibi imminente, super signatrau ejusdem schedulæ. »

m'étais excusé; puis je dis à Jeanne : « Comprenez bien que, si vous allez à l'encontre d'aucuns desdits articles, vous serez brûlée. Je vous conseille de vous en rapporter à l'Église universelle si vous devez abjurer ces articles ou non. » Guillaume Érard me dit : « Eh bien ! que lui dites-vous? » Je répondis : « Je fais connaître à Jeanne le texte de la cédule et je l'invite à signer. Mais elle déclare qu'elle ne saurait signer[1]. » A ce moment Jeanne, qu'on pressait toujours de signer, dit à haute voix : « Je veux que l'Église délibère sur les articles. Je m'en rapporte à l'Église universelle si je les dois abjurer ou non. Que la cédule soit lue par l'Église et par les clercs aux mains desquels je dois être placée. Si leur avis est que je doive la signer et faire ce qui m'est dit, je le ferai volontiers[2]. » Maître Érard répartit : « Fais-le maintenant, sinon tu seras brûlée aujourd'hui même, » et il me défendit de conférer davantage avec Jeanne. Jeanne dit alors qu'elle aimait mieux signer que d'être brûlée. Au même instant un grand tumulte s'éleva parmi le populaire présent[3]. Il y eut plusieurs pierres jetées je ne sais par qui. De fait, avant de quitter la place, Jeanne abjura les articles.

1. Cum respondisset sibi : « Lego ei istam schedulam, et dico quod signet eam » et quod ipsa Johanna dicebat quod nesciret signare. »

2. « Videatur ipsa schedula per clericos et Ecclesiam in quorum manibus debeo poni ; et, si mihi consilium dederint quod habeam eam signare et agere quæ mihi dicuntur, ego libenter faciam. »

3. « Magnus tumultus populorum adstantium. »

Elle fit une croix avec une plume que je lui donnai[1].

Au départ j'avisai Jeanne qu'elle requît d'être menée aux prisons de l'Église, et que c'était raison qu'elle fut menée aux prisons de l'Église, puisque l'Église la condamnait. Même chose fut requise, auprès de l'évêque de Beauvais, par quelques-uns des assistants dont je ne me rappelle pas les noms. Mais l'évêque répondit : « Menez-la au château d'où elle est venue. » Et ainsi fut fait.

Ce même jour, après dîner, devant le conseil de l'Église, Jeanne déposa l'habit d'homme et prit l'habit de femme, ainsi qu'il lui était ordonné. C'était le jeudi ou le vendredi de la Pentecôte. L'habit d'homme fut mis dans un sac, en la même chambre où Jeanne était détenue prisonnière. Elle demeura sous la garde de cinq Anglais. La nuit, il en restait trois dans la chambre et deux dehors, à la porte de la chambre. Jeanne, couchée, avait les jambes tenues par deux paires de fers et le corps enserré par la chaîne qui, traversant les pieds de son lit, tenait à une grosse pièce de bois et fermait à clef. En cet état elle ne pouvait se mouvoir de place.

1. Rapprochez ce qui est dit de l'abjuration par les témoins Manchon, Boisguillaume, Taquel, Courcelles, Jean de Mailly, Guillaume de la Chambre, Guillaume du Désert, Jean Monnet, Jean de Lenozoles, Aimond de Macy, Guesdon, Moreau. La différence entre le texte officiel de l'abjuration et la formule imposée à Jeanne est particulièrement établie par les témoignages du greffier Taquel, du prieur Miglet, du médecin Guillaume de la Chambre et du clerc Jean Monnet, de même que par le témoignage si autorisé de Massieu.

Le dimanche suivant, qui était le jour de la Trinité, voici ce qui se passa. Jeanne me l'a rapporté. Le matin étant venu, Jeanne dit aux Anglais, ses gardes : « Déferrez-moi et je me lèverai. » Alors un de ces Anglais lui ôta ses habillements de femme qu'elle avait sur elle. On vida le sac où était l'habit d'homme ; on jeta cet habit sur son lit, en lui disant : « Lève-toi », et on serra dans le sac les habits de femme. Jeanne se couvrit de l'habit d'homme qu'on lui avait donné. En même temps elle disait : « Messieurs, vous savez que cela m'est » défendu. Sans faute, je ne le prendrai point. » Mais ils ne voulurent pas lui en donner d autre, si bien que le débat dura jusqu'à l'heure de midi. A la fin, pour une nécessité de corps, ayant besoin de rendre par bas [1], Jeanne fut contrainte de sortir dehors et de prendre cet habit ; et, après qu'elle fût retournée, on ne lui en voulut pas donner d'autre, nonobstant quelque supplication ou requête qu'elle en fit.

C'est le mardi après la Trinité, avant le dîner, que Jeanne me dit ce que je viens de raconter. Ce jour-là le promoteur l'avait quittée pour aller avec monseigneur de Warwick, et j'étais demeuré seul avec elle. Incontinent je demandai à Jeanne pourquoi elle avait repris l'habit d'homme, et elle me répondit par le récit que je vous ai fait.

Ledit dimanche de la Trinité divers conseillers et gens d'église furent mandés au château, après dîner,

1. « Ut purgaret ventrem. »

pour constater comme quoi Jeanne avait repris l'habit d'homme. Je n'y fus pas avec eux; mais je les rencontrai auprès du château tout saisis et terrifiés. Ils disaient que les Anglais, avec haches et glaives, les avaient bien furieusement pourchassés, leur lançant les noms de traîtres et plusieurs autres injures.

Après que Jeanne eut été vue, pendant tout ce jour de la Trinité, avec l'habit d homme repris par elle, on remit à sa disposition pour le lendemain l'habit de femme[1].

Cette reprise de l'habit d'homme fut la principale cause pour laquelle Jeanne fut jugée relapse et condamnée : condamnation injuste, d'après ce que j'ai vu et connu de Jeanne.

Le mercredi suivant eut lieu l'exécution. Dès le matin, après avoir ouï deux fois Jeanne en confession[2], frère Martin Ladvenu m'envoya trouver l'évêque de Beauvais pour l'informer qu'elle avait confessé et demandait qu'on lui donnât la communion. L'évêque réunit à ce sujet quelques docteurs. D'après leur délibération il me répondit : « Vous direz à frère Martin de lui donner la communion et tout ce qu'elle demandera. » Je revins au château et avisai frère Martin.

Certain clerc, messire Pierre, apporta à Jeanne le corps de Notre-Seigneur; mais il le lui apporta

1. « Postquam fuisset visa in illa resumptione habitus per dictam totam diem, in crastinum fuerat sibi restitutus habitus mulieris. »

2. « Post binam confessionem ipsi Martino factam. »

bien irrévérencieusement, sur une patène enveloppée du linge dont on couvre le calice, sans lumière, sans cortège, sans surplis et sans étole. Cela mécontenta frère Martin. Il renvoya quérir une étole et de la lumière, puis il administra Jeanne. Moi présent, elle reçut le corps de Notre-Seigneur très dévotement et en versant des larmes abondantes [1].

Cela fait, Jeanne fut menée au Vieux-Marché. Frère Martin et moi nous la conduisîmes. Il y avait un cortège de plus de huit cents hommes de guerre, portant haches et glaives. Sur le chemin, Jeanne faisait de si pieuses lamentations que frère Martin et moi nous ne pouvions nous empêcher de pleurer.

Au Vieux-Marché Jeanne ouït le sermon de maître Nicolas Midi bien paisiblement. Le sermon fini, maître Midi dit à Jeanne : « Jeanne, va en paix. L'Église ne peut plus te défendre et te livre au bras séculier [2]. » A ces mots, Jeanne, s'étant agenouillée, fit à Dieu les plus dévotes oraisons. Elle eut une merveilleuse constance, montrant apparences évidentes et grands signes de contrition, pénitence et ferveur de foi, tant par ses piteuses et dévotes lamentations que par ses invocations de la benoîte Trinité, de la benoîte glorieuse vierge Marie et de tous les benoîts saints du paradis, parmi lesquels elle en nommait expressément plusieurs. Au milieu de ses lamentations, dévotions et attestations de

1. « Devotissime et cum magna lacrymarum profusione. »
2. « Johanna, vade in pace. Ecclesia non potest plus te defendere, et te dimittit in manu sæculari. »

vraie foi, elle demandait merci très humblement à toute manière de gens, de quelque condition ou état qu'ils fussent, tant de l'autre parti que du sien, en requérant qu'ils voulussent prier pour elle et en leur pardonnant le mal qu'ils lui avaient fait. Elle continua ainsi un très long espace de temps, comme une demi-heure, et persévéra jusqu'à la fin. Ce que voyant, les juges assistants, et même plusieurs Anglais, furent provoqués à grandes larmes, et de fait très amèrement en pleurèrent. Plusieurs des Anglais présents reconnaissaient et confessaient le nom de Dieu au spectacle d'une si notable fin. Ils étaient joyeux d'y avoir assisté, disant que ç'avait été une bonne femme.

Quand Jeanne fut délaissée par l'Église, j'étais encore avec elle. Elle demanda avec grande dévotion à avoir une croix. Un Anglais en fit une petite avec le bout d'un bâton et la lui donna. Jeanne la reçut dévotement et la baisa avec tendresse en faisant piteuses lamentations et oraisons à Dieu notre rédempteur qui avait souffert en la croix pour notre rédemption, de laquelle croix elle avait le signe et la représentation. Elle mit cette croix en son sein, entre sa chair et ses vêtements. En outre, elle me demanda humblement de lui faire avoir la croix de l'église, afin qu'elle la put voir continuellement jusqu'à la mort. Je fis tant que le clerc de la paroisse saint-Sauveur la lui apporta. Quand on la lui eût apportée Jeanne l'embrassa bien étroitement et longuement en pleurant, et elle la serra dans ses mains jusqu'à ce que son corps fut lié à l'attache.

Pendant que Jeanne faisait ses dévotions et piteuses lamentations, les soldats anglais et plusieurs de leurs capitaines nous harcelaient, ayant hâte qu'elle fût laissée en leurs mains pour plutôt la faire mourir. Je réconfortais Jeanne sur l'échafaud selon mon entendement, quand ils me dirent : « Comment, prêtre, nous ferez-» vous dîner ici? » Et incontinent, sans aucune forme ni signe de jugement, ils l'envoyèrent au feu en disant au maître de l'œuvre : « Fais ton office. » Accompagnée de frère Martin, Jeanne fut menée et attachée; et, jusqu'au dernier moment, elle continua les louanges et lamentations dévotes envers Dieu, saint Michel, sainte Catherine et tous les saints. En trépassant, elle cria à haute voix : « Jésus! »

J'ai ouï dire par Jean Fleury, clerc et greffier du bailli, qu'au rapport du bourreau, le corps étant consumé et réduit en poudre, le cœur de Jeanne était resté intact et plein de sang[1].

Le bourreau eut l'ordre de recueillir les cendres de Jeanne et tout ce qui resterait d'elle, et de le jeter en Seine. C'est ce qu'il fit.

Je ne sais rien autre.

1. « Remansit cor intactum et sanguine plenum. » — Touchante tradition! Oui, dans ce grand cœur, il y avait une vitalité inextinguible, quelque chose d'immortel.

XVI. — DÉPOSITIONS DU FRÈRE MARTIN LADVENU

Vénérable et religieuse personne, MARTIN LADVENU, dominicain de l'ordre des frères prêcheurs, avait trente ans quand Jeanne comparut devant ses juges. Quoiqu'il ait eu la faiblesse de s'associer à la condamnation de Jeanne, frère Martin témoigna à la pauvre fille une sollicitude sincère. Le jour du supplice, il fut son confesseur et il l'assista jusqu'à la dernière heure. Comme on va le voir, les quatre dépositions qu'il fit, la première dans l'enquête de 1450, la seconde et la troisième dans la double enquête de 1452, la dernière dans l'enquête de 1456, sont pleines d'intérêt et portent les traces de son culte pieux pour la sainte dont il fut le suprême confident.

Je n'ai connu ni le père, ni la mère, ni les parents, ni les amis de Jeanne. Elle-même, je l'ai vue pour la première fois à Rouen.

Le procès qui lui fut fait en cette ville eut lieu à l'instigation des Anglais et à leurs frais. L'évêque de

Beauvais et ses auxiliaires tinrent à recevoir du roi d'Angleterre une lettre de garantie. Elle leur fut donnée.

On montre à Martin Ladvenu la lettre de garantie que détiennent les juges.

La lettre de garantie qui est entre vos mains, seigneurs juges, est bien authentique. Je la reconnais, je reconnais particulièrement le signe manuel de maître Laurent Calot qui y est apposé.

Les meneurs du procès de Jeanne agirent par amour et partialité pour les Anglais, plutôt qu'ils n'obéirent à un bon zèle pour la justice et la foi.

Messire Pierre Cauchon en particulier fit montre d'une passion excessive. Je citerai deux faits où se révèle sa malveillance à l'égard de Jeanne.

Premièrement, cet évêque, qui se portait pour juge, commanda que Jeanne fût gardée en prison séculière et demeurât entre les mains de ses ennemis mortels, alors qu'il aurait bien pu la faire détenir en prison ecclésiastique. Et pourtant, lors de la première instance, il avait demandé à ceux qui l'assistaient lequel était plus convenable, de garder Jeanne aux prisons séculières ou de la mettre aux prisons d'église. On délibéra qu'il était plus décent de la garder aux prisons ecclésiastiques qu'aux autres. Mais l'évêque s'en défendit, déclarant qu'il ne le ferait pas, de pour de déplaire aux Anglais; et, depuis le commencement du procès jusqu'à la fin, il la laissa tourmenter et traiter très cruellement en prison séculière.

Secondement, je me souviens que le jour où, avec plusieurs qui l'assistaient, il déclara Jeanne hérétique et retombée en son méfait parce qu'elle avait repris l'habit d'homme, ledit évêque, sortant de la prison, avisa le comte de Warwick ainsi que la grande multitude d'Anglais qui entouraient le comte, et le rire aux lèvres, il leur dit à haute et intelligible voix : « *Farewel, farewel!* [adieu, adieu], c'en est fait, faites bonne chère, » ou paroles semblables.

Maître Nicolas de Houppeville fut conduit à la prison royale pour avoir refusé de participer au procès.

Jeanne, je le sais fort bien, n'eut aucun conseiller, aucun défenseur qui la dirigeât, jusque vers la fin du procès [1]. Personne n'aurait osé s'ingérer dans cette tâche de moniteur auprès d'elle. On craignait trop les Anglais. Une fois, durant le procès, quelques clercs allèrent au château, par l'ordre des juges, pour conseiller et diriger Jeanne. Mais les Anglais les repoussèrent et leur firent des menaces.

Je sais aussi que frère Jean Lemaître, le vice-inquisiteur, qui fut un des deux juges et avec qui j'allais très souvent, ne prit part à ce procès que par force. Le frère Isambard de la Pierre, acolyte de Jean Lemaître, ayant voulu une fois se mêler en quelque façon de diriger Jeanne, il lui fut dit de s'abstenir à l'avenir de telle ingérence; que, sinon, on le noierait en Seine [2].

1. « Usque circa finem processus. »
2. « Alias in Sequana submergeretur. »

Jeanne était en prison laïque, enchaînée et les fers aux pieds. Je l'ai vue bien des fois ainsi ferrée[1] au château de Rouen. Personne ne pouvait lui parler sans l'autorisation des Anglais, qui la gardaient nuit et jour.

. .

Les interrogateurs de Jeanne la tourmentèrent beaucoup. Il leur arrivait de l'interroger sans discontinuer, pendant trois heures le matin et tout autant l'après-midi[2].

En conscience, on lui posait des questions trop difficiles. On voulait la prendre à ses paroles. Elle était en effet une pauvre fille assez simple, très ignorante, qui à grand'peine savait *Pater noster* et *Ave Maria*. Cependant maintes fois, quand on l'interrogeait, elle faisait de sûres et prudentes réponses.

A plusieurs reprises je lui ai entendu demander si elle voulait se soumettre au jugement de l'Église, et comme sur sa question : « Qu'est-ce que l'Église? » on lui répondait que c'était le pape et les prélats qui la représentaient, elle déclara qu'elle se soumettait au jugement du souverain pontife, en priant qu'on la menât à lui.

En outre, j'ai ouï de la bouche de Jeanne — c'était, il est vrai une déclaration extrajudiciaire[3] — qu'elle ne voudrait rien admettre contre la foi catholique et que,

1. « Ferratam. »

2. « Non cessabant aliquando eam interrogare per tres horas de mane, et totidem post prandium. »

3. « Extra tamen judicium. »

si dans ses dits ou ses faits il y avait quelque chose qui s'écartât de la foi, elle voulait le repousser de soi et s'en tenir à la décision des clercs.

J'assistai au sermon prêché à Saint-Ouen par maître Guillaume Érard. C'est ma ferme croyance que tout ce qui se fit, se fit en haine du roi de France très chrétien et en vue de le diffamer; aussi, dans un passage de son sermon, Guillaume Érard s'écria-t-il : « O maison de France, jusqu'à présent tu as été à l'abri de monstruosités [1]. Mais à cette heure, en adhérant à une pareille femme, superstitieuse, sorcière, hérétique, tu es déshonorée » A quoi Jeanne répondit : « Ne parle « point de mon roi. Il est bon chrétien. »

Cette simple pucelle me révéla qu'après son abjuration on l'avait tourmentée violemment en la prison et molestée et battue, et qu'un milord anglais avait tenté de la forcer [2]. Elle disait publiquement et elle me dit

1. « Semper caruistis monstris usque nunc. »

2. La déposition de 1450 porte, évidemment par erreur, qu'il l'avait forcée. La déposition de 1456 et la seconde déposition de 1452 précisent qu'il tenta seulement de la forcer : « tentavit eam vi opprimere. » Qu'il n'y ait eu que tentatives répétées, mais jamais viol consommé, voilà qui est surabondamment établi par les témoignages de Manchon (Voir p. 35, 36 et 37), de Boisguillaume (p. 49), de Taquel (p. 56), d'Isambard de la Pierre (p. 95), de Marie (p. 118). — A rapprocher le propos du clerc bourguignon auteur du *Journal de Paris*. Il fait dire à Jeanne « qu'une » fois on lui volt (*voulut*) faire de son corps déplaisir; mais elle » sailly (*sauta*) d'une haute tour en bas sans soy blecier (*blesser*) » aucunement ». — Arrière donc cette vilaine légende, récem-

à moi que c'était là la cause pour laquelle elle avait repris l'habit d'homme.

Avec l'autorisation des juges, avant le prononcé de la sentence, j'entendis Jeanne en confession et je lui administrai le corps de Notre-Seigneur. Elle le reçut très dévotement et avec d'abondantes larmes. Son émotion était telle que je ne saurais l'exprimer.

Le matin de ce jour qui était un mercredi, tandis que j'étais avec elle pour la préparer au salut, l'évêque de Beauvais et quelques chanoines de l'église de Rouen vinrent la visiter. Quand elle vit l'évêque, Jeanne lui dit : « Vous êtes cause de ma mort. Vous m'aviez promis de me mettre aux mains de l'Église, et vous m'avez renvoyée aux mains de mes ennemis capitaux[1] ! ». Près de sa fin elle disait encore à l'évêque : « Hélas je » meurs par vous ; car si vous m'eussiez donnée à gar- » der aux prisons d'Église je ne serais pas ici[2]. »

Au lieu de procéder régulièrement, on s'en tint à la sentence épiscopale et il n'y eut pas de sentence laïque. C'est là un fait dont je suis certain ; car je ne cessai pas d'être avec Jeanne depuis sa sortie du château jusqu'au moment où elle rendit l'esprit.

Après qu'elle eut été abandonnée par l'Église à la

ment rééditée à grand bruit, qui représente Jeanne violée par les prêtres, ou par un lord, ou par les gardiens anglais!

1. « Dum ipsa Johanna percepit eumdem episcopum, eidem dixit quod ipse erat causa suæ mortis, et quod sibi promiserat quod eam poneret in manibus Ecclesiæ et ipse eam dimiserat in manibus suorum inimicorum capitalium. »

2. En français dans le texte.

justice séculière, deux sergents, appartenant à la troupe des soldats anglais qui étaient là en grand nombre, la contraignirent de descendre de l'échafaud, la menèrent jusqu'au lieu où elle devait être brûlée et la livrèrent entre les mains du bourreau. Pourtant le bailli et le conseil de la cour séculière étaient présents, assis sur un échafaud. Mais, je le répète, il n'y eut pas de condamnation édictée par ces juges.

Aussi, peu de temps après, un nommé Georges Folenfant ayant été appréhendé pour cause de foi et également livré à la justice séculière comme coupable du crime d'hérésie, les juges de la foi, savoir messire Louis de Luxembourg, archevêque de Rouen, et frère Guillaume Duval, vicaire de l'inquisiteur, m'envoyèrent au bailli de Rouen pour l'avertir qu'on ne fît pas pour ledit Georges comme on avait fait pour la Pucelle, et qu'au lieu de procéder hâtivement, sans jugement définitif et sentence finale, le bailli le fît comparaître en son tribunal pour agir selon justice[1].

Le bourreau disait : « Jamais l'exécution d'aucun criminel ne m'a donné tant de crainte que l'exécution de cette pucelle, d'abord à cause de son renom et du grand bruit fait autour d'elle, puis à cause de la cruelle manière dont elle a été liée et affichée. » De fait, les Anglais avaient fait faire un haut échafaud de plâtre, et, au rapport dudit exécuteur, il ne la pouvait bon-

1. « Sed eum duceret in foro suo et faceret quod justitia suaderet. »

nement ni facilement expédier, ayant peine à atteindre usqu'à elle. De tout cela il était fort marri, et il avait grande compassion de la cruelle manière dont on faisait mourir Jeanne.

Je puis attester la grande et admirable contrition de Jeanne, sa continuelle confession et repentance. Elle prononçait toujours le nom de Jésus et elle invoquait dévotement l'aide des saints et des saintes du paradis

Jusqu'à sa dernière heure, comme toujours, Jeanne affirma et maintint que ses voix étaient de Dieu; que tout ce qu'elle avait fait elle l'avait fait par l'ordre de Dieu, et qu'elle ne croyait pas avoir été trompée par ses voix; enfin, que les révélations qu'elle avait eues étaient de Dieu[1].

Je ne sais rien autre.

1. « Dicit quod semper usque ad finem vitæ suæ manutenuit et asseruit quod voces quas habuerat erant à Deo, et quod, quidquid fecerat, ex præcepto Dei fecerat, nec credebat per easdem voces fuisse deceptam; et quod revelationes quas habuerat ex Deo erant. »

XVII. — DÉPOSITIONS DU FRÈRE ISAMBARD DE LA PIERRE

Vénérable et religieuse personne frère ISAMBARD DE LA PIERRE, accolyte du vice-inquisiteur Lemaître, avait environ trente-quatre ans lors du procès de Jeanne. Ce dominicain compatissait au sort de la pauvre fille; et maintes fois, pendant qu'on la questionnait, il lui fit des signes pour l'aviser des pièges où on voulait la prendre.

Comme Martin Ladvenu, Isambard eut le tort d'adhérer aux décisions qui motivèrent la mort de Jeanne. Comme lui, il assista charitablement la condamnée, le jour de son supplice.

Frère Isambard fut entendu en 1450 par maître Guillaume Bouillé, et en 1452, d'abord par le cardinal Guillaume d'Estouteville, puis par Philippe de la Rose. Voici le contenu de ses trois dépositions. Les détails instructifs y abondent, et il y a tel passage qu'on ne pourra lire sans être ému :

J'ai assisté à tout le procès de Jeanne avec le frère Jean Lemaître, vice-inquisiteur, et j'ai pu constater que l'évêque Pierre Cauchon, non moins que les Anglais, haïssait la Pucelle et avait soif de sa mort.

C'est lui, à ce que je crois, qui, dès le commencement du procès, fit enchaîner Jeanne et la mit sous la garde de soldats anglais. Je l'ai vue dans la prison du château de Rouen, au fond d'une chambre assez obscure, attachée et les fers aux pieds quelquefois[1]. L'évêque avait défendu que personne ne conférât avec elle sans une permission de lui ou du promoteur, qu'on nommait Bénédicite.

Parmi ceux qui assistèrent à la déduction du procès, quelques-uns, par exemple l'évêque de Beauvais, obéissaient à leur partialité pour la cause anglaise; d'autres, tels que deux ou trois docteurs anglais, étaient poussés par un désir de vengeance; d'autres, comme les docteurs de Paris, étaient sollicités par l'attrait de la récompense; d'autres, parmi lesquels le vice-inquisiteur, cédaient à la crainte. Tout se fit à l'instigation du roi d'Angleterre, du cardinal de Winchester, du comte de Warwick et d'autres Anglais qui payèrent les dépenses.

Jeanne était une jeune fille de dix-neuf ans, ou à peu près, ignorante, mais ayant une bonne intelligence[2]. On faisait subir à cette pauvre fille des interrogatoires trop difficiles, subtils et cauteleux, tellement que les

1. « Ferratam et compeditam aliquando. »
2. « Habens tamen bonum intellectum. »

grands clercs et gens bien lettrés qui étaient là présents à grand'peine eussent su y donner réponse. Aussi plusieurs de l'assistance en murmuraient.

Maintes fois, même quand on l'interrogeait sur les points où elle était profondément ignorante, il arrivait à Jeanne de faire des réponses pertinentes, comme on peut le constater dans le procès, qui, à mon jugement, a été écrit avec fidélité par le greffier Manchon.

Parmi les nombreux propos de Jeanne en son procès, je remarquai ceux qu'elle tenait sur le royaume et sur la guerre. Elle semblait alors inspirée par l'esprit saint. Mais quand elle parlait de sa personne, elle feignait bien des choses [1]. Toutefois, je ne crois pas que ce qu'elle disait dût la faire condamner comme hérétique.

Quelquefois l'examen de Jeanne durait pendant trois heures le matin, et il arrivait qu'une seconde séance avait lieu l'après-midi. Aussi ai-je souvent entendu Jeanne se plaindre de ce qu'on lui faisait trop de questions.

A mon avis, les juges observaient assez les formes du droit [2]. Mais, dans la déduction du procès comme dans la sentence, ils procédèrent par malignité de vengeance [3] plutôt que par zèle de justice.

On racontait qu'il y avait des personnes qui, sous un

1. « Sed, dum loquebatur de persona sua, fingebat plura. »
2. « Dicit quod judices satis observabant ordinem juris, judicio loquentis. »
3. « Livore vindictæ. » — Quoique le témoignage d'Isambard

habit déguisé, allaient pendant la nuit à la prison de Jeanne, feignaient de parler d'après des révélations et l'exhortaient, si elle voulait éviter la mort, à ne point se soumettre au jugement de l'Église. Mais je ne connais le fait que par ouï-dire.

L'ignorance où se trouvait Jeanne de ce qu'était l'Église fut, je crois, la cause pour laquelle elle fit quelquefois difficulté de s'y soumettre. Pendant une grande partie du procès, quand on la questionnait sur sa soumission à l'Église, Jeanne entendait par Église cette réunion de juges et d'assesseurs là présents. Mais enfin Pierre Morice l'endoctrina sur ce qu'était l'Église. Quand elle le sut, elle fit toujours acte de soumission envers le pape, ne demandant qu'à être conduite devant lui[1].

Une fois, plusieurs autres et moi étant présents, on sollicitait Jeanne de se soumettre à l'Église. Elle répondit que volontiers elle se soumettrait au Saint-Père, requérant d'être menée à lui, mais qu'elle ne voulait pas se soumettre à ceux qui étaient là, en particulier à l'évêque de Beauvais, parce qu'ils étaient ses ennemis capitaux. J'intervins pour lui conseiller de se soumettre au concile général de Bâle en ce moment assemblé. Jeanne me demanda ce que c'était qu'un concile général. Je lui répondis que c'était une congré-

soit le plus favorable aux thèses apologétiques développées par Quicherat en faveur du tribunal de Rouen, on voit et on verra encore mieux ci-après qu'il est bien loin de les justifier.

1. « Semper se submisit Papæ, dummodo duceretur ad ipsum. »

gation de toute l'Église universelle, et qu'en ce concile de prélats et de docteurs de la chrétienté il y en avait autant de son parti que du parti du roi de France. Cela ouï, Jeanne se mit à dire : « Oh! puisqu'en ce « lieu sont aucuns de notre parti, je veux bien me « rendre et soumettre au concile de Bâle[1]. » Aussitôt, me gourmandant avec grand dépit et indignation, l'évêque de Beauvais s'écria : « Taisez-vous, de par le diable! » Pour lors, le greffier, messire Guillaume Manchon, demanda à l'évêque s'il devait enregistrer cette soumission de Jeanne au concile de Bâle. L'évêque lui répondit que non, que ce n'était pas nécessaire et qu'il se gardât bien de l'écrire. Sur quoi Jeanne dit à l'évêque : « Ha! vous écrivez bien ce qui fait contre moi, et vous ne voulez pas écrire ce qui fait pour moi[2]. » Je crois qu'en effet la déclaration de Jeanne ne fut pas enregistrée, et il s'ensuivit dans l'assemblée un grand murmure.

A raison de ces choses et de plusieurs autres les Anglais et leurs officiers me menacèrent horriblement, disant que, si je ne me taisais, ils me jetteraient en Seine. J'eus en particulier à supporter force menaces du comte de Warwick.

Feu monseigneur Jean de Saint-Avit, de bonne mémoire, alors évêque d'Avranches, fut menacé par le

1. En français dans le texte.

2. « Ha! Vos bene scribitis quæ faciunt contra me, et non vultis scribere quæ faciunt pro me ».

promoteur maître Jean d'Estivet, pour avoir refusé de donner son opinion dans le procès. Je fus moi-même en personne par devers cet évêque, fort ancien et bon clerc, qui, comme les autres, avait été prié et requis de donner sur le cas son opinion. Il me demanda ce que disait et déterminait monseigneur saint Thomas touchant la soumission due à l'Église. Je lui donnai par écrit la détermination de saint Thomas, qui dit : « En choses douteuses touchant la foi, on doit recourir toujours au pape ou au concile général. » Le bon évêque fut de cette opinion et sembla être tout mécontent de la délibération intervenue à Rouen. Mais sa consultation n'a point été mise par écrit. On l'a laissée de côté par malice.

J'étais au cimetière de Saint-Ouen lors de la première prédication faite par maître Guillaume Érard. Il prit pour thème ce texte de saint Jean : « La branche ne peut porter de fruit si elle ne demeure attachée à la vigne ». Il dit qu'il n'y avait jamais eu en France de monstre comme celui qui s'était révélé dans Jeanne; qu'elle était sorcière, hérétique, schismatique; et que le roi qui la protégeait encourait les mêmes qualifications, du moment où il voulait recouvrer son trône au moyen d'une hérétique pareille : ce qui montre bien que l'un des mobiles du procès était le désir qu'on avait de déshonorer la majesté royale.

1. « Palmes non potest facere fructum, nisi manserit in vite. »

Jeanne répondit à Guillaume Érard : « Prêcheur, vous dites mal. Ne parlez pas de la personne de monseigneur le roi Charles, parce qu'il est bon catholique et n'a pas cru en moi[1]. »

Après l'abjuration de Jeanne, maître Jean de Lafontaine, maître Guillaume Vallée de l'ordre des frères prêcheurs, d'autres et moi, nous allâmes au château par ordre des juges, pour donner à Jeanne le conseil de persévérer toujours dans son bon propos. Mais, à notre vue, les Anglais furieux se précipitèrent sur nous avec glaives et bâtons et nous chassèrent du château. C'est à cette occasion que maître Jean de Lafontaine se sauva. Il quitta Rouen pour n'y plus revenir.

Lorsque, malgré sa renonciation, Jeanne eut repris l'habit d'homme, plusieurs autres et moi nous fûmes présents au moment où elle s'excusait d'avoir revêtu cet habit, disant et affirmant publiquement que les Anglais lui avaient fait en la prison beaucoup de tort et de violence quand elle portait les habillements de femme. De fait je la vis éplorée, le visage plein de larmes et défiguré et outragé de telle sorte que j'en eus pitié et compassion.

Devant toute l'assistance, comme on la déclarait

1. « O prædicator, male dicitis : non loquamini de persona domini regis Karoli, quia bonus catholicus est et in me non credidit. » — Ou Jeanne ne dit pas ces derniers mots ; ou elle voulut dire que Charles avait cru non en elle, mais en Dieu par l'intermédiaire d'elle.

hérétique obstinée et relapse, elle répondit publiquement : « Si vous, messeigneurs de l'Église, m'eussiez « menée et gardée en vos prisons, par aventure il n'en « aurait pas été ainsi[1]. »

Jeanne avait demandé à être conduite aux prisons de l'Église. La permission fut refusée. Bien plus, et je le tiens de sa bouche même, Jeanne se trouva en butte à des tentatives de violence de la part d'un grand seigneur. C'est pour ce motif et en vue d'être plus apte à résister, comme elle le disait, que Jeanne avait repris l'habit d'homme. On avait eu d'ailleurs la précaution de laisser l'habit tout près d'elle dans sa prison[2].

Jeanne fut jugée relapse pour avoir repris l'habit d'homme. En sortant d'auprès d'elle l'évêque de Beauvais dit aux Anglais qui attendaient dehors : « *Farewel* [adieu]; faites bonne chère; c'est fait. » Moi-même, je vis et entendis l'évêque quand il se réjouissait avec les Anglais et disait devant tout le monde au seigneur de Warwick et à d'autres : « Elle est prise[3] ! »

A son dernier jour Jeanne se confessa et communia. La sentence ecclésiastique fut ensuite prononcée. Ayant assisté à tout le dénouement du procès, j'ai bien et clairement vu qu'il n'y eut pas de sentence portée par le juge séculier. Celui-ci était bien là; mais il ne formula pas de conclusion. L'attente avait été longue. A la fin

1. En français dans le texte.
2. « Fuerat juxta eam caute dimissus. »
3. « Capta est ! »

du sermon les gens du roi emmenèrent Jeanne et la livrèrent au bourreau pour être brûlée. Le juge se contenta de dire au bourreau, sans autre sentence : « Fais « ton devoir. »

Frère Martin Ladvenu et moi nous suivîmes Jeanne et restâmes près d'elle jusqu'à la dernière heure. Sa fin fut chose admirable tant elle montra grande contrition et belle repentance. Elle disait des paroles si piteuses, dévotes et chrétiennes, que tous ceux qui la regardaient, en grande multitude, pleuraient à chaudes larmes. Le cardinal d'Angleterre et plusieurs autres Anglais furent contraints de pleurer et d'avoir compassion. Lui-même l'évêque de Beauvais versa des pleurs.

Comme j'étais près d'elle la pauvre fille me supplia humblement d'aller à l'église prochaine et de lui apporter la croix pour la tenir élevée tout droit devant ses yeux jusques au pas de la mort, afin que la croix où Dieu pendit fut, elle vivante, continuellement devant sa vue. C'était bien une vraie et bonne chrétienne. Au milieu des flammes elle ne cessa de confesser à haute voix le saint nom de Jésus, en implorant et invoquant l'aide des saints et saintes du paradis. En même temps elle disait qu'elle n'était ni hérétique, ni schismatique, comme le lui imputait l'écriteau. Elle m'avait prié de descendre avec la croix, une fois le feu allumé, et de la lui montrer toujours. C'est ce que je fis. A sa fin, inclinant la tête et rendant l'esprit, Jeanne prononça encore avec force le nom de Jésus. Ainsi signifiait-elle qu'elle était fervente en la foi de Dieu, comme nous lisons que le firent saint Ignace d'Antioche et plusieurs autres martyrs. Les assistants pleuraient.

Un soldat anglais, qui la haïssait mortellement, avait juré qu'il mettrait de sa propre main une fascine au bûcher de Jeanne. Il le fit. Mais à ce moment, qui était celui où Jeanne expirait, il l'entendit crier le nom de Jésus. Il demeura tout saisi et comme foudroyé. Ses camarades l'emmenèrent dans une taverne près du Vieux-Marché pour lui rendre des forces en le faisant boire. L'après-midi, ce même Anglais confessa en ma présence à un frère prêcheur son compatriote, qui me redit ses paroles, qu'il avait gravement erré ; qu'il se repentait bien de sa manifestation contre Jeanne, et qu'il la réputait maintenant bonne et brave femme ; car au moment où elle rendait l'esprit sur le bûcher il lui avait semblé en voir sortir une colombe blanche volant du côté de la France [1].

Le même jour, l'après-midi, peu de temps après l'exécution, le bourreau vint au couvent des frères Prêcheurs trouver le frère Martin Ladvenu et moi. Il était tout frappé et ému d'une merveilleuse repentance et terrible contrition. Dans son désespoir il craignait de ne jamais obtenir de Dieu indulgence et pardon pour ce qu'il avait fait à cette sainte femme. « Je crains fort

1. « Exeuntem de Francia. » — Dans la consultation de Paul Pontano, le témoignage de frère Isambard est allégué, et il y est dit qu'un Anglais assurait qu'il lui avait semblé voir une colombe blanche s'envolant du milieu des *flammes* « exeuntem de *flamma*. »

d'être damné, nous disait-il, car j'ai brûlé une sainte femme[1]. »

Ce même bourreau disait et affirmait que, nonobstant l'huile, le soufre et le charbon qu'il avait appliqués contre les entrailles et le cœur de Jeanne, il n'avait pu arriver à consumer et à réduire en cendres ni les entrailles ni le cœur. Il en était tout étonné, comme d'un miracle évident[2].

Voilà tout ce que j'ai à déposer. Je n'ai dit que la vérité.

1. « Dixit quod valde timebat quin esset damnatus, quia combusserat unam sanctam mulierem. »

2. On a remarqué le même témoignage dans la bouche de Massieu (page 79).

XVIII. — DÉPOSITION DU FRÈRE JEAN TOUTMOUILLÉ

Vénérable et religieuse personne, frère JEAN TOUTMOUILLÉ, de l'ordre des frères prêcheurs de Rouen, n'a été entendu que dans l'enquête de 1450. Il avait alors quarante-deux ans; ce qui implique qu'il était âgé de vingt-trois ans lors de la mort de Jeanne. Ce jeune moine avait éprouvé pour la pauvre victime une sympathie sincère dont on va trouver un touchant écho dans sa déposition.

N'ayant point assisté au procès de Jeanne, je ne saurais parler comme témoin des sentiments de ceux qui ont mené le procès et y ont été juges. Mais la commune renommée divulguait qu'ils avaient persécuté Jeanne par appétit de vengeance perverse et qu'il y en avait eu des signes bien apparents. Avant qu'elle mourût, les Anglais avaient eu en tête de mettre le siège devant Louviers. Mais après, ils changèrent de dessein, disant qu'ils n'assiégeraient point ladite ville jusqu'à ce que la Pucelle eût été jugée. La preuve, c'est qu'aussitôt Jeanne brûlée ils allèrent mettre le siège devant

Louviers. Ainsi les Anglais estimaient que, durant sa vie, jamais ils n'auraient gloire ni prospérité en fait de guerre.

Le jour où Jeanne fut brûlée, je me trouvai le matin en la prison avec frère Martin Ladvenu que l'évêque de Beauvais lui avait envoyé pour l'induire à vraie pénitence et l'entendre en confession : ce que ledit Ladvenu fit bien soigneusement et charitablement.

Quand il annonça la pauvre femme la décision des juges et qu'elle ouït la dure et cruelle mort qui lui était réservée, elle commença à s'écrier douloureusement et piteusement, et à se tirer et arracher les cheveux : « Hélas! me traite-t-on ainsi horriblement et » cruellement qu'il faille que mon corps net et entier, » qui ne fut jamais corrompu, soit aujourd'hui consumé » et rendu en cendres! Ah! Ah! j'aimerais mieux être » décapitée sept fois que d'être ainsi brûlée. Hélas! si » j'eusse été en la prison ecclésiastique à laquelle je » m'étais soumise, et que j'eusse été gardée par les gens » d'Église, non pas par mes ennemis et adversaires, il » ne me fût pas si misérablement arrivé malheur. Oh! » j'en appelle devant Dieu, le grand juge, des grands » torts et ingravances qu'on me fait. » Et elle se plaignait merveilleusement des oppressions et violences qu'on lui avait faites.

Après ces plaintes survint l'évêque de Beauvais, auquel elle dit incontinent : « Évêque, je meurs par » vous. » Il commença à lui adresser des remontrances, disant : « Ah! Jeanne, prenez tout en patience. Vous

» mourez pour ce que vous n'avez pas tenu ce que vous » nous aviez promis et que vous êtes retournée à votre » premier maléfice. » Et la pauvre Pucelle lui répondit : « Hélas! si vous m'eussiez mise aux prisons de cour » d'Église et rendue entre les mains de concierges ecclé- » siastiques compétents et convenables, ceci ne fût pas » advenu. C'est pourquoi j'en appelle de vous devant » Dieu. »

Pour lors, je sortis et n'ouïs plus rien.

XIX. — DÉPOSITION DU FRÈRE GUILLAUME DUVAL

Révérend père en Dieu et religieuse personne frère Guillaume Duval, de l'ordre des frères prêcheurs de saint Jacques à Rouen, docteur en théologie, âgé d'environ vingt-six ans lors du procès de Jeanne, était, comme frère Isambard, un des acolytes du vice-inquisiteur Jean Lemaître. Il fit en 1450 la très courte déposition qui suit, où se trouve un trait bien caractéristique :

Quand on faisait le procès de Jeanne, je me trouvai à une séance avec Isambard de la Pierre. Faute de lieu propre à nous asseoir dans l'assemblée des conseillers, nous allâmes, selon notre habitude, nous asseoir à la table, près de la Pucelle. Là, tandis qu'on interrogeait et examinait Jeanne, frère Isambard l'avertissait de ce qu'elle devait dire, en la poussant du coude ou faisant quelque autre signe.

La séance terminée, frère Isambard, maître Jean de la Fontaine et moi, nous fûmes députés pour visiter Jeanne et la conseiller, ce même jour, l'après-dîner. Dans ce but, nous nous rendîmes ensemble au château de Rouen. Mais au château nous trouvâmes le comte de Warwick, qui, manifestant grand dépit et grande indignation, assaillit frère Isambard de mordantes injures et invectives : « Pourquoi, lui dit-il, sou« tiens-tu[1] le matin cette méchante en lui faisant tant « de signes? Par la morbleu, vilain, si je m'aperçois plus « que tu mettes peine de la délivrer et de l'avertir de « son profit, je te ferai jeter en Seine. » Pour lors, laissant là ledit Isambard, mon compagnon et moi nous nous enfuîmes dans notre couvent.

Voilà tout ce que j'ai vu et ouï; car je ne fus pas présent au procès.

1. « Souches-tu. »

XX. — DÉPOSITIONS DE L'ARCHIDIACRE ANDRÉ MARGUERIE

Vénérable et circonspecte personne maître André Marguerie, archidiacre du Petit-Caux en l'église de Rouen, âgé de soixante-six ans, fut entendu en 1452 et en 1456. Ce complice de Cauchon mérita le titre de conseiller du roi d'Angleterre. Nous allons l'entendre constater à contre-cœur des irrégularités du procès, accentuer la résistance de Jeanne à l'Église, atténuer sa propre responsabilité et excuser les Anglais le plus possible. Il dit :

J'ai seulement connu Jeanne à l'origine du procès qui lui a été fait et auquel je n'ai pris qu'une faible part. C'était une fille jeune, mais bien rusée en ses réponses[1].

Je crois que les hommes d'armes anglais haïssaient Jeanne et que plusieurs avaient soif de sa mort pour qu'elle n'eût plus moyen de leur nuire.

1. « Juvenis, licet multum cauta in suis responsionibus. »

Maints assesseurs du procès furent semoncés parce qu'ils ne parlaient pas assez pleinement au gré des Anglais. Toutefois je ne sache pas qu'aucun ait été en péril de mort. J'ai seulement ouï dire que maître Nicolas de Houppeville ne voulut pas donner son avis. Il y avait bien quelques Anglais qui, en procédant contre Jeanne, obéissaient à la haine; mais les personnages notables étaient animés de bons sentiments[1].

Jeanne était dans la prison du château de Rouen. Je l'y ai vue. Elle était gardée, je crois, par des Anglais, parce que les Anglais avaient la gouverne du château où elle était incarcérée. Voilà bien un point où il m'a toujours semblé qu'on fût en faute. C'était mal procéder que de tenir Jeanne en mains laïques pendant la durée d'un procès en matière de foi, et surtout après la première sentence, quand elle eut été condamnée à la prison perpétuelle.

Je crois qu'on visita Jeanne pour savoir si elle était vierge ou non; mais en vérité je ne saurais l'affirmer. Ce que je sais, c'est que, durant le procès, elle passait pour vierge.

En ce qui touche les points de fait relevés contre les juges et les assesseurs, je ne sais rien. J'ignore si Jeanne a été injustement condamnée et s'il a été commis quelque injustice dans la rédaction du procès.

Loin de reconnaître que Jeanne ait répondu convenablement et catholiquement touchant l'Église, je crois

1. « Sed notabiles viri procedebant bono animo. »

plutôt le contraire[1]. Ainsi j'ai souvenir d'avoir entendu de sa bouche, quand on lui demandait si elle voulait se soumettre à l'Église, cette réponse : « Sur certaines choses je ne donnerai créance ni à mon évêque, ni au pape, ni à quiconque, parce que je tiens cela de Dieu[2]. » Ce fut une des causes pour lesquelles on procéda contre elle, en vue de la faire abjurer.

J'assistai à la première prédication ; et je me rappelle bien qu'au moment de l'abjuration de Jeanne, un chapelain du cardinal d'Angleterre, qui avait assisté aussi à la prédication, dit à l'évêque de Beauvais: « Vous favorisez trop Jeanne. » — « Vous mentez, répondit l'évêque. En telle cause je ne voudrais favoriser qui que ce fût. » Alors le chapelain fut réprimandé par le cardinal anglais qui lui dit de se taire.

Plus tard, sur la nouvelle que Jeanne avait repris l'habit d'homme, j'allai au château m'enquérir comment et de quelle manière cela s'était fait. Les Anglais s'en indignèrent et firent grand tumulte, tant et si bien que moi et beaucoup d'autres, venus au château pour le même motif, nous fûmes forcés de nous en retourner à la hâte. Il y avait péril pour nos personnes.

J'assistai à la dernière prédication ; mais je n'étais

1. « Credit potius contrarium. » (Déposition de 1452.) Dans la déposition de 1456, Marguerie rappelle, en termes identiques, la réponse de Jeanne concernant sa soumission à l'église; mais il ne porte aucun jugement.

2. « Respondit quod de quibusdam non crederet nec prælato suo, nec Papæ, nec cuicunque, quia hoc habebat a Deo. »

pas là quand fut exécutée la sentence. Pris de pitié, j'étais parti. Je sais cependant que plusieurs assistants pleuraient, en particulier monseigneur l'évêque de Thérouenne, alors chancelier d'Henri VI.

Vu mon absence au moment de l'exécution, je ne saurais dire jusqu'à quel point Jeanne mourut dévotement. Mais elle se montrait assez troublée et disait : « Rouen, Rouen, mourrai-je ici ? »

A ce qu'il me semble, après la mort de Jeanne, ses cendres, par ordre du cardinal d'Angleterre, furent réunies et jetées en Seine.

Je ne sais rien autre.

XXI. — DÉPOSITION DU CHANOINE RICHARD DE GROUCHET

Vénérable et discrète personne maître RICHARD DE GROUCHET, chanoine de l'église collégiale de la Saussaye, au diocèse d'Évreux, âgé de soixante ans, déposa dans l'enquête de 1452.

Il a donné d'instructifs détails sur le procès de Jeanne, où il figura parmi les assesseurs :

J'ai vu Jeanne au château de Rouen, où elle était emprisonnée. Des Anglais la gardaient, la menaient et la ramenaient. Était-elle enchaînée? Avait-elle les fers aux pieds? Je ne sais. J'ai seulement ouï assurer qu'on la tenait bien rigoureusement et durement.

Selon le bruit public, les Anglais craignaient Jeanne et lui firent intenter un procès pour satisfaire leur rancune et leurs colères. Les juges furent-ils intimidés et obéirent-ils à la crainte? Je ne saurais le dire. A ce qu'il me semble, parmi ceux qui participèrent au procès, les uns étaient là volontiers et avec plaisir; les autres de force et malgré eux. Il y avait beaucoup de timides, dont quelques-uns s'enfuirent, ne voulant pas assister au procès[1] Maître Nicolas de Houppeville, entre autres, fut en grand péril.

Maître Jean Pigache, Pierre Minier (l'un et l'autre me l'ont dit), et moi-même qui restais avec eux, nous donnâmes nos avis sous le coup de la crainte, menacés et terrifiés. Nous assistâmes au procès ; mais nous fûmes dans la pensée de fuir.

Je citerai aussi Pierre Morice. Je lui ai entendu plusieurs fois raconter qu'après le premier prêche, comme il avertissait Jeanne de persister dans ses bons propos, les Anglais furent mécontents et il fut en grand danger d'être frappé.

J'ignore si jamais quelqu'un se trouva en péril de mort pour avoir pris la défense de Jeanne ; mais je sais bien que, pendant qu'on lui adressait des questions difficiles, les quelques docteurs à qui il arrivait de vouloir la diriger étaient rigoureusement et durement repris. Ils étaient censurés comme favorables à Jeanne, tantôt par l'évêque de Beauvais, tantôt par maître Jean Beaupère qui leur disait : « Laissez-la parler. C'est moi qui ai charge de l'interroger[2]. »

Je n'ai ni vu ni compris que quelqu'un s'introduisît près de Jeanne pour l'instruire et la conseiller. Je ne sache pas qu'elle ait demandé ou qu'on lui ait offert un conseil. J'incline bien à croire qu'au commencement

1. « Multi timidi quorum quidam fugierunt, nolentes adesse processui. »

2. « Qui dicebat quod dimitterent eam loqui, et quod commissus erat ad eam interrogandum. »

du procès elle a demandé un conseil; mais je ne sais rien de certain.

Privée de défense, Jeanne répondait par elle-même; et quoique toute jeune, elle faisait des réponses prudentes et de grande substance. Je l'ai vue harcelée de questions difficiles, enveloppées, captieuses. On voulait, ce me semble, la prendre à ses paroles et la distraire de son propos. Ce nonobstant, elle répondait bien, eu égard à la fragilité féminine[1]. Quelquefois, quand ses interrogateurs revenaient sur une question posée, elle les en avisait et leur désignait le jour où elle avait répondu. Je me souviens d'avoir entendu dire par messire Gilles, abbé de Fécamp, qu'un grand clerc aurait été bien en peine pour répondre aux questions difficiles faites à Jeanne, et pourtant, je le sais, elle était ignorante du droit et des pratiques judiciaires.

Moi le voyant et l'entendant, on a demandé à Jeanne si elle voulait se soumettre à l'évêque de Beauvais et à quelques-uns des assesseurs qu'on lui nomma. Elle répondit que non; mais qu'elle se soumettait au pape et à l'Église catholique. Même elle requit qu'on la menât au pape — « Eh bien, lui dit-on, votre procès sera envoyé au pape pour qu'il le juge. » — Non, reprit-elle, je ne veux pas que cela se passe ainsi; car je ne sais pas ce que vous mettriez dans le procès. Mais je veux y être menée et que le pape m'interroge[2]. »

1. « Secundum fragilitatem mulicbrem bene respondebat. »
2. « Respondebat quod nolebat sic fieri, quia nesciebat quod

A-t-on écrit dans le procès que Jeanne ne se soumit pas à l'Église? Je n'en ai pas connaissance. Je n'ai pas su non plus qu'on défendit l'insertion de ses réponses là-dessus. Ce que je puis affirmer, c'est que, moi présent, Jeanne s'est toujours soumise au pape et à l'Église. Bien des fois, pendant le jugement, j'ai entendu de sa bouche des protestations d'attachement à la foi catholique.

Selon ma créance, les greffiers ont été fidèles dans leurs écritures. Cependant j'ai vu et entendu l'évêque de Beauvais les gourmander aigrement quand ils ne faisaient pas ce qu'il voulait.

Le greffier écrivait le procès en français, et quand il y avait doute sur ce qui avait été écrit, on demandait la chose à Jeanne. Pour ce qui est de la traduction latine, je ne sais rien.

Que le procès de Jeanne ait été juridiquement incorrect, j'en suis convaincu. Qu'en fait, les docteurs consultés aient été sous le coup de la crainte au point de perdre leur libre arbitre, c'est possible. Ainsi, Pigache, Minier et moi, nous avions donné par écrit notre opinion selon notre conscience. Cette opinion ne fut pas au gré de l'évêque et des assesseurs et il nous fut dit : « Voilà donc ce que vous avez fait ! »

Au fond, à en juger par ce que j'ai vu et entendu, il y eut, dans cette affaire, beaucoup de violence.

per eos in processu poneretur; sed volebat ibi duci, et per Papam interrogari. »

La sentence m'a toujours paru injuste. Je n'ai jamais su d'où les juges ont tiré des titres qui l'autorisassent et des motifs de condamnation.

Je ne sache, ni par ouï-dire ni autrement, qu'il y ait eu une sentence portée par le juge séculier contre Jeanne. Je n'étais pas présent. Mais, selon la rumeur commune et la voix publique, Jeanne fut livrée au supplice de manière violente et injuste.

Au dire de tous, sa mort fut une sainte mort.

Cette mort a été l'œuvre de la haine des Anglais. Leur but était-il de déshonorer notre seigneur le roi? Je ne sais. Mais je crois bien qu'on tendait à le faire mépriser en menant ainsi ce procès et en livrant Jeanne à la mort.

J'ai fini ma déposition. Tout ce que j'ai dit est vrai.

XXII. — DÉPOSITIONS DE DUDÉSERT ET DE CAVAL CHANOINES DE ROUEN

Vénérable et discrète personne maître Nicolas Dudésert, chanoine de Rouen, âgé de cinquante-deux ans, avait participé au procès et à la condamnation de Jeanne. Il fit en 1452 une déposition laconique et réservée. On y remarquera ce qu'il dit au sujet de l'abjuration de Jeanne.

Je crois vraisemblable que, si Jeanne eût tenu le parti des Anglais comme elle tenait le parti des Français, elle n'eût pas été traitée comme elle le fut.

A coup sûr, ses faits et gestes avaient jeté quelque terreur chez les Anglais. Mais pour cela visaient-ils à la faire périr? Je ne saurais le dire. Toutefois, je suis porté à croire qu'ils la haïssaient en même temps qu'ils la craignaient, et que ce qu'elle avait fait à la guerre fut pour beaucoup dans le procès intenté contre elle.

Il paraît qu'on la tenait emprisonnée dans le château de Rouen, avec des Anglais pour gardiens. Je l'y ai vue une fois au moment où elle était amenée devant les juges.

Jeanne était une jeune fille de dix-huit ou de dix-neuf ans. On disait qu'elle était bien prudente et avisée en ses réponses.

J'assistai à la prédication de Saint-Ouen. J'y vis et entendis l'abjuration de Jeanne, se soumettant à la détermination, au jugement et aux commandements de l'Église. Un docteur anglais, là présent, fut mécontent que l'évêque acceptât cette abjuration de Jeanne, parce qu'elle en prononçait quelques mots en riant[1]. Il dit à l'évêque : « Vous faites mal d'accepter une abjuration pareille. C'est une dérision. » L'évêque lui répondit avec humeur : « Vous mentez. Juge en cause de foi, je dois plutôt chercher son salut que sa mort[2]. »

Lors du prêche de Saint-Ouen, j'entendis de la bouche de Jeanne qu'elle se soumettait au jugement de l'Église. Fut-il interdit aux greffiers de consigner cette soumission dans leurs écritures? Je l'ignore.

De même qu'au prêche de Saint-Ouen, j'assistai au prêche du Vieux-Marché. Ici comme là je vis Jeanne se montrer bonne chrétienne en tous ses faits et gestes. Elle invoquait Dieu et les saints.

De sa communion, je ne sais rien.

Avant le prêche, le lieu du supplice avait été préparé. Le prêche fini, Jeanne fut abandonnée par les

1. « Eo quod ridendo pronuntiabat aliqua verba dictæ abjurationis. »

2. « Stomachate respondit quod mentiebatur, quia cum judex esset in causa fidei, potius deberet quærere ejus salutem quam mortem. »

juges ecclésiastiques. Aussitôt on s'empara d'elle. Mais fut-elle immédiatement conduite au supplice, ou bien devant le bailli et les autres officiers royaux qui étaient sur une estrade? Je n'en sais rien.

A la déposition du chanoine de Rouen, DUDÉSERT, je joindrai ici les déclarations excessivement courtes de son confrère Caval qui, comme lui, était un de ceux qui s'étaient prononcés contre Jeanne.

Vénérable et discrète personne maître NICOLAS CAVAL fut entendu par Philippe de la Rose en 1452 et par les juges du procès de réhabilitation en 1456. Le procès-verbal de 1452 lui donne soixante ans d'âge. Le procès-verbal de 1456 lui en donne soixante-dix et l'appelle JEAN.

Voici ce qu'il dit :

Je crois que les Anglais n'avaient pas grande affection pour Jeanne. Quant à ses juges, je ne saurais rien dire de leurs dispositions. Pour ce qui est des greffiers, je crois qu'ils ont écrit fidèlement, sans obéir à aucun sentiment de crainte.

J'assistai au procès pendant quelques jours ; et c'est alors que je connus Jeanne. Je l'ai vue une fois en audience et l'ai entendue répondre de façon assez prudente. Elle avait une fort bonne mémoire. Comme on la questionnait sur un point, elle disait : « J'ai autrefois répondu et en telle manière[1]. » Elle faisait chercher par le notaire le jour où elle avait répondu : et tout se trouvait comme elle le déclarait, rien de plus, rien de moins[2]. Cela m'étonnait, vu son âge; car il me semble qu'elle était bien jeune.

Je n'assistai ni à la condamnation ni à l'exécution de Jeanne. J'ai su qu'elle mourut chrétiennement ; qu'à ses derniers moments elle invoquait le nom de Jésus, et qu'elle fit pleurer beaucoup de monde.

Je ne sais rien autre.

1. « Ego aliàs respondi et in tali forma. »
2. « Et ita inveniebatur sicut dicebat, nil addito, vel remoto. »

XXIII. — DÉPOSITION DU PRIEUR THOMAS MARIE

Vénérable et religieuse personne messire Thomas Marie, prieur de Saint-Michel, près Rouen, de l'ordre de Saint-Benoit, âgé de soixante-trois ans, fit, en 1452, devant Philippe de la Rose, une déposition qui se distingue des autres par les réflexions générales mêlées à l'exposé des faits.

Parce que Jeanne avait fait des merveilles dans la guerre, les Anglais qui sont communément superstitieux, — c'est du moins leur réputation et la chose est passée en proverbe[1], — estimaient qu'il y avait un sort attaché à sa personne. Aussi désiraient-ils sa mort.

Selon ma créance, c'est à leur requête et à leurs frais que fut fait le procès de Jeanne.

Quant aux acteurs du procès, tels agirent par amour des Anglais, tels par crainte. Que, comme on le dit, ils aient procédé sous le coup de menaces et d'une espèce de terreur, je ne le crois point. Il y a eu plutôt

1. « Dixit quod communis fama hoc tenet, et est vulgare proverbium. »

séduction ; car, je l'ai ouï dire et j'en suis convaincu, certains reçurent des présents. Néanmoins, il est exact qu'à l'occasion de ce procès maître Nicolas de Houppeville fut exclu des audiences et mis en prison pour avoir vertement parlé sur le fait de Jeanne à l'évêque de Beauvais.

J'ai bien compris que quelquefois les greffiers étaient sollicités à écrire autrement qu'il n'était dit. Cependant je crois qu'ils ont été fidèles et véridiques dans leurs écritures.

J'ai entendu un serrurier me dire qu'il avait fabriqué une cage de fer pour tenir Jeanne debout[1]. Jeanne fut-elle mise dans cette cage? Je crois que oui ; mais je ne le sais point[2].

Je ne sais pas davantage s'il est vrai que, pendant qu'elle était en prison, des Anglais déguisés l'exhortassent, la nuit, à ne pas se soumettre à l'Église. Mais je sais qu'après le prêche de Saint-Ouen, quand elle eut été replacée dans la prison du château, elle fut si tourmentée, si maltraitée, qu'elle eut lieu de dire : « J'aimerais mieux mourir que de rester davantage avec ces Anglais[3]. »

Il m'a été dit qu'un conseil fut offert à Jeanne. Quant

1. « Fecerat quamdam gabeam ferream, pro tenendo ipsam Johannam stantem. »

2. Complétez ce témoignage par celui du bourgeois Cusquel (*page* 153), et par celui de l'huissier Massieu, qui est le plus explicite (*page* 65).

3. « Habuit dicere quod mallet potius mori quam amplius stare cum ipsis Anglicis. »

à ce fait que quelqu'un aurait été en péril de mort ou en tout autre péril pour lui avoir donné conseil, je n'en ai point entendu parler.

Jeanne passait pour simple et ignorante. Et pourtant j'ai entendu une personne qui avait été au procès, ainsi que d'autres, dire qu'elle répondait aux questions aussi sagement que l'eût fait un excellent clerc[1].

Je n'ai pas été présent au procès ; mais je crois bien que les interrogateurs visaient à perdre Jeanne et la tracassaient le plus possible.

Où manque le libre arbitre ni procès, ni sentence ne valent[2]. Dans le procès de Jeanne, juges et assesseurs furent-ils libres? Je ne saurais là-dessus rien ajouter à ce que je viens de dire.

Une chose que je crois bien et dont était d'accord l'opinion publique, c'est que Jeanne fut brûlée quoique bonne catholique.

J'ai ouï conter par plusieurs personnes qu'on vit le nom de Jésus écrit dans les flammes du bûcher où Jeanne fut brûlée.

Je n'en doute pas, si les Anglais eussent eu une telle femme ils l'auraient fort honorée et ne l'auraient pas traitée ainsi.

Voilà faite ma déposition. Ce que j'ai dit est vrai et de notoriété publique dans la ville de Rouen.

1. « Quod ipsa ita sapienter ad quæsita respondebat, sicut fecisset unus optimus clericus. »

2. « Ubi non est liberum arbitrium nec processus nec sententia valent. »

XXIV. — DÉPOSITION DU CURÉ RIQUIER

Vénérable personne messire Jean Riquier, chapelain de l'église de Rouen, curé de la paroisse d'Heudicourt, âgé de quarante-sept ans, fit en 1456 une déposition où on remarquera surtout des détails touchants sur la mort de Jeanne. Il dit :

J'ai vu Jeanne pour la première fois lors de la prédication de Saint-Ouen et je l'ai revue au Vieux-Marché. C'était une jeune fille de vingt ans ou à peu près. Elle était, je crois, une bonne chrétienne : aussi, avant de mourir, demanda-t-elle à recevoir le bon Dieu.

Quand elle fut amenée à Rouen, j'étais attaché au chœur de l'église de cette ville. Il m'arrivait d'entendre parler du procès par mes supérieurs ecclésiastiques. Entre autres choses, j'ai ouï dire par maître Pierre Morice, Nicolas Loiseleur et d'autres dont je ne me souviens pas, que les Anglais craignaient Jeanne à tel point qu'ils n'osaient pas, elle vivante, assiéger Louviers. Ils voulaient qu'elle mourût avant. « Force nous est de complaire aux Anglais, disaient ces docteurs. Son procès sera vite expédié et on trouvera l'occasion de la faire mourir[1]. »

Selon ma créance, tout ce qui s'est passé a été fait à l'intercession et aux frais des Anglais. Le bruit courait que beaucoup qui assistaient au procès s'en seraient volontiers abstenus, et qu'en y assistant ils obéissaient surtout à la crainte,

Je n'ai pas vu Jeanne dans sa prison. On disait que personne n'osait lui parler. Je sais seulement qu'elle était au château et dans les fers, avec des Anglais pour gardiens.

Je n'ai pas non plus assisté au procès. Mais on racontait qu'il était fait à Jeanne des questions fort difficiles, et que, quand elle craignait de répondre, elle demandait un délai. On ajoutait qu'elle répondait avec une sagesse telle, que, si un des docteurs qui l'interrogeaient eut eu à répondre, il ne s'en serait pas mieux tiré.

Le procès fut conduit selon la volonté des Anglais. Toutefois il fut fort long. J'ai ouï dire que les Anglais étaient mécontents qu'il fût si long et gourmandaient tel et tel de ce qu'on n'en finissait pas plus vite.

D'après ce qu'on m'a assuré, Jeanne déclara qu'elle ne voudrait rien dire ni affirmer qui fût contre la foi catholique.

J'assistai au premier prêche fait à Saint-Ouen. Maître

1. « Quod necessarium erat eis complacere ; quod fieret celeriter processus contra eam, et quod adinveniretur occasio mortis suæ. »

Guillaume Érard, le prédicateur, laissa échapper sur le roi de France quelques paroles malveillantes dont le souvenir ne me revient pas. Aussitôt Jeanne se mit à excuser le roi et dit : « Gardez-vous de parler du roi ; car il est bon catholique. Mais parlez de moi[1]. »

J'assistai aussi au prêche fait au Vieux-Marché, le jour où Jeanne mourut et d'une mort bien chrétienne, à mon avis. Je sais qu'elle fut abandonnée par les gens d'Église, et qu'aussitôt, j'en fus témoin, des sergents et des soldats anglais la prirent pour la conduire tout droit au lieu du supplice. Je n'ai point vu qu'il y eût aucune sentence prononcée par le juge séculier.

Maître Pierre Morice visita Jeanne dès le matin, avant qu'on la conduisît au prêche du Vieux-Marché : « Maître Pierre, lui dit-elle, où serai-je ce soir[2] ? » — « N'avez-vous pas bonne espérance dans le Seigneur ? » répondit maître Pierre. — « Oui, reprit-elle, Dieu aidant, je serai en paradis[3]. » Voilà ce que m'a raconté maître Pierre.

Quand Jeanne vit mettre le feu au bûcher, elle se mit à crier d'une voix forte : Jésus ! et toujours jusqu'à ce qu'elle trépassa elle cria : Jésus !

Une fois qu'elle fut morte, comme les Anglais redoutaient qu'on ne dît qu'elle avait échappé, ordre fut

1. « Nolite loqui de rege, quia est bonus catholicus ; sed loquamini de me. »

2. « Magister Petre, ubi ego ero hodie de sero ? »

3. « Quæ dixit quod sic, et quod, Deo favente, esset in Paradiso. »

donné au bourreau d'écarter un peu les flammes pour que les assistants pussent voir Jeanne morte et qu'ainsi on ne dit pas qu'elle eût échappé[1].

Pendant l'exécution, maître Jean Alepée, alors chanoine de Rouen, était près de moi. Il pleurait que c'était merveille; et je lui entendis dire ces paroles : « Plût à Dieu que mon âme fût au lieu où je crois l'âme de cette femme[2] ! »

Je ne sais rien autre.

1. Jean Riquier seul donne ce détail, confirmé et complété par les lignes suivantes du *Journal de Paris* : « Jeanne fut » bientôt esteinte et sa robe toutte arse (*toute brûlée*); et fut » veue (*vue*) de tout le peuple toutte nue, et tous les secrez qui » peuent (*peuvent*) estre ou doibvent en femme, pour oster les » doubtes du peuple. Et quand ils l'orent (*l'eurent*) assez à leur » grè veue (*vue*), toutte morte, le bourrel (*bourreau*) remist le » feu grant sur sa poure (*pauvre*) charongne qui tantôt fut » toutte comburée (*brûlée entièrement*), et os et char (*chair*) mis » en cendre. »

2. « Utinam anima mea esset in loco in quo credo animam istius mulieris. »

XXV. — DEPOSITIONS DU CURÉ BOUCHIER ET DU CURÉ LEMAIRE

Messire Pierre Bouchier, curé de la paroisse de Bourgeauville, dans le diocèse de Lisieux, âgé de cinquante-cinq ans, fit, en 1452, la déposition suivante qui renferme quelques détails dignes d'attention :

On en voulait surtout à Jeanne d'avoir levé le siège d'Orléans. Les Anglais étaient heureux de la tenir, et je crois qu'ils auraient bien voulu qu'elle mourût. Ils craignaient Jeanne plus que tout le reste de l'armée de France. De là le procès qui fut fait.

Je sais parfaitement que Jeanne était emprisonnée au château de Rouen; mais j'ignore si elle était aux fers. Personne ne pouvait parler avec elle sans en avoir congé de quelques Anglais préposés à sa garde. Jamais je ne l'ai vue sortir de prison sans une escorte d'Anglais. Je crois qu'ils se tenaient enfermés avec elle dans une chambre ayant trois clefs dont une aux mains du seigneur cardinal ou de son secrétaire; la seconde aux mains de l'inquisiteur; la troisième aux mains de messire Jean Benedicite, le promoteur. Les

Anglais craignaient par-dessus tout que Jeanne ne s'évadât[1].

Autant que j'en ai pu juger, Jeanne avait environ dix-neuf ans. On disait qu'elle ne manquait pas de discernement dans ses réponses. Je n'assistai pas aux interrogatoires. Je sais seulement, l'ayant entendu raconter, qu'elle était seule, assise sur un siège et répondant sans conseil. Avait-elle demandé un conseil et lui fut-il refusé? Je l'ignore.

Beaucoup de gens m'ont assuré que Jeanne, quand on l'examinait, avait déclaré à plusieurs reprises qu'elle se soumettait à notre seigneur le pape et demandé qu'on la menât à lui.

Je sais, pour l'avoir entendu dire, que le procès fut écrit en latin.

Lors du prêche qui eut lieu au cimetière de Saint-Ouen, un clerc anglais, bachelier en théologie, gardien du sceau privé du cardinal d'Angleterre, là présent, adressa la parole à monseigneur l'évêque de Beauvais, juge de Jeanne, et lui dit : « Finissez-en ! vous êtes trop favorable[2]. » Cela mécontenta l'évêque. Il jeta le procès à terre, disant qu'il ne ferait rien de plus ce jour-là et qu'il ne voulait faire que selon sa conscience.

Après le prêche, Jeanne, les mains jointes, dit à

1. « Summe timebant Anglici ipsi ne ipsa evaderet. »
2. « Expediatis ; vos estis nimis favorabilis. »

haute voix qu'elle se soumettait au jugement de l'Église. Elle priait saint Michel de la diriger et de la conseiller.

Autant que j'ai vu Jeanne, je l'ai toujours connue pour une bonne chrétienne et bien pieuse. Je sais que le corps de Notre-Seigneur lui fut porté dans le château en sa prison, avant qu'on la menât au Vieux-Marché où elle fut prêchée et brûlée.

Une fois la sentence portée par le juge ecclésiastique, Jeanne fut conduite à l'estrade du bailli par les sergents du roi. Sur cette estrade il y avait, outre le bailli, d'autres officiers séculiers. Jeanne resta quelque temps avec eux. Qu'est-ce qui fut dit ou fait? Je l'ignore. Je sais seulement qu'à leur départ, Jeanne fut livrée aux flammes.

Pendant qu'on la liait, elle implorait et invoquait spécialement saint Michel. Je la vis se montrer bonne chrétienne jusqu'à la fin. Plusieurs des assistants, ils étaient bien dix mille, pleuraient et versaient des larmes, disant que c'était grande pitié[1].

J'ai fini ma déposition. Ce que j'ai dit est vrai et de notoriété publique dans la ville de Rouen.

Messire Jean Lemaire, curé de la paroisse de Saint-Vincent de Rouen, âgé de quarante-cinq ans, fit, en 1456, une courte déposition de

1. « Pluresque assistentes, usque ad decem millia, flentes et lacrymantes, dicentes quod erat magna pietas.

mince portée, qui peut être rapprochée de la déposition du curé Bouchier.

J'ai peu connu Jeanne. Au temps où elle fut menée à Rouen, j'étais étudiant à l'université de Paris. Je ne vins à Rouen qu'à l'époque où eut lieu à Saint-Ouen le prêche fait par Guillaume Erard. C'est ce jour-là et en cet endroit que je vis Jeanne. J'entendis aussi parler les gens de Rouen. Le bruit commun était que les Anglais faisaient faire ce procès à Jeanne, parce qu'ils la craignaient et la détestaient. Je ne doute pas que, dans la conduite et dans la forme du procès et des sentences qui s'ensuivirent, la justice n'ait été beaucoup offensée. Il me revint que plusieurs des assesseurs étaient fort ennuyés de ce procès et mécontents de la manière dont il était conduit. Quelques-uns, paraît-il, furent en grand danger de perdre la vie, notamment défunts maître Pierre Morice, maître Gilles de Fécamp et maître Nicolas Loiseleur.

Je ne sais rien autre.

XXVI. — DÉPOSITION DE MONNET, ANCIEN CLERC DE MAITRE BEAUPÈRE

Maître JEAN MONNET, professeur de théologie, chanoine de Paris, âgé de cinquante ans, avait été, en qualité de clerc, au service de l'universitaire Jean Beaupère pendant le procès de Jeanne. Sa déposition faite en 1456 renferme des renseignements topiques sur les interrogatoires de Jeanne et sur son abjuration :

Je n'ai connu Jeanne qu'à l'époque où j'allai à Rouen avec maître Jean Beaupère, dont j'étais serviteur, et en compagnie de maîtres Pierre Morice, Thomas de Courcelles et plusieurs autres qui étaient mandés pour assister au procès.

Pendant le procès, je vis Jeanne à plusieurs reprises. J'assistai aux audiences trois ou quatre fois. J'écrivais les questions faites à Jeanne et ses réponses, non en qualité de greffier, mais comme clerc et serviteur de maître Jean Beaupère. J'ai même reconnu mon écriture, quand j'ai eu sous les yeux la rédaction française du procès.

Entre autres choses, je me souviens d'avoir entendu

Jeanne, s'adressant aux greffiers et à moi, dire que nous n'avions pas bien écrit. Maintes fois elle nous faisait corriger nos écritures.

Souvent, dans les interrogatoires, quand on la questionnait sur des points au sujet desquels il lui semblait qu'elle ne devait pas répondre, Jeanne disait qu'elle s'en rapportait aux consciences de ses interrogateurs pour savoir si elle devait ou non répondre[1]. De fait, on lui faisait des questions bien difficiles auxquelles un maître de théologie aurait répondu à grand'peine. M'est avis qu'en cela Jeanne était beaucoup chargée.

Dans le cours du procès Jeanne se trouva malade. Fut-elle visitée par les médecins? Je n'en sais rien.

Quant aux douze articles, j'ignore qui en a été l'inventeur et le rédacteur; j'ignore aussi s'ils sont un extrait bon ou mauvais des confessions de Jeanne. Ce que je sais, c'est que Jean Beaupère se rendit à Paris pour les y apporter.

Le procès entrepris contre Jeanne provenait des grands dommages qu'elle avait causés aux Anglais. Ils trouvaient qu'elle leur était trop préjudiciable. Selon ma créance, c'est à leurs frais qu'eut lieu tout le procès.

Sur les sentiments des juges, je ne saurais me prononcer. Je m'en réfère à leurs consciences.

Jeanne était détenue au château de Rouen. J'ai entendu dire que, pendant le procès, elle fut visitée pour savoir si oui ou non elle était vierge, et qu'elle fût

1. « Dicebat quod se referebat conscientiis interrogantium an deberet respondere vel non. »

trouvée vierge. J'en ai souvenir; car il fut dit à cette occasion qu'en montant à cheval elle avait été blessée aux parties inférieures et que la visite avait révélé le fait.

J'ai également entendu dire que certaines personnes allaient s'entretenir avec Jeanne sous un déguisement. Mais j'ignore qui.

J'ai assisté au prêche de Saint-Ouen. J'étais sur l'estrade aux pieds de maître Jean Beaupère, mon maître. La prédication achevée, comme on venait de commencer la lecture de la sentence, Jeanne dit que, si elle était conseillée par les clercs et que ce qu'on lui demandait agréât à leurs consciences, elle ferait volontiers ce qui lui serait conseillé [1]. A ces mots, l'évêque de Beauvais, s'adressant au cardinal d'Angleterre là présent, s'enquit de ce qu'il devait faire, attendu la soumission de Jeanne. Le cardinal répondit à l'évêque qu'il devait admettre Jeanne à la pénitence. C'est ce que fit l'évêque, laissant là la sentence qu'il avait commencé à lire.

Je me souviens d'avoir vu la cédule d'abjuration qui fut lue alors. A ce qu'il me semble, c'était une petite cédule, à peu près de six ou sept lignes [2].

Un point sur lequel mes souvenirs sont également bien fixés, c'est sur le dire de Jeanne déclarant qu'elle

1. « Dixit quod, si esset consulta a clericis, et quod videretur conscientiis suis, ipsa libenter faceret illud quod sibi consuleretur. »

2. « Et eidem loquenti videtur quod erat une parva schedula quasi sex vel septem linearum. »

s'en rapportait aux consciences de ceux qui la jugeaient pour savoir si elle devait se désavouer ou non.

Le jour où se passèrent les faits que je viens de rappeler, le bourreau, disait-on, était sur la place, attendant que Jeanne fût livrée à la justice séculière.

Voilà tout ce que je sais, ayant quitté Rouen le lundi ou le dimanche qui précéda la mort de Jeanne.

XXVII. — DÉPOSITION DE FRÈRE JEAN DE LENOZOLES

Vénérable et religieuse personne frère Jean de Lenozoles, prêtre de l'ordre Saint-Pierre-Célestin, ancien serviteur de Guillaume Érard, âgé de quarante-huit ans, fit en 1456 une déposition où on trouvera quelques détails touchants sur les derniers moments de Jeanne.

Je ne connaissais pas Jeanne et je ne l'ai vue que lors des deux prédications qui furent faites à Rouen.

Étant au service de feu Guillaume Érard, je quittai la Bourgogne et vins avec mon maître à Rouen. Arrivé en cette ville j'entendis parler du procès de Jeanne. Ce qui se fit, je ne le sais; car je quittai Rouen pour n'y revenir que vers la Pentecôte. À mon retour je trouvai mon maître, qui m'apprit qu'il avait charge de faire une prédication au sujet de Jeanne, et que cela lui causait beaucoup de déplaisir. « Je voudrais bien être en Flandre, me dit-il. Cette affaire m'est fort désagréable. »

J'assistai au prêche de mon maître à Saint-Ouen; mais je ne saurais rappeler les paroles prononcées, parce que j'étais placé loin. Je me souviens qu'à la fin du sermon le bruit se répandit dans la foule que Jeanne avait abjuré et fait sa soumission. Beaucoup s'en réjouissaient. Mais qu'avait-elle abjuré au juste? Je l'ignore.

Après l'abjuration, des vêtements de femme furent donnés à Jeanne par maîtres Pierre Morice et Nicolas Loiseleur; en même temps, on la remit en prison. Mais, d'après ce qui m'a été raconté, son habit d'homme lui fut laissé dans la prison; et peu après elle le reprit. Pour quel motif? Qui l'y poussa? Je ne sais. Ce qui est à ma connaissance, c'est qu'après qu'elle eut ainsi repris l'habit d'homme le tribunal fut réuni pour voir ce qu'il y avait à faire. Quant aux conclusions adoptées, je ne les connais que par ouï dire. D'après le bruit commun, Jeanne fut jugée relapse pour avoir repris l'habit d'homme et pour avoir déclaré que ses voix lui avaient apparu.

J'ai souvenir d'avoir été présent au prêche du Vieux-Marché. Dès le matin, avant le prêche, je vis porter à Jeanne le corps du Christ, très solennellement. On chantait les litanies; on disait: *priez pour elle;* et il y avait une grande multitude de flambeaux [1]. Qui avait décidé et ordonné cela? Je ne sais. Je n'assistai point à la communion de Jeanne. Mais depuis, j'ai entendu dire qu'elle avait reçu le bon Dieu fort dévotement et avec grande abondance de larmes. Peu après Jeanne

1. « Vidit eidem Johannæ deferri corpus Christi multum solenniter, cantando litaniam, et dicendo *Orate pro ea*, et cum magna multitudine tædarum. »

fut conduite sur l'estrade préparée au Vieux-Marché et là fut fait un prêche par maître Nicolas Midi. Mais je n'ai pas souvenir de ce qui se passa lors de ce prêche. J'étais loin du prédicateur.

Je ne vis pas remettre Jeanne à la justice séculière; mais je la vis conduire au supplice peu après le prêche. A voix haute elle poussait ce cri qu'elle répéta plusieurs fois : Jésus!

Je ne sais rien autre.

XXVIII. — DÉPOSITION DE L'APPARITEUR LEPARMENTIER

Honnête homme MAUGER LEPARMENTIER, clerc non marié, appariteur de la cour archiépiscopale de Rouen, avait été jadis appelé pour appliquer la torture à Jeanne. Il avait cinquante-six ans quand il fit sa déposition en 1456. Elle est courte mais substantielle :

J'ai connu Jeanne à partir de l'époque où elle fut conduite à Rouen. Je me souviens de l'avoir vue dans la grosse tour[1], au château de cette ville. Nous y fûmes

1. On peut visiter à Rouen cette grosse tour, qui a été incorporée au domaine national le 2 juillet 1884. Elle date de Philippe-Auguste et est l'unique reste du château que ce prince avait bâti à Rouen, au commencement du treizième siècle, après avoir réuni la Normandie à la France. L'ancien donjon de Philippe-Auguste est nommé maintenant la tour Jeanne d'Arc, parce que Jeanne y fut menée, dans la salle du rez-de-chaussée, le mercredi 9 mai 1431, et y affronta la vue des instruments de torture dont on la menaçait. (Voir PROCÈS DE CONDAMNATION, page 323). La hauteur actuelle de la tour Jeanne d'Arc est de cinquante mètres; la circonférence mesure quarante-six mètres, et les murs ont quatre mètres d'épaisseur.

En 1432, Jean Poton de Xaintrailles, l'ami de La Hire et l'un des plus vaillants compagnons de la Pucelle, fut enfermé dans

mandés, mon compagnon et moi, pour la mettre à la torture[1]. On se mit à l'interroger et elle se comporta fort prudemment dans ses réponses, si bien que les assistants étaient émerveillés. Finalement mon compagnon et moi nous nous retirâmes sans avoir touché à sa personne.

Ce sont les Anglais qui avaient inspiré le procès fait à Jeanne par l'évêque de Beauvais. Celui-ci se prévalut de ce que Jeanne avait été prise dans le territoire de son diocèse. Il était l'âme damnée du parti anglais.

Quelques frères de l'ordre des prêcheurs eurent fort à faire parce qu'ils conseillaient à Jeanne de se soumettre à l'Église. C'est du moins ce que plusieurs personnes m'ont raconté. D'après la voix commune, tout ce qui se faisait contre Jeanne était dû à la haine qu'on avait pour le roi de France et pour la cause qu'elle soutenait. « Il est fait à Jeannettte une grande injustice », disait-on.

J'ai assisté au dernier prêche fait au Vieux-Marché le jour où Jeanne fut brûlée. Le bûcher où on devait la brûler était tout prêt avant que la prédication fût finie et la sentence portée.

la grosse tour. Son étroit cachot était enceint par une cloison de charpente qu'on avait établie en face de l'embrasure du rez-de-chaussée.

La tour où Jeanne d'Arc avait été enfermée fut rasée en 1809, par la même corporation des Filles-Dieu qui, en 1840, voulait abattre la tour du donjon, et ne la conserva qu'après mille difficultés et pour en faire une buanderie.

1. « Ad ponendum eam in torturis. »

Aussitôt la sentence portée par l'évêque, Jeanne fut conduite au feu. Je ne me suis point aperçu qu'il y ait eu de sentence prononcée par le juge laïque. C'est tout de suite que Jeanne fut mise au bûcher. Au milieu du feu elle cria plus de six fois : Jésus ! Ce fut surtout en rendant le dernier soupir qu'elle cria d'une voix forte : Jésus ! si bien qu'elle put être entendue de tous les assistants. Presque tous pleuraient, pris de pitié.

J'ai ouï dire qu'après que son corps eut été brûlé, ses cendres furent recueillies et jetées en Seine.

Je ne sais rien autre.

XXIX. — DÉPOSITION DU CHEVALIER AIMOND DE MACY

Un gentilhomme, messire Aimond de Macy, qui avait trente ans lors de la captivité de Jeanne, fit en 1456 une déposition particulièrement intéressante sur le séjour de Jeanne dans les prisons de Beaurevoir, du Crotoy et de Rouen, et sur son abjuration :

J'ai vu Jeanne emprisonnée au château de Beaurevoir où elle était retenue par le comte de Ligny et en son nom. C'est là que je l'ai connue pour la première fois. Je l'ai vue souvent dans la prison et lui ai souvent parlé.

Il m'arriva même, jouant avec elle, de chercher à toucher ses tétons, en tâchant de lui mettre la main dans le sein. Mais elle ne voulait pas le souffrir et me repoussait de tout son pouvoir[1]. C'était une fille qui se comportait honnêtement tant dans ses propos que dans ses faits et gestes[2].

1. « Et tentavit ipse loquens pluries, cum ea ludendo, tangere mammas suas, nitendo ponere manus in sinu suo : quod tamen pati nolebat ipsa Johanna, imo ipsum loquentem pro posse repellebat. »

2. Il est dommage que le chevalier, parlant du séjour de

Jeanne fut ensuite menée au château du Crotoy, où était alors retenu un prisonnier homme très considérable, maître Nicolas de Queville, chancelier de l'église d'Amiens, docteur en l'un et l'autre droit. Le chancelier célébrait souvent le service divin dans la prison; et Jeanne assistait presque toujours à sa messe. J'ai même ouï dire plus tard par ledit maître Nicolas qu'il avait entendu Jeanne en confession et qu'elle était une bonne chrétienne de très grande piété. Il disait d'elle le plus de bien possible.

Jeanne fut amenée au château de Rouen, dans une prison située vers la campagne. Durant sa détention, le comte de Ligny, avec qui j'étais, vint à Rouen. Un jour le comte voulut voir Jeanne. Nous nous rendîmes auprès d'elle en compagnie du comte de Warwick et du comte de Staffort. Il y avait aussi le chancelier d'Angleterre, alors évêque de Thérouenne, frère du comte de Ligny. Le comte, s'adressant à Jeanne, lui dit :

Jeanne à Beauvais, ne dise rien de sa tentative d'évasion dont ses ennemis voulurent faire une tentative de suicide. Sur la manière dont Jeanne sauta en bas de la tour, une chronique contemporaine, conservée parmi les manuscrits de la Bibliothèque nationale et citée par Vallet de Viriville au tome II de son *Histoire de Henri VIII*, donne le détail suivant : « Fu (*elle* » *fut*) enfin amenée à Beauvais, là où elle fu (*fut*) par grant » espace de temps; et tant que par son (*sa*) malice elle en cuida » escaper (*faillit échapper*) par les fenestres. Mais ce à quoy elle » s'avaloit rompy, se que jus de mont à val et se rompy près » les rains et le dos ». (*Mais ce à quoi elle se tenait pour descendre rompit, si bien qu'elle tomba du haut en bas et se rompit presque les reins et le dos.*)

« Jeanne, je suis venu ici pour vous racheter, à condition toutefois que vous voudrez promettre de ne plus jamais vous armer contre nous. » — « En nom Dieu, répondit-elle, vous vous moquez de moi; car je sais bien que vous n'avez ni pouvoir ni vouloir[1]. » Elle répéta plusieurs fois la même réponse. Et comme le seigneur comte persistait dans son propos, elle finit par dire : « Je sais bien que ces Anglais me feront mourir, croyant après ma mort gagner le royaume de France. Mais, quand ils seraient cent mille godons de plus qu'à présent, ils n'auront pas le royaume[2]. » Ces paroles indignèrent le comte de Staffort. Il tira sa dague jusqu'au milieu pour frapper Jeanne. Mais le comte de Warwick l'empêcha.

Quelque temps après, — je n'avais pas encore quitté Rouen, — Jeanne fut conduite sur la place, devant Saint-Ouen. Là eut lieu un prêche fait par maître Nicolas Midi[3]. Entre autres paroles dites par le prédicateur, j'entendis celles-ci : « Jeanne, nous avons si grande pitié de toi! Il faut que vous révoquiez ce que vous avez dit, ou que nous vous abandonnions à la justice séculière[4]. » Pour Jeanne, elle dit dans se

1. « *En nom Dé,* vos derideris a me; quia ego bene scio quod vos non habetis nec velle nec posse. »

2. « *Je sçay bien que ces Angloys me feront mourir,* credentes post mortem meam lucrari regnum Franciæ; sed, si essent centum mille *godons* plus quam de præsènti, non habebunt regnum. »

3. Le témoin confond. Midi prêcha au Vieux-Marché. C'est Érard qui prêcha à Saint-Ouen et prononça les paroles citées.

4. « Johanna, nos habemus tantam pietatem de te : oportet

réponse » qu'elle n'avait rien fait de mal, qu'elle croyait aux douze articles de foi et aux dix commandements du Décalogue. Elle ajouta qu'elle s'en rapportait à la cour romaine et voulait donner sa créance à tout ce que croyait la sainte Église. Ce nonobstant, on la pressait fortement de se désavouer. A quoi elle répondait par ces mots : « Vous prenez beaucoup de peine pour me séduire[1]. »

Enfin, pour éviter le péril, Jeanne dit qu'elle était contente de faire tout ce qu'on voudrait[2]. Aussitôt, un secrétaire du roi d'Angleterre, là présent, nommé Jean Calot, tira de sa manche une petite cédule tout écrite, qu'il lui donna à signer : « Mais, répondait-elle, je ne sais ni lire ni écrire[3]. » Ce nonobstant, le secrétaire Laurent Calot remit à Jeanne ladite cédule et une plume pour signer. Par manière de dérision, Jeanne fit une espèce de rond. Alors Laurent Calot prit la main de Jeanne qui tenait la plume et lui fit tracer un signe dont je n'ai pas souvenir[4].

Ma croyance est que Jeanne est en paradis.

quod vos revocetis ea quæ dixistis, vel quod nos dimittamus vos justitiæ sæculari. »

1. « Vos habetis multam pœnam pro me seducendo. »

2. « Dixit quod erat contenta facere omnia quæ vellent. »

3. « Et ipsa respondebat quod nesciebat nec legere, nec scribere. »

4. « Per modum derisionis ipsa Johanna fecit quoddam rotundum. Et tunc ipse Laurentius Calot accepit manum ipsius Johannæ cum calamo, et fecit fieri eidem Johannæ quoddam signum de quo non recordatur loquens. »

XXX. — DÉPOSITION DE L'ANCIEN PROCUREUR DARON

Honorable homme Pierre Daron était procureur de la ville de Rouen à l'époque du procès de Jeanne. Il vit la prisonnière dans sa prison et il assista à ses derniers moments. Lors de l'enquête de 1456, Daron avait soixante ans et occupait les fonctions de lieutenant du bailli de Rouen. Voici sa déposition, où se trouvent des détails dignes d'attention :

Je n'ai connu Jeanne qu'à l'époque où elle fut amenée à Rouen. J'étais alors procureur de la ville. La curiosité me poussant, je désirais fort voir Jeanne et ne cherchais qu'une occasion. Même envie pressait Pierre Manuel, avocat du roi d'Angleterre. Je le trouvai, et ensemble nous allâmes voir Jeanne. Nous la trouvâmes au château, en prison dans une tour, ferrée aux pieds[1] avec un anneau qui tenait à une grosse pièce de bois. Elle avait plusieurs gardes anglais.

1. « Ferratam in compedibus cum quodam grosso ligno per pedes. »

Manuel parla à Jeanne en ma présence et lui dit par badinage qu'à coup sûr elle ne serait point venue là si on ne l'y eût amenée. En même temps, il lui demanda si, avant d'être faite prisonnière, elle savait qu'elle devait être prise. « Je m'en doutais bien », répondit-elle[1]. Et, sur la question qui lui fut adressée, pourquoi, si elle s'en doutait, elle n'avait pas su se garder le jour où elle fut prise, Jeanne répondit : « Je ne savais ni le jour ni l'heure où je serais prise, ni quand cela arriverait[2]. » Notre entretien se borna là.

Je vis Jeanne une autre fois, durant le procès fait contre elle, au moment où elle était conduite de la prison à la grande cour du château.

Certains personnages furent notés par les Anglais pour n'avoir pas voulu assister au procès, et particulièrement maître Nicolas de Houppeville.

Nombreux furent les clercs qui se réunirent. Dans quel esprit procédèrent-ils? Je ne sais. Ce que je sais, pour l'avoir ouï de maintes personnes, c'est que Jeanne faisait merveilles dans ses réponses[3], et qu'elle avait une mémoire étonnante. Ainsi, un jour qu'on l'interrogeait sur un point dont elle avait eu à parler auparavant, elle répondit, quoiqu'il y eût huit jours écoulés : « Tel jour j'ai été questionnée ; » ou bien :

1. « Quæ respondit quod bene dubitabat. »
2. « Respondit quod non sciebat diem neque horam quibus debebat capi, nec quando illud contingeret. »
3. « In suis responsionibus faciebat mirabilia. »

« Il y a huit jours que j'ai été questionnée là-dessus, et voici comme j'ai répondu[1]. » — « Ce n'est pas exact », dit Boisguillaume un des greffiers. — « Jeanne dit vrai », dirent quelques-uns des assistants. On lut ce qu'elle avait répondu au jour indiqué, et il se trouva que Jeanne avait raison. De quoi elle s'égaya, disant à Boisguillaume : « Si une autre fois vous êtes en faute, je vous tirerai l'oreille[2]. »

J'assistai au prêche fait à Saint-Ouen; mais je ne saurais en déposer, parce que j'étais placé trop loin pour pouvoir rien entendre.

Le bruit commun était qu'après la première sentence on amena Jeanne à prendre les habits d'homme.

J'assistai au prêche fait au Vieux-Marché, le jour où Jeanne finit sa vie, et je la vis livrer et abandonner à la justice séculière. Aussitôt, sans aucun répit et sans autre sentence du juge laïque, Jeanne fut livrée au bourreau et menée sur une estrade où étaient entassés les morceaux de bois pour la brûler.

Je crois qu'elle a terminé ses jours catholiquement, car elle faisait maintes pieuses exclamations et lamentations en invoquant le nom de Jésus. Entre autres paroles, je lui ai entendu dire : « Ah ! Rouen, Rouen, seras-tu ma maison? » On avait grandement pitié d'elle. Beaucoup étaient émus jusqu'aux larmes. Plusieurs

1. Respondebat : « Ego fui tali die interrogata, » vel « sunt octo dies quod ego fui de illo interrogata ; et sic respondi. »

2. « De quo gavisa est ipsa Johanna, dicendo eidem Boysguillaume quod, si alias deficeret, ipsa traheret aurem. »

étaient mécontents que cette exécution de Jeanne eût lieu à Rouen.

Je sais que Jeanne, jusqu'à son dernier soupir, ne cessa de crier : Jésus! Après sa mort, on ramassa ses cendres et ce qui restait d'elle. Le tout fut jeté dans la Seine.

Je ne sais rien autre.

XXXI. — DÉPOSITION DU MAITRE DES REQUÊTES JEAN FAVE

Prudent homme maître JEAN FAVE, demeurant à Rouen, maître des requêtes du roi Charles VII, âgé de quarante-cinq ans en 1452, déposa devant Philippe de la Rose. On lui doit des détails très significatifs sur l'attitude des Anglais après l'abjuration de Jeanne. Voici sa déposition :

Je me suis fort bien aperçu de la terreur que Jeanne inspirait aux Anglais. Il parait qu'ils craignaient beaucoup qu'elle ne s'évadât. J'ai ouï dire que ses gardes étaient souvent changés.

Jeanne fut conduite à Rouen et incarcérée dans une prison du château. Selon ce qui se disait, les Anglais avaient provoqué le procès de foi intenté contre elle; et ce sont eux qui payèrent les docteurs et autres gens appelés au procès.

J'ai entendu raconter qu'ils furent mécontents de Guillaume Manchon, greffier en la cause, et qu'ils le tinrent pour suspect de partialité en faveur de Jeanne, parce qu'il venait à contre-cœur et ne se comportait pas à leur gré [1].

Voici des faits qui témoignent de leurs ressentiments et de l'intimidation exercée par eux.

Après le prêche de Saint-Ouen, comme on ramenait Jeanne en prison au château de Rouen, les soldats l'insultaient et leurs chefs les laissaient faire. De fait, les principaux d'entre les Anglais étaient en grande indignation contre l'évêque de Beauvais, les docteurs et les autres assesseurs, parce que Jeanne n'avait pas été proclamée coupable, condamnée et livrée au supplice. L'indignation fut telle qu'au moment où l'évêque et les docteurs revenaient du château, quelques Anglais, disant qu'ils avaient mal gagné l'argent du roi [2], levèrent leurs glaives pour les frapper. Ils ne les frappèrent pas cependant.

J'ai aussi ouï dire par quelques personnes qu'après le susdit prêche, le comte de Warwick se plaignit à l'évêque et aux docteurs. « Le roi est mal soutenu, dit-il, puisque Jeanne s'échappe. » A quoi l'un d'eux répondit : « Messire, n'ayez cure ; nous la rattraperons bien [3]. »

Je crois que Jeanne était simple, bonne et fidèle ca-

1. « Ex eo quod non libenter veniebat nec se gerebat ad nutum eorum. »

2. « Dicendo quod rex male expenderat pecunias suas erga eos. »

3. « Dicendo quod rex male stabat, ex eo quod dicta Johanna se evadebat. Ad quod unus eorum respondit : « Domine, non curetis ; bene rehabimus eam. »

tholique. Je l'ai vue abandonnée par l'Église, puis conduite par le bourreau et autres au lieu du supplice, pour être brûlée.

Je ne m'aperçus point qu'il y eut quelque sentence ou condamnation prononcée par le juge séculier. Jeanne fut directement menée au supplice.

A ses derniers moments, j'ai vu presque tous ceux de notre pays pleurant et tout en larmes; je l'ai auss entendue elle-même, de mes propres oreilles, criant au milieu des flammes le doux nom de Jésus.

J'ai fini ma déposition; je n'ai rien dit qui ne soit vrai et de notoriété publique.

XXXII. — DÉPOSITION DE GUESDON, L'ANCIEN LIEUTENANT DU BAILLI

Honnête personne LAURENT GUESDON, bourgeois de Rouen et avocat en cour laïque, clerc marié[1], était lieutenant du bailli de Rouen lors du supplice de Jeanne. On remarquera les indications précises qu'il a données sur le sans-gêne avec lequel fut traitée la justice séculière:

Je n'ai connu Jeanne qu'à partir de l'époque où elle ut conduite à Rouen. Force gens étaient curieux de la voir. Je fus de ceux qui allèrent au château; et c est là que je la vis pour la première fois. Je ne la revis plus jusqu'au jour où elle fut prêchée à Saint-Ouen.

Quels sentiments animaient les juges du procès? Je ne saurais le dire. Mais je crois que, si Jeanne eût été du parti des Anglais, il aurait été procédé autrement à son égard.

On la gardait dans une prison du château de Rouen, mais non dans la prison commune. Comment y était-elle traitée? Je l'ignore.

1. Le procès-verbal ne donne pas son âge.

Comme je l'ai indiqué tout à l'heure, j'assistai au premier prêche fait à Saint-Ouen. Je sais fort bien qu'après ce prêche on avait prescrit à Jeanne certaines choses qu'elle refusait de faire. Qu'était-ce? Je ne sais[1].

J'assistai au dernier prêche fait au Vieux-Marché de Rouen. J'y étais avec le bailli, parce que j'étais alors son lieutenant. Il fut porté une sentence par laquelle Jeanne était abandonnée à la justice séculière. Après le prononcé de cette sentence, aussitôt Jeanne mise aux mains du bailli, le bourreau, sans désemparer, sans rien de plus, sans que le bailli ou moi, à qui il appartenait de porter sentence, eussions rien sentencié, prit Jeanne et la mena à l'endroit où le bûcher était déjà préparé. Là elle fut brûlée[2].

Je trouvai qu'il n'avait pas été bien procédé. Ce qui le prouve, c'est que, peu de temps après, un malfaiteur, nommé Georges Folenfant, ayant été remis de même par sentence des mains de la justice ecclésiastique aux mains de la justice laïque, on le conduisit après cette sentence à la cohue[3], où la justice sécu-

1. « Post quam prædicationem, bene scit loquens quod aliqua eidem Johannæ præcipiebantur quæ recusabat facere ; sed quid erat, nescit. »

2. « Post cujus sententiæ prolationem, illico et sine intervallo, ipsa posita in manibus baillivi, tortor, sine plure, et absque eo quod per baillivum aut loquentem ad quos spectabat ferre sententiam aliqua ferretur sententia, accepit eamdem Johannam et eam duxit ad locum ubi erant jam ligna parata ; et combusta fuit. »

3. Nom donné aux audiences des baillis. »

lière le condamna selon les règles, sans qu'il fût mis tant de promptitude à le mener au supplice.

Je crois que Jeanne mourut catholiquement, car à ses derniers moments elle criait le nom de Notre-Seigneur Jésus. C'était grande pitié, et presque tous les assistants étaient émus jusqu'aux larmes.

Après la mort de Jeanne, ce qui restait de ses cendres fut recueilli par le bourreau et jeté en Seine.

Je ne sais rien autre.

XXXIII. — DÉPOSITIONS DE CUSQUEL, BOURGEOIS DE ROUEN

Pierre Cusquel, laïque, bourgeois de Rouen, âgé de cinquante-trois ans, déposa, en 1452, une première fois devant le cardinal d'Estouteville, et une seconde fois devant Philippe de la Rose. Les juges du procès de réhabilitation entendirent sa troisième déposition en 1456. On trouvera dans ses intéressants témoignages de curieux échos de la voix publique.

Je n'ai pas vu conduire Jeanne en prison. Mais je l'ai vue deux ou trois fois en sa prison, dans une chambre du château de Rouen, située sous un escalier, vers la porte de derrière et du côté des champs[1].

1. « In quadam camera sita subtus quemdam gradum versus campos » (deuxième déposition); « in quadam camera castri Rothomagensis versus portam posteriorem » (première déposition).

Les indications explicites du bourgeois Cusquel complètent celles de l'huissier Massieu qui a dit que Jeanne était dans une chambre du milieu (c'est-à-dire intermédiaire entre le rez-de-chaussée et l'étage supérieur) où on montait par huit marches, « in quadam camera media in qua ascendebatur per octo gra-

Au temps du procès, j'avais grande habitude d'entrer au château, grâce à messire Jean Son, qui y était maître maçon. A sa faveur et sur ses instances, avec la permission des gardes, je m'introduisis dans la prison de Jeanne. Je m'entretins avec elle et je l'avertis de parler avec prudence vu qu'il y allait de sa vie. Autant que j'en pus juger, Jeanne était une jeune fille toute simple, d'environ vingt ans. Je crois qu'elle était ignorante en fait de droit et incapable de tenir tête à de si grands docteurs. Cependant elle parlait bien sagement et était circonspecte dans ses réponses.

Quand je la vis, Jeanne avait les jambes prises dans des liens de fer et le corps attaché par une longue chaîne fixée à une poutre. On avait fabriqué, pour l'y enfermer, disait-on, une cage de fer où elle ne pouvait que tenir debout. Je me souviens d'avoir vu peser cette cage dans ma maison. Mais je n'y ai pas vu Jeanne enfermée.

Selon moi, ce n'est ni l'amour de la foi, ni le zèle de la justice qui dictèrent le procès de Jeanne, mais la haine et la crainte qu'elle inspirait aux Anglais. Juges et assesseurs procédaient comme ils le faisaient pour plaire aux Anglais. Ils fatiguaient Jeanne de questions et s'appliquaient de toutes leurs forces à la prendre par ses discours.

Il est vrai que je n'assistai pas au procès; mais je sais

dus ». — La prison de Jeanne était dans une tour dite Tour de la Pucelle, qui a été rasée en 1809 et sur l'emplacement de laquelle a été construite la maison nº 10 de la rue Morant.

ce qu'il en fut par le bruit commun. J'ai notamment entendu dire que, comme il se murmurait que Jeanne avait repris l'habit d'homme, un docteur — c'était, je crois, maître André Marguerie — déclara qu'il fallait bien s'enquérir de la vérité au sujet de la manière dont avait eu lieu ce changement d'habit. Sur quoi quelqu'un, je ne sais qui, lui dit de se taire au nom du diable.

Personne, je pense, n'eût osé conseiller Jeanne, ni la défendre. En revanche, d'après ce que m'ont dit certaines personnes, — je ne me rappelle pas lesquelles — il paraît que maître Nicolas Loiseleur faisait semblant d'être sainte Catherine et induisait Jeanne à dire ce qu'il voulait[1].

Il m'a été assuré que Jeanne s'était soumise à l'Église et à notre saint-père le pape. J'ai entendu de sa bouche même, lors du prêche de Guillaume Érard à Saint-Ouen, cette déclaration qu'elle ne voulait rien soutenir contre la foi catholique, et que, si dans ses dits ou ses faits il y avait rien qui déviât de la foi, elle entendait le rejeter loin de soi et ne pas se départir du jugement des clercs.

J'ai ouï raconter que madame la duchesse de Bedfort avait fait visiter Jeanne pour savoir si elle était vierge ou non, et qu'elle avait été trouvée vierge.

En toute conscience, j'ai toujours estimé Jeanne une bonne catholique, vivant bien et honorablement.

1. « Fingebat se esse sanctam [Katharinam] et eamdem Johannam inducebat ad dicendum quod volebat. »

Tous la jugeaient de même et avaient compassion pour elle.

L'opinion du peuple était qu'il n'y avait pas d'autre cause de sa condamnation que la reprise de l'habit d'homme, et que, si elle ne portait pas ni n'avait pas porté antérieurement l'habit de femme, c'était seulement pour être soustraite aux tentatives des hommes d'armes avec qui elle vivait. De fait, elle me donna cette raison, un jour que dans la prison je lui demandai pourquoi elle portait l'habit d'homme.

J'ai eu connaissance du prêche qui eut lieu au Vieux-Marché et de l'exécution de Jeanne en ce lieu. Mais je ne voulus pas assister à ce spectacle. Il m'eût fait trop mal au cœur et je n'eusse pu le supporter, tant Jeanne me faisait pitié[1]. Presque tout le peuple murmurait qu'il était fait à Jeanne grande injure et grande injustice. J'entendis particulièrement des paroles expressives de maître Jean Tressard, secrétaire du roi d'Angleterre. Il revenait de la place où Jeanne venait d'être brûlée. Je le vis triste, dolent et gémissant. Il se lamentait sur ce qui avait été fait et déplorait le spectacle dont il avait été témoin au lieu du supplice : « Nous sommes tous perdus, disait-il, car c'est une bonne sainte personne qu'on a brûlée[2]. Je crois son âme dans la main de Dieu et je crois damnés tous ceux

1. « Sed ipse noluit interesse, quia cor suum non potuisset pati aut tolerare, præ pietate dictæ Johannæ. »

2. « Nos sumus omnes perditi quia bona sancta persona fuit combusta. »

qui ont adhéré à sa condamnation. Au milieu des flammes elle n'a cessé d'invoquer le nom de Notre-Seigneur Jésus. »

Après la mort de Jeanne, les Anglais firent réunir et jeter en Seine ses cendres. Leur crainte était qu'elle n'échappât ou qu'on ne crût qu'elle avait échappé[1].

Je ne sais rien autre.

1. « Dicit ulterius quod, post mortem ipsius Johannæ, Anglici fecerunt recolligi cineres et projicere in Sequanam, quia timebant ne evaderet et quod aliqui crederent eam evasisse. » — L'auteur du *Journal de Paris*, clerc contemporain des faits et partial pour les Anglais, dit : « En 1440, estoit très grant nouvelle de la Pucelle, dont devant a esté faitte mencion, laquelle fut arse (*brûlée*) à Rouen pour ses démérites ; et y avoit adonc maintes personnes qui estoient moult abusez d'elle, qui croyoient fermement que par sa sainteté elle se fût eschappée du feu, et qu'on eût arse une autre, cuidant (*croyant*) que ce fût elle. Mais elle fut bien véritablement arse, et toute la cendre de son corps fut pour vray gettée en la rivière, pour les sorceries (*sorcelleries*) qui s'enfeussent peu ensuivir (*pu ensuivre*). » — Une chronique contemporaine dit : « Et fut la pourre (*la poussière*) de son corps gettée par sacs en la rivière affin que jamais sorcerie ou mauvaiseté on n'en peuist (*pût*) faire ne (*ni*) proposer. » — Pie II, dans ses mémoires, dit : « Cineres ejus, ne honori aliquando essent, in Sequanam fluvium projecere. » *De peur que ses cendres ne fussent un jour honorées, ils les jetèrent dans la Seine.*

Tous les témoins qui parlent de ce point s'accordent à constater que les restes de Jeanne furent jetés en Seine. Cela n'empêche qu'on lit dans le *Mirouer des femmes vertueuses* : « Et » son corps fut réduict en cendres, qui depuis furent *jectées au* » *vent* hors la ville de Rouen, » et dans une chronique normande : « Elle fut brûlée et la poudre *mise à vau le vent.* »

XXXIV. — DÉPOSITION DE MOREAU, BOURGEOIS DE ROUEN

Honnête personne JEAN MOREAU, demeurant à Rouen, âgé de cinquante-deux ans, fit en 1456 une déposition où se trouvent d'utiles indications sur les informations faites dans le pays de Jeanne au nom de Cauchon, sur la scène de Saint-Ouen et sur la scène du Vieux-Marché :

Je suis originaire de Viville, près La Mothe en Bassigny, lieu peu distant de Domremy, où naquit Jeanne. Cependant je n'ai connu ni Jeanne ni ses parents. Voici les faits : Pendant que Jeanne était près du roi de France, Nicolas Saussart et Jean Chando, marchands chaudronniers, vinrent à Rouen. Je leur entendis raconter comment Jeanne était partie du pays de Lorraine. « Jeanne, disaient-ils, alla à Vaucouleurs près de Jean de Baudricourt, et l'avisa qu'il fallait que lui Baudricourt la conduisît ou la fît conduire au roi. Tant y a que Baudricourt trouva bon de la faire mener auprès du roi qui était alors à Chinon. Arrivée là, comme elle n'avait jamais connu le roi, on lui dit d'un autre que c'était le roi. Mais elle répliqua que ce n'était pas lui[1]. Enfin, ayant été examinée par clercs et docteurs, elle parla au roi.

Au temps où Jeanne était à Rouen et où avait lieu son procès, un homme notable du pays de Lorraine vint à Rouen. J'entrai en connaissance avec lui, étant du même pays. Il me dit : « Je viens du pays de Lorraine et je suis venu à Rouen, parce qu'il m'avait été donné commission spéciale de faire des informations au lieu d'origine de Jeanne et de savoir ce qu'on disait d'elle. J'ait fait ces informations et je suis venu les apporter à monseigneur l'évêque de Beauvais, croyant être satisfait de mes dépenses c' labeurs. Mais l'évêque m'a dit que j'étais un traître et un mauvais homme et que je n'avais pas fait ce que je devais dans l'exécution de mon mandat. » Là-dessus, cet homme se plaignait à moi; « car, disait-il, il ne pouvait être payé de son salaire[2] parce que les informations recueillies ne paraissaient pas utiles à l'évêque. » Et, en effet, il me déclarait qu'il n'avait rien trouvé dans Jeanne qu'il ne voulût trouver dans sa propre sœur[3]. Et pourtant il avait fait des enquêtes non seulement à Domremy, mais encore dans cinq ou six paroisses voisines. Cet homme ajoutait qu'il résultait de ses informations que Jeanne gardait quelquefois les animaux de son père ; qu'elle était fort dévote, et qu'elle fréquentait souvent une petite

1. « Quæ dixit quod non erat. »
2. « Non poterat persolvi de suo salario. »
3. « Nihil invenerat in eadem Johanna quin vellet invenire in sorore propria. »

chapelle où elle avait l'habitude de porter des guirlandes de fleurs à une image de la sainte Vierge qui s'y trouvait.

J'ai ouï dire que, durant le procès, Jeanne fut visitée pour savoir si elle était vierge ou non, et qu'elle fut trouvée sans tache.

J'ai aussi ouï dire qu'elle priait souvent ses interrogateurs de faire qu'elle n'eût qu'à répondre à un ou à deux, et qu'ils la troublaient fort par tant de questions ainsi faites toutes à la fois[1].

Je n'ai connu Jeanne que quand je la vis dans les deux prêches faits contre elle, l'un à Saint-Ouen, l'autre au Vieux-Marché de Rouen.

Au prêche de Saint-Ouen, celui qui prêchait disait à Jeanne force vilenies, lui reprochant d'avoir failli beaucoup, et qu'elle avait agi contre la majesté royale, et qu'elle avait agi contre Dieu et la foi catholique, et qu'elle avait erré en nombre de points touchant la croyance : toutes choses dont elle devait désormais se garder, sous peine d'être brûlée.

Entre autres choses, j'entendis Jeanne répondre au prêcheur qu'elle avait pris l'habit d'homme parce qu'elle avait à vivre avec des hommes d'armes, en compagnie desquels il lui était plus sûr et plus convenable de se trouver en habit d'homme qu'en habit de

1. « Audivit dici quod sæpe deprecabatur interrogantes eam quod solum haberet respondere uni vel duobus tantum, et quod eam multum turbabant de tantis interrogationibus sic insimul factis. »

femme. Elle ajouta qu'en ce qu'elle faisait et avait fait elle avait bien fait[1].

Je vis bien qu'on lisait à Jeanne une certaine cédule. Mais que contenait-elle? Je l'ignore. J'ai toutefois souvenance qu'il était dit que Jeanne avait commis le crime de lèse-majesté et qu'elle avait séduit le peuple.

Je sais qu'après le prêche Jeanne fut ramenée au château; mais je ne sais ce qui se passa ensuite jusqu'au jour où on la brûla.

J'étais présent au dernier prêche, le jour de la mort de Jeanne. La prédication fut faite par quelqu'un dont je ne me rappelle pas le nom. Le prédicateur disait que Jeanne avait mal fait, qu'on lui avait une fois pardonné son péché et que désormais l'Église ne pouvait rien pour elle[2].

Après le sermon, sous mes yeux, Jeanne fut livrée à un sergent, et le sergent la livra sur-le-champ au bourreau, sans qu'il y eût eu aucune espèce de sentence prononcée par le bailli. On mena Jeanne au feu; et, dans le feu, j'entendis qu'elle demandait de l'eau

1. « Respondit prædicatori quod acceperat habitum virilem eo quod habebat interesse cum hominibus armatis, cum quibus erat sibi tutius et convenientius conversari in habitu virili quam muliebri, et quod ea quæ faciebat et fecerat bene fecerat. »

2. « Dicebat quod ipsa Johanna male fecerat, et quod sibi fuerat semel indultum suum peccatum, et quod Ecclesia de cætero non poterat sibi prodesse. »

bénite[1]. Elle criait : Jésus ! à voix haute. Elle demanda aussi une croix. D'après ce qu'on me dit, le jour même ou la veille elle avait reçu le corps du Christ.

Je ne sais rien autre.

1. « In quo igne audivit quod petivit aquam benedictam. »

XXXV. — DÉPOSITION DU BOURGEOIS MARCEL

PRÉCÉDÉE DE RÉFLEXIONS SUR LA VIRGINITÉ DE JEANNE ET SUR LA PORTÉE QU'AVAIT CETTE QUESTION

Jean Marcel, bourgeois de Paris, âgé de cinquante-six ans, fit en 1456 une déposition où on lira des détails significatifs sur les impressions des hommes qui avaient participé au procès de Jeanne, sur sa pudeur et sur sa mort.

Avant de donner la parole à ce témoin qui est le dernier, je veux dire ici deux mots sur la raison d'être et la portée des nombreux témoignages établissant l'absolue pureté de Jeanne.

Pour soutenir qu'il y avait une influence diabolique dans les faits et gestes de l'héroïne, ses ennemis avaient besoin de contester sa virginité. C'était en effet une croyance universellement répandue que toute la force et toutes les ruses du démon ne peuvent rien contre le charme vainqueur que sa pureté donne à la vierge. L'imagination populaire avait symbolisé cette idée dans un récit souvent répété aux veillées de nos pères. Il existe, disait-on, un cheval-chèvre, blanc comme neige, armé au front d'une épée magique, et courant cent fois plus vite que ne vole une hirondelle. C'est la licorne. Maints chasseurs, quand ils battaient les bois, ont vu passer la licorne; mais nul n'a pu l'atteindre. Rapide, elle apparaît et aussitôt est disparue. Se rencontre-t-il sur son chemin une jeune fille impure? Elle la tue et répand à flots son sang souillé. Mais si dans les entours il se trouve une vierge qui l'appelle, voici que la terrible licorne suspend sa course vertigineuse; s'en vient, docile, aux pieds de l'enfant sans tache, et se laisse doucement enchaîner par ses mains débiles.

On devine la déception des juges après la visite qui eut lieu à Rouen; et, loyaux comme ils l'étaient, on s'explique qu'ils n'en aient point parlé ni permis qu'on en parlât.

Mais, comme l'a avoué Courcelles, ce silence intéressé était, malgré eux, l'affirmation la plus éclatante de la virginité de Jeanne. Aussi, voyons-nous qu'elle n'est pas contestée par les chroniqueurs, même les plus prévenus. William Caxton, suivi en cela par Polidore Vergile et s'inspirant probablement de William Botoner, dit bien que Jeanne feignit d'être enceinte pour fléchir ses ennemis ou tout au moins retarder son exécution. Mais les inventeurs de cette fable, utilisée par Shakspeare, ne vont pas jusqu'à attribuer à Jeanne aucun manquement susceptible d'y introduire quelque vraisemblance. « *Pucelle de Dieu*[1] », telle est la dénomination par laquelle on désignait Jeanne d'après William Botoner, et aussi d'après Vergile, qui l'appelle « *Puella Dei vates* ». Quelles que soient ses attaches anglaises, l'historien bourguignon Enguerrand de Monstrelet ne dit rien contre la vertu de Jeanne. De même, l'auteur du *Journal d'un bourgeois de Paris*, aussi hostile soit-il à la Pucelle, « cette chose en forme de femme », s'abstient de toute accusation contre ses mœurs. Le chevalier Jean de Wavrin, seigneur du Forestel, dans ses *Chroniques d'Angleterre*, montre la même réserve, en dépit de son inclination à diffamer « cette femme monstrueuse ». Il se contente de voir en elle un instrument des politiques et de la représenter comme jouant un rôle que lui a soufflé Baudricourt.

Cette dernière conception d'une Jeanne menée

1. Voir Jeanne d'Arc, libératrice de la France (*p.* 224 *et p.* 271 *et suivantes*).

par les politiciens était faite pour sourire aux sceptiques de la Renaissance. Ils la reprirent avec du Bellay et autres. Mais cela ne leur suffit pas. Ils calomnièrent en même temps les mœurs de Jeanne et firent d'elle la maîtresse soit de Baudricourt, soit de Dunois, soit de La Hire, soit de Poton de Xaintrailles. Selon Machiavel, Juste Lipse, Gabriel Naudé, dont l'inspiration arrivera à Voltaire par l'intermédiaire de Pierre Bayle, Jeanne n'aurait fait qu'obéir aux mystérieux mots d'ordre de chefs de guerre, ses amants et ses guides; et elle aurait mérité ce nom de « *garse* » dont l'a impudemment flétrie l'historiographe de Charles IX et de Henri III, Bernard du Haillan.

Quel contraste entre ces inventions calomnieuses et l'ensemble des témoignages ici traduits!

On a dû remarquer, dans le précédent volume, les déclarations de Louis de Contes, de Simon Beaucroix, du duc d'Alençon, de Pierre Milet, sur l'animosité de Jeanne contre les femmes de mauvaise vie; les détails donnés par Jean de Metz, Bertrand de Poulengy, Dunois, le duc d'Alençon, Jean Pasquerel, Simon Beaucroix,

Marguerite la Thouroulde, sur le merveilleux respect que la vertu de Jeanne inspirait et sur le soin qu'elle prenait de coucher tout habillée, ou en compagnie d'une femme, et préférablement d'une jeune fille; enfin le double témoignage de Pasquerel (p. 217) et de Jean d'Aulon (p. 234) sur la constatation empirique à laquelle procédèrent à deux reprises la reine de Sicile et d'autres dames.

Au sujet de la troisième visite qui fut infligée à Jeanne, sous la surveillance de la duchesse de Bedfort, on n'a qu'à rapprocher les témoignages de Courcelles, Mailly, Lefèvre (p. 345, 352, 353 *du précédent volume*) et ceux de Delachambre, Boisguillaume, Massieu, Monnet et Marcel (p. 16, 53, 69, 133 et 170 *du présent volume*).

Mais écoutons Jean Marcel :

Je ne connaissais Jeanne en aucune manière avant l'époque où elle fut amenée à Rouen, et c'est lors du prêche de Saint-Ouen que je la vis pour la première fois.

Maître Jean Sauvage[1], de l'ordre des Frères prêcheurs, a souvent parlé de Jeanne avec moi. Je lui ai entendu raconter qu'il avait été au procès déduit

1. Le procès de condamnation lui donne le prénom de Raoul : « Radulphus Silvestris. »

contre elle. Mais c'était toute une affaire de l'amener à en parler. Une chose qu'il m'a dite, c'est que jamais il ne vit femme de tel âge donner tant de peine aux examinateurs. Il s'émerveillait fort des réponses de Jeanne et de sa mémoire; car elle avait souvenir de tout ce qu'elle avait dit. Une fois, le greffier ayant écrit quelque chose et rapporté ce qu'il avait écrit, Jeanne lui fit remarquer qu'elle n'avait pas répondu ainsi et s'en référa aux assistants. Les assistants déclarèrent tous que Jeanne avait raison; et le texte de la réponse fut corrigé.

J'ai ouï dire que la dame de Bedfort fit visiter Jeanne pour savoir si elle était vierge ou non, et qu'elle fut trouvée vierge.

Voici un autre fait que je tiens d'un certain Jeannotin Simon, tailleur de robes. Madame la duchesse de Bedfort ayant fait faire pour Jeanne une tunique de femme, Jeannotin, au moment où il se disposait à l'en revêtir, prit Jeanne doucement par le sein. Cela indigna Jeanne et elle donna à Jeannotin un soufflet[1].

Ainsi que je l'ai dit, j'assistai au prêche de Saint-Ouen et y vis Jeanne pour la première fois. Je me souviens que le sermon fut fait par maître Guillaume

1. « Quam quum eidem induere vellet, eam accepit dulciter per mammam. Quæ fuit pro hoc indignata et tradidit dicto Johannotino unam alapam. » — Cette historiette du soufflet donné à l'indiscret Jeannotin doit être rapprochée de ce que nous a conté (p. 138) le chevalier Aimond de Macy, taquin à ses heures. Je parierais que le chevalier fut régalé aussi de quelque soufflet. Mais il ne s'en est pas vanté.

Érard, docteur en théologie, Jeanne était présente. Elle portait un habit d'homme, à ce qu'il me semble. Qu'est-ce qui fut fait ou dit dans ce prêche ? Je n'en sais rien, car j'étais placé bien loin. J'ai toutefois ouï raconter que maître Laurent Calot et quelques autres dirent à maître Pierre Cauchon qu'il tardait trop à proférer sa sentence et qu'il jugeait mal. A quoi maître Pierre Cauchon répondit : « Vous mentez. »

J'étais sur la place du Vieux-Marché le jour où Jeanne fut brûlée. Je la vis qui criait au milieu du feu. A plusieurs reprises elle dit à voix haute : Jésus !

J'ai la ferme créance que Jeanne est morte catholiquement et qu'elle a bien fini ses jours, dans les dispositions d'une bonne chrétienne. Je le sais par le rapport des religieux qui lui tenaient compagnie à l'heure de sa mort. J'ai vu nombre de gens, à peu près la plus grande partie des assistants, tout dolents et pleurants. Ils étaient pris de pitié, car on se disait les uns aux autres que Jeanne avait été condamnée injustement.

Je ne sais rien de plus.

Telles sont, intégralement traduites pour la première fois en français, les dépositions des témoins qui furent entendus dans les enquêtes du procès de réhabilitation et dans les enquêtes préliminaires.

LIVRE CINQUIÈME

CONSULTATIONS, CONCLUSIONS ET SENTENCE

> « L'iniquité n'est pas un sol que les pieds foulent impunément. Tôt ou tard, la justice agite son glaive ; la vérité se raffermit sur ses bases, et la vertu calomniée est réhabilitée. »
>
> ESCHYLE.

> « Comme un monceau de poudre, caché en terre, fait tout à coup explosion, ainsi la vertu, qui gisait méconnue, éclatera pleine de gloire. Son retentissement sera infini, sa splendeur impérissable, et sa victoire éternelle. »
>
> Adam MICKIEWICZ.

I. — COMMENT SE COMPLÈTA LE DOSSIER DE LA RÉHABILITATION DE JEANNE

Les procès-verbaux des enquêtes furent réunis par les juges, et assignation fut faite à quiconque voudrait y contredire d'avoir à comparaître le 1er juin.

Le 1er juin, Jean Lefèvre, évêque de Démétriade, et Hector de Coquerel, official de Rouen, siégèrent, à Rouen, au nom et à la place de l'archevêque de Reims, de l'évêque de Paris et de l'inquisiteur Jean Brehal, qui leur avaient donné une délégation en règle.

Aucun contradicteur ne se présenta.

Le 2 juin, il fut pris acte de la non-comparution des défaillants qui furent déclarés contumaces.

Le 4 juin, le procureur et le promoteur furent invités à produire toutes les pièces intéressant la cause.

Le 5 juin, Prévosteau et Chapitault déposèrent sur le tribunal le rescrit du pape; les informations préparatoires faites par le cardinal d'Estouteville et par son délégué Philippe de la Rose ; les diverses informations recueillies depuis le commencement de l'instance ; les originaux du procès de condamnation dont ils demandaient qu'on remarquât les divergences ; les lettres de garantie dont les juges s'étaient fait munir par le roi d'Angleterre, de qui ils s'avouaient ainsi les agents[1]; une feuille écrite de la main de Guillaume Manchon, contenant l'énoncé des amendements qui avaient été proposés pour le texte des douze articles[2]; cinq feuilles où l'universitaire Jacques de Touraine avait rédigé les douze articles, avec force additions et corrections, et d'une manière si embrouillée qu'il a été impossible aux greffiers de reproduire ce texte.

A la date du 10 juin, aucune opposition ne s'étant produite, le tribunal admit au procès ces diverses pièces.

1. Pour le texte de ces lettres de garantie, voir PROCÈS DE CONDAMNATION (*Épilogue*, page 409).

2. J'ai traduit la feuille de Manchon dans les notes dont j'ai accompagné la traduction des douze articles (PROCÈS DE CONDAMNATION, page 263 et suivantes).

II. — LE MÉMOIRE DE GERSON

Le procureur de la mère de Jeanne, Prévosteau, avait en outre demandé que l'on admît au procès divers mémoires de doctes maîtres qui avaient écrit au sujet de Jeanne des traités apologétiques.

Huit mémoires furent admis au procès.

Le premier et le plus intéressant mémoire était l'œuvre de GERSON et avait été publié à Lyon, le 14 mai 1429, au lendemain de la délivrance d'Orléans, deux mois avant la mort de l'illustre chancelier survenue le 12 juillet.

Dans cet opuscule, digne couronnement de ses beaux écrits, le pieux docteur louait Jeanne de sa piété envers Dieu, de sa mansuétude envers le prochain, et de ses bons offices envers le royaume de France; dissertait sur sa mission; la justifiait de porter un habit d'homme; et concluait à une intervention surnaturelle.

« On ne doit pas, disait-il en substance, se hâter de traiter comme faux les faits qui s'autorisent de sérieuses probabilités; et parmi les faits probables, on doit incliner à juger vrais ceux qui sont soutenus par les plus solides raisons. Or c'est le cas pour la mission de Jeanne. Qu'on considère les beaux effets de l'apparition de la Pucelle et la justice de la cause qu'elle défend ; qu'on envisage les vertus de cette héroïne, digne sœur des Débora et des Judith, qui triomphe des Anglais par son instinct de guerrière, comme sainte Catherine triomphait des docteurs par sa science de philosophe[1] ; qui, au sein de la victoire, demeure inaccessible à la vanité et à la haine ; qui, au milieu de l'enthousiasme populaire, vit dans l'humilité et dans la prière ; qui, dans le choc universel des ambitions, ne convoite ni profits ni honneurs ; qu'on songe au bon témoignage que lui rendent tant de grands hommes de guerre qui se font petits devant elle, tout en s'accordant avec elle à rester le plus possible dans les sentiers de cette humaine prudence[2] dont on ne peut s'écarter sans tenter Dieu ; qu'on remarque enfin l'effet produit par Jeanne sur les ennemis de la France qui, à son approche, étreints par l'épouvante, fuient en criant comme des femmes en couche ; et on verra qu'il n'est ni impie ni déraisonnable de penser que cette jeune fille, émule des Machabées, est une envoyée de Dieu. La main du Seigneur est là.

» Quant à blâmer la Pucelle de porter un habit d'homme, c'est être l'esclave des textes de l'Ancienne et de la Nouvelle Loi, sans comprendre l'esprit qui les a

1. « Exempla possunt induci de Debbora et de Santa Katarina in conversione non minus miraculosa quinquaginta doctorum seu rhetorum, et aliis multis, ut de Judith et de Juda Machabœo. »

2. « Ponderandum est ad extremum quod hæc Puella et ei dherentes militares non dimittunt vias humanæ prudentiæ. »

inspirés. Sauvegarder la pudeur est le but des défenses faites. Or, que remarquons-nous ici? C'est que Jeanne, pareille aux amazones et à Camille, s'habille en homme pour préserver plus sûrement sa vertu et pour mieux combattre les ennemis de sa patrie. Gardons-nous donc de chicaner l'héroïne à propos d'une misérable question de vêtements, et honorons en elle la bonté de Dieu qui, faisant d'une vierge la libératrice de ce royaume, a revêtu sa faiblesse de la force d'où nous vient le salut[1].

» Que si, (le ciel nous en garde!) il arrivait que les événements tournassent à l'encontre de ses espérances et des nôtres, il ne faudrait pas s'en autoriser pour conclure que Jeanne sert d'instrument à l'esprit malin. Il faudrait plutôt se demander si nos déceptions n'auraient pas pour cause nos fautes, nos blasphèmes, nos ingratitudes qui, irritant la colère de Dieu, feraient de nous les victimes des secrètes décisions de sa justice.

» Nous soutenons la cause juste; faisons qu'elle mérite toujours d'être la cause victorieuse. Loin de nous les manquements de ces enfants d'Israël qui s'aliénèrent le bon vouloir de Dieu manifesté dans la personne de son serviteur Moïse! Le secours divin nous est apparu. Faute de vertu, de foi, de reconnaissance,

1. « Lex hujusmodi, nec ut judicialis, nec ut moralis, damnat usum vestis virilis in puella nostra virili et militari, quam ex certis signis elegit Rex cœlestis tanquam vexilliferam ad conterendos hostes justitiæ et amicos sublevandos... Denique possent particularitates addi multæ et exempla de historicis sacris et gentilium sicut de Camilla et Amazonibus. »

ne stérilisons pas ce miracle! Selon les mérites, Dieu change son arrêt sans changer son dessein[1]. »

1. « Et si frustraretur ab omni expectatione sua et nostra (quod absit!) prædicta puella, non oporteret concludere ea quæ facta sunt a maligno spiritu vel non a Deo facta esse; sed vel propter nostram ingratitudinem et blasphemias vel aliunde justo Dei judicio, licet occulto, posset contingere frustratio expectationis nostræ in ira Dei quam avertat a nobis et bene omnia vertat!... Tantummodo caveat pars habens justam causam, ne per incredulitatem et ingratitudinem vel alias injustitias, faciat irritum divinum tam patenter et mirabiliter auxilium inchoatum, prout in Moïse et filiis Israel, post collata divinitus tot promissa, legimus contigisse. Deus enim, etsi non consilium, sententiam tamen mutat pro mutatione meritorum. »

III. — LES AUTRES MÉMOIRES CONSULTATIFS

L'opuscule de Gerson avait été écrit au moment des triomphes de Jeanne. Les sept autres mémoires qui furent introduits au procès de revision avaient été écrits après la mort de Jeanne et visaient surtout l'injustice de sa condamnation.

Le second mémoire était l'œuvre d'ÉLIE DE BOURDEILLES, évêque de Périgueux, et contenait une volumineuse défense de Jeanne que l'auteur représentait comme miraculeusement envoyée par le Roi du ciel pour sauver le roi de France et comme indignement livrée à la mort par les Anglais.

Un autre mémoire, que nombre d'historiens ont attribué à tort à Amelgard, était l'œuvre de l'évêque de Lisieux, THOMAS BASIN, à qui est due une histoire de Charles VII.

Dans la première partie de ce traité prolixe, mais remarquable par ses qualités didactiques, les vices du procès étaient amplement établis, et l'évêque y démêlait douze violations du droit, qui rendaient nulle la condamnation intervenue[1].

1. « Processus et sententia sunt ipso jure nulli. »

Dans la seconde partie, les dits et les faits de Jeanne étaient justifiés; et ses réponses sur son départ d'auprès de ses parents, sur les révélations à elle faites, sur la réalité de ses visions, sur sa vénération pour les esprits lui apparaissant, sur sa foi en son salut, sur son habit d'homme et sur la soumission envers l'Église, étaient défendues contre les interprétations perfides des juges.

« On se prévaut contre Jeanne de son abjuration, disait Basin. Mais y a-t-il donc à s'étonner d'une défaillance momentanée chez cette jeune fille brisée par les tourments d'une captivité cruelle et dupée par les promesses de liberté dont la flattaient ses bourreaux?

» On allègue qu'il y aurait crédulité à lui attribuer la faveur de révélations surnaturelles. A coup sûr, il serait téméraire d'affirmer que Jeanne a bien réellement reçu des saints se montrant à elle et lui parlant l'assistance expresse qu'elle a cru en recevoir; mais ce qu'il est permi d'affirmer sans crainte c'est la loyauté de ses déclarations et l'entière sincérité de sa foi.

» Comment suspecter d'hérésie celle qui a vécu si chrétiennement et qui, au milieu des flammes, invoquait si pieusement Notre-Seigneur Dieu et la Sainte Mère de Jésus?

» Comment ne pas pencher à considérer comme une mission divine une carrière signalée par tant de faits tenant du prodige?

» Et qu'on ne vienne pas alléguer que, si Jeanne eût joui d'une assistance surnaturelle, elle n'eut pas subi une mort si misérable. Dieu se plaît à parachever par le martyre la grandeur des privilégiés que guide son bras tout-puissant.

» Parmi les prophètes et les apôtres, les plus évidemment inspirés ont scellé de leur sang l'œuvre divine dont ils étaient les coopérateurs. Qu'a fait Jésus, sinon montrer par son exemple que la voie de Dieu est la voie du sacrifice? Le plus ignominieux des supplices n'a-t-il pas été la consommation de sa vie et de sa mission miraculeuse? »

Les deux dissertations de Thomas Basin et d'Elie de Bourdeilles avaient été faites sous l'inspiration du roi, et avec l'aide de documents fournis par Guillaume Bouillé, l'un des principaux promoteurs de la réhabilitation de Jeanne.

Un quatrième mémoire était précisément l'œuvre de GUILLAUME BOUILLÉ, qui déclarait l'avoir écrit en l'honneur du roi des cieux défenseur de l'innocence, et pour l'exaltation du roi de France, *incapable de jamais donner créance ou faveur à des hérétiques* [1]. Le plaidoyer tout théologique de Guillaume Bouillé avait été entrepris au lendemain de l'enquête ouverte par lui à Rouen, en 1450[2].

1. « Necnon ad exaltationem regis Francorum, seu domus Franciæ *quæ nunquam legitur hæreticis favorem præbuisse aut quovismodo adhæsisse.* » (Texte du manuscrit de d'Urfé.) Ce second membre de phrase, qui indique si clairement les vraies raisons du procès de réhabilitation, a été supprimé dans la rédaction définitive.

2. Il ressort des documents que Bouillé fut mêlé aux diverses

Un cinquième mémoire, assez médiocre malgré ses allures doctorales, fait l'œuvre de ROBERT CIBOULE, chancelier de l'Université de Paris. C'était une consultation théologique élaborée dès 1453, et à laquelle l'auteur fit d'amples retouches avant de l'envoyer aux juges du procès de réhabilitation.

enquêtes qui suivirent la sienne. Il prit part aux actes préliminaires de la réhabilitation, et dirigea notamment l'enquête faite à Orléans, en 1456. Sa participation à la double enquête faite à Rouen, en 1452, est indiquée dans la lettre suivante, que le cardinal d'Estouteville adressa à Charles VII, lettre dont l'original est à la bibliothèque nationale (*Collection de dom Grenier*) :

« Mon souverain seigneur, je me recommande très humble- » ment à vostre bonne grâce. Et vous plaise sçavoir que vers » vous s'en vont présentement l'Inquisiteur de la foy [Jean » Brehal] et maistre GUILLAUME BOUYLLÉ, doyen de Noyon, les- » quelx vous refèreront bien au plain tout ce qui a esté fait au » procès de Jehanne la Pucelle. Et pour ce que je say que la » chose touche grandement vostre honneur et estat, je m'y suys » employé de tout mon povoir et m'y employeray tousjours, » ainsy que bon et féal serviteur doibt faire pour son seigneur » comme plus amplement serez informé par les dessusditz. Non » autre chose pour le moment, mon souverain seigneur, fors » que vous me mandiez tousjours voz bons plaisirs pour les » accomplir. Au plaisir de Dieu, qui vous ait en sa sainte garde » et vous donne bonne vie et longue. Escrit à Paris, le XXIIe jour » de may.

» Vostre très humble et très obéissant serviteur,

» LE CARDINAL D'ESTOUTEVILLE. »

Je ferai remarquer que la lettre ci-dessus, en même temps qu'elle témoigne de la collaboration de Bouillé et de Brehal, établit combien il est faux de prétendre, comme on l'a prétendu, que l'initiative de l'enquête de 1452 revient exclusivement au cardinal d'Estouteville. Ainsi que je l'ai indiqué au début de cet ouvrage, le cardinal ne fit qu' « *accomplir le bon plaisir du roi* ».

Un sixième mémoire, prétentieux et banal, était l'œuvre de JEAN DE MONTIGNY, chanoine de Paris et conseiller au Parlement.

Un septième mémoire, à peu près insignifiant malgré son appareil de citations, était l'œuvre de MARTIN BERRUYER, évêque du Mans. Il fut adressé aux juges le 7 avril 1456.

Un huitième mémoire, très court et très superficiel, était l'œuvre de JEAN BOCHARD, dit de Vaucelle, évêque d'Avranches.

Outre ces huit mémoires dont les quatre premiers furent agréés et les quatre derniers demandés par les juges, il faut ici mentionner d'autres écrits composés en 1452 de par l'inspiration du cardinal d'Estouteville, qui les mit sous les yeux du pape au moment où il le pressait d'ordonner la revision du procès de Jeanne.

Parmi ces pièces extrajudiciaires figure au premier rang un mémoire de THÉODORE DE LELLIS, auditeur de rote en cour romaine, successivement évêque de Feltre et de Trévise, qui, malgré son jeune âge, était le plus grand canoniste de l'Italie. Sa réfutation des douze articles où les juges de Jeanne avaient prétendu résumer ses aveux est un chef-d'œuvre de discussion théologique.

A propos du signe donné au roi, Théodore dit : « Étant données ses protestations préalables contre la violence que lui faisaient ses juges, on peut admettre que Jeanne, harcelée de questions multiples et victime d'une véritable contrainte, en soit venue à dire quelques paroles qui semblent s'écarter de la vérité. Ne l'accusons pas pour cela de parjure. Elle n'a fait que céder à l'importunité de ses juges. Tout aussi bien reconnaîtrons-nous, si nous pesons attentivement ses réponses et recherchons leur vraie signification, que Jeanne n'a fait que parler en langage figuré et couvrir la vérité d'un voile mystique [1].

» Quand elle parle d'une couronne qui n'a pas été faite de main d'homme, elle veut signifier que le roi a été couronné de par Dieu.

» Quand elle ajoute que cette couronne a été apportée au roi par un ange, elle se désigne elle-même. Nous avons là-dessus son aveu consigné dans les déclarations qu'elle a faites quelques instants avant son supplice. Selon sa propre interprétation, c'est elle-même qui était l'*ange*, c'est-à-dire l'*envoyé* ayant mission de faire couronner le roi. »

Un autre Italien, Paul Pontano, avocat au consistoire apostolique, venu en France en 1452 comme secrétaire du cardinal légat, écrivit d'abord un avis motivé sur différents points du procès, puis une consultation approfondie, où il critiquait théologiquement et juridiquement les douze articles ; établissait l'incompétence des juges ; rappelait la pression exercée sur les

1. « Si volumus ipsius Johannæ omnia dicta pensare et intellectum verborum subtili inquisitione discutere, reperiemus forte ipsam Johannam nihil in hoc absurdi dixisse, sed mystice et in figura sic locutam fuisse. »

assesseurs; justifiait Jeanne d'avoir adopté l'habit d'homme pour mettre à couvert sa pudeur; la montrait réellement soumise à l'église, et exposait les raisons de croire à ses célestes révélations.

Les questions posées par Paul Pontano relativement aux irrégularités du procès de la Pucelle servirent de matière à un mémoire de Pierre Lhermite, sous-doyen de l'église de Saint-Martin de Tours. L'auteur, se plaçant au point de vue juridique plutôt qu'au point de vue théologique, s'appliquait à démontrer ce qu'il y avait eu de frauduleux et d'inique dans les procédés de Cauchon et de ses complices.

Le caractère commun des mémoires sur le procès de Jeanne est d'être très érudits et point vivants. Tout y est jurisprudence ou théologie. Dans leurs interminables dissertations, les auteurs pérorent sur la foi, sur la soumission à l'Église et sur le surnaturel; parlent volontiers de la magie comme d'une science véritable qui a ses règles; multiplient les citations, et se perdent en subtilités scolastiques. On s'étonne, en lisant leurs consultations indigestes, d'y trouver une si extrême sécheresse. Point de détails sur la vie de Jeanne, sur ses vertus, sur ses patriotiques élans, sur son œuvre héroïque. Ces pédants se bornent à ergoter dogmatiquement sur l'orthodoxie de la Pucelle et à démontrer à coups de *distinguo* l'illégalité de sa condamnation.

IV. — LES CONSULTATIONS ORALES

Les juges consacrèrent le mois de juin à lire les diverses pièces du procès et à les examiner avec l'assistance d'un très grand nombre de docteurs en renom.

De même qu'en 1430 les théologiens consultés avaient été unanimes à condamner Jeanne, en 1456 les théologiens consultés furent unanimes à la justifier. Triste témoignage, trop fréquent dans l'histoire, de la versatilité des consciences, se prononçant d'après les intérêts, qui changent avec les temps, et non d'après la vérité, qui est la même dans tous les temps.

Les juges auraient pu exiger des réponses écrites de chacun des théologiens consultés. Exception faite des quatre consultations de Ciboule, de Berruyer, de Jean de Montigny et de Bochard, que j'ai signalées tout à l'heure, les juges se contentèrent de réponses orales.

Au moins auraient-ils pu faire consigner séparément ces réponses par les greffiers. Mais non. Ils décidèrent qu'elles seraient fondues les unes avec les autres dans un travail d'ensemble dont se chargea Jean Bréhal et qui fut intitulé *Récapitulation* [1]. Ce travail était, en effet, une récapitulation générale de toute l'affaire.

1. « *Recollectio Johannis, Brehalli.* »

V. — LA RÉCAPITULATION DE L'INQUISITEUR JEAN BREHAL

La Récapitulation, passant en revue tous les motifs donnés pour la réhabilitation de Jeanne, contenait une discussion et condamnation en règle de l'ancien procès, considéré dans son fond et dans sa forme.

L'inquisiteur Jean Brehal, qui la rédigea, comptait parmi les plus solides docteurs en théologie. De même que le procureur Prévosteau, cet honnête homme s'était voué de toutes ses forces à la réhabilitation de l'héroïne, et il en fut le principal auteur. Dès 1452, nous l'avons vu adjoint au cardinal d'Estouteville, dont il se montra l'infatigable auxiliaire[1]. Il recueillit à Rouen les dépositions de nombreux témoins; il se rendit dans diverses villes pour prendre des informations sur Jeanne; il entra en correspondance avec quantité de docteurs pour s'instruire de leurs opinions[2].

1. Dès le mois de décembre 1452, on voit Jean Brehal recevant des honoraires du « roy nostre sire, pour soy aidier à » vivre en besoingnant au fait de l'examen du procès de » feue Jehanne la Pucelle ». (4e *compte de Beauvarlet, receveur général des finances*, 1452.)

2. Dans une lettre adressée de Lyon, fin décembre 1453, au frère Léonard, très docte dominicain appartenant à l'ordre des

Quand eut lieu enfin le procès de revision, Jean Brehal fit à lui seul plus de besogne que les trois prélats qui, sur l'autorisation du pape, l'avaient appelé à siéger avec eux comme juge. C'est lui qui est l'âme de toute la procédure; c'est lui qui, se multipliant, est l'organisateur des enquêtes; c'est lui qui, pour diriger les docteurs dans leurs consultations, compose une espèce de manuel[1], où il s'autorise des réponses de Jeanne, telles qu'elles avaient été consignées au procès-verbal offi-

prêcheurs de Vienne, Jean Brehal dit que le procès de réhabilitation intéresse particulièrement le roi très chrétien, lequel estime que l'honneur de Sa Majesté a été énormément lésé (« *Majestatis suæ decus enormiter læsum* ») par ses ennemis du parti anglais, alors qu'ils ont poursuivi en cause de foi cette simple vierge, qui, obéissant à une inspiration divine, comme cela semble prouvé avec une irrésistible évidence, fit si heureusement la guerre à son service, et qu'ils l'ont méchamment brûlée comme hérétique, pour jeter le discrédit sur le roi et son royaume (« *In regis et regni vituperium* »). « En conséquence, ajoute-t-il, le roi a le plus vif désir de faire prévaloir la vérité. Et pour ce, il m'a donné mandat de consulter, en leur faisant toutes les communications convenables, tous les hommes sages non seulement du royaume, *mais encore et surtout de l'étranger, pour rendre bien visible que toute partialité est exclue de cette affaire qui le touche* (« *Et ab exteris permaxime, ut favor omnis videatur in peculiari causa exclusus* »). De là l'envoi que je vous fais de divers extraits et documents relatifs au procès. Examinez et prononcez. Je compte recevoir votre avis. »

1. « *Summarium fratris Johannis Brehalli.* » *Sommaire de frère Jean Brehal.* — Le texte manuscrit du *Summarium* se trouve à la bibliothèque du Vatican, dans le recueil d'Ottoboni, n° 2284, et à la Bibliothèque nationale : 1° dans le fonds de Saint-Germain Harlay, n° 54; 2° dans le supplément français, n° 1033 (rédigé d'après le manuscrit du Vatican).

ciel, pour argumenter victorieusement en sa faveur; c'est lui qui note, coordonne et rédige les avis des docteurs consultés oralement; c'est lui qui assemble et formule tous les motifs de la sentence définitive. Aussi est-il probable que la réhabilitation de Jeanne ne réjouit personne plus que lui. Le 21 juillet 1456, quatorze jours après la sentence réparatrice, nous voyons Jean Brehal à Orléans, dans la ville de Jeanne d'Arc, marchant à côté de l'évêque de Coutances en tête de la procession expiatoire qui y fut solennellement faite[1].

Dans la Récapitulation rédigée par Brehal au nom du tribunal, les vices théologiques et juridiques du procès de condamnation étaient longuement déduits :

« Jeanne a eu des révélations, disait en substance l'inquisiteur. D'une part, sa virginité, son intégrité, son humilité, sa piété, l'en rendaient digne; d'autre

1. Cela ressort d'un registre des comptes de la ville d'Orléans. Ce registre mentionne le paiement « de dix pintes et choppines » de vin présentées de par ladicte ville, au disner, à monsei- » gneur l'évêque de Coutences et à l'Inquisiteur de la foy », ainsi que de douze poussins, deux lapereaux, douze pigeons et un levraut, achetés à même intention le 20 juillet 1456, par Cosme de Comy et Martin de Maubodet (bourgeois d'Orléans entendus comme témoins : *Voir pages* 250 *et* 252 *du précédent volume*). Il mentionne en outre l'argent donné à « six hommes » qui, le 21 juillet, portèrent six torches de la ville à une pro- » cession qui *fut faicte ledit jour en l'église de Saint-Sanxon* » *(Saint-Samson) d'Orléans, par l'ordonnance desdits seigneurs* » *l'évêque de Coutences et l'Inquisiteur de la foy, pour le fait de* » *Jehanne la Pucelle* ».

part, les malheurs de la France et l'extrémité où on était expliquent l'intervention divine.

» Jeanne a justement honoré ses voix. L'enseignement saint qu'elles lui donnaient témoigne qu'elles venaient de Dieu et non du démon.

» Jeanne a été de bonne foi dans ses prédictions; et ce qui le prouve, c'est que la plupart se sont réalisées.

» Jeanne a pu un moment mal interpréter la délivrance que lui annonçaient ses voix; mais elle ne s'est pas trompée sur le fait de sa délivrance. N'a-t-elle pas été libérée de la prison de son corps par une mort sainte qui lui ouvrait le Paradis?

» En quittant la maison paternelle, malgré son père et sa mère, Jeanne n'a pas violé le précepte du Décalogue; car elle n'a désobéi à ses parents que pour obéir à Dieu, et elle a eu pleinement leur pardon.

» En revêtant l'habit d'homme, Jeanne n'a point accompli un acte qui soit condamné absolument par les règles canoniques ou par les exemples des saints; et la pureté de ses intentions la justifie.

» C'est à tort qu'on a accusé Jeanne d'indocilité envers l'Église. Elle a témoigné de justes méfiances à l'égard de gens d'Église en qui elle voyait des ennemis; mais elle a expressément manifesté sa soumission au pape et au concile.

» Si des points de fait on passe aux points de droit, l'incompétence des juges et spécialement de l'évêque de Beauvais, dont la juridiction ne s'appliquait pas à Jeanne, est incontestable.

» Le zèle que Cauchon avait apporté dans ses démarches pour mettre Jeanne aux mains des Anglais, et la passion qu'il a témoignée au cours du procès manifestent sa partialité monstrueuse contre l'accusée.

» Il aurait dû être tenu compte des protestations de Jeanne récusant son juge et faisant appel au pape.

» Le choix de la prison de Jeanne, qui n'était pas une prison ecclésiastique, les rigueurs de sa captivité et les violences de ses gardiens sont autant d'iniquités.

» Les scrupules du vice-inquisiteur, dont l'adjonction se fit attendre et ne fut due qu'à la crainte, témoignent de l'illégalité du procès.

» Il est établi qu'on chercha à terroriser Jeanne en même temps qu'on s'appliqua à la troubler par des questions au-dessus de la portée de son esprit.

» La confrontation des douze articles avec les interrogatoires, aussi dénaturés que soient ces interrogatoires, révèle la fausseté des assertions attribuées à la Pucelle pour provoquer sa condamnation.

» Il ne suffisait pas de provoquer la condamnation : il fallait encore la justifier par l'aveu même de la victime. De là, s'ajoutant aux mensonges de l'accusation, les mensonges de l'information prétendue qui aurait eu lieu le jour même du supplice.

» L'abjuration fut une œuvre de violence et de fraude, où on amena Jeanne, trompée sur la portée de l'acte qu'elle accomplissait, à dire et à faire des choses qui permettraient de la déclarer ultérieurement relapse.

» En répudiant ensuite le désaveu de ses visions et en reprenant par pudeur et par nécessité des habits d'homme, Jeanne n'a pas été relapse ; car être relapse c'est retomber en faute, et elle n'avait pas été en faute.

» En conséquence, vu les erreurs et les partis pris criminels des juges de Jeanne ; vu les vices de doctrine et de procédure que manifeste l'examen de la cause ; vu les irrégularités et les fraudes qui y sont accumulées, nous concluons que le procès fait contre la Pucelle et la sentence intervenue contiennent une injustice manifeste. »

VI. — LES CONCLUSIONS DU PROMOTEUR ET DES DEMANDEURS

Dans sa Récapitulation, Jean Brehal avait d'avance développé les raisons sur lesquelles devait se fonder la sentence définitive.

Le 2 juillet, les juges tinrent, dans la grande salle du palais archiépiscopal de Rouen, une séance solennelle à laquelle assista l'évêque de Coutances, Richard de Longueil, à côté de l'archevêque de Reims et de l'évêque de Paris.

Quoiqu'il fût un des commissaires choisis par le pape, l'évêque de Coutances s'était peu occupé du procès. Au moment où commença l'instance, il était en ambassade auprès du duc de Bourgogne. La plupart des actes de la procédure furent faits lui absent. Mais il tint à consacrer par sa présence les conclusions du procès.

Dans la séance du 2 juillet, le procureur Prévosteau, au nom de la famille de Jeanne, et le promoteur Chapitault, comme organe du ministère public, présentèrent les motifs de droit sur lesquels ils appuyaient leurs conclusions.

« Excité par le zèle de la justice, dit le promoteur,

stimulé par l'amour de la vérité[1], fidèle à mon serment, je viens déclarer, devant vos paternités révérées, après mûr et complet examen, que le procès qui fut fait à Jeanne m'apparaît comme inique et comme nul.

» Dans les divers détails de ce procès on voit à plein la malice et la fraude de juges résolus à perdre leur victime.

» Le droit divin et le droit humain protestent également contre les menées et les décisions de ces persécuteurs de l'innocence unis dans une monstrueuse conspiration.

» En conséquence, j'approuve et j'adopte en tous points les conclusions des demandeurs. »

Le procureur de la famille de Jeanne dit de son côté :

« La vérité surmonte tout.

» Après avoir tout pesé, faits, circonstances, temps, personnes, documents, témoignages, consultations, vous ne pouvez que reconnaître la perfidie des juges et l'iniquité du jugement. Aussi j'espère que vous ferez droit à la plainte de la mère de Jeanne et de ses frères, si favorablement accueillie par le souverain pontife.

» Très révérends pères, très illustres juges, très savants docteurs, dissipez les ténèbres accumulées par un procès inique et faites apparaître ici le soleil de la vérité. Que votre sentence montre Jeanne telle qu'elle fut,

1. « Incitat justitiæ zelus, stimulat veritatis amor. »

exempte de toute tache, enveloppée de vertu et de gloire ! Et daigne un jour vous récompenser le dispensateur des dons éternels ! »

D'un commun accord, le procureur Prévosteau et le promoteur Chapitault demandaient qu'un jour prochain fût assigné pour le prononcé de la sentence.

Le tribunal fixa le 7 juillet.

VII. — SENTENCE DE RÉHABILITATION, SOLENNELLEMENT PRONONCÉE A ROUEN, LE 7 JUILLET 1456

Le 7 juillet, en présence de JEAN D'ARC, du procureur GUILLAUME PRÉVOSTEAU, représentant ISABELLE ROMÉE et PIERRE D'ARC, absents, du promoteur SIMON CHAPITAULT, et de PIERRE MAUGIER, l'avocat de la famille d'Arc, la sentence fut prononcée, dans la grande salle du palais archiépiscopal de Rouen, par l'ARCHEVÊQUE DE REIMS, assisté des trois autres juges, l'ÉVÊQUE DE PARIS, l'ÉVÊQUE DE COUTANCES et l'INQUISITEUR BREHAL :

Au nom de la sainte et indivisible Trinité, du Père, du Fils et du Saint-Esprit. Ainsi soit-il.

La Providence de l'Éternelle Majesté[1], le sauveur Christ Notre-Seigneur, Dieu et homme, a institué, pour régir son Église militante, le bienheureux Pierre et ses successeurs apostoliques ; elle en a fait les principaux guides qui, à la lumière de la vérité, enseignent aux

1. « Æternæ Majestatis Providentia. »

hommes les sentiers de la justice ; elle leur a donné mission de soutenir partout les bons, de relever les opprimés, et de ramener au droit chemin, par un jugement de raison, ceux qui en ont dévié ;

C'est investis de cette autorité apostolique pour la présente affaire que nous, Jean de Reims, Guillaume de Paris, Richard de Coutances, par la grâce de Dieu archevêque et évêques, et Jean Brehal, de l'ordre des frères prêcheurs, professeur de théologie sacrée, l'un des deux inquisiteurs du mal hérétique dans le royaume de France [1], tous quatre juges spécialement délégués par notre très saint seigneur le pape récemment élu ;

Vu le procès solennellement agité devant nous, en vertu du mandat apostolique à nous adressé et par nous respectueusement accepté, dans la cause d'honnête veuve et mère Isabelle d'Arc, de Pierre et Jean d'Arc, frères naturels et légitimes de Jeanne d'Arc, dite la Pucelle, défunte de bonne mémoire, ladite cause suivie en leur nom et au nom de leurs parents, contre le vice-inquisiteur du mal hérétique au diocèse de Beauvais, contre le promoteur des affaires criminelles en la cour épiscopale de Beauvais, contre vénéré Père en Christ, le seigneur Guillaume de Hollande, évêque de Beauvais, et contre tous les autres qui, conjointement

1. En effet, dans le royaume de France il y avait deux inquisiteurs de la foi, l'un résidant à Paris et appelé *l'Inquisiteur de France*, l'autre résidant à Toulouse et appelé *l'Inquisiteur du Languedoc*.

ou séparément, peuvent croire avoir intérêt en l'affaire et se porter respectivement comme défendeurs;

Vu l'évocation péremptoire et l'exécution de cette évocation, par nous décrétée contre lesdits défendeurs, à la requête des susdits demandeurs et du promoteur de notre office institué, juré et créé par nous en cette cause, évocation aux fins de laquelle les défendeurs étaient invités à voir mettre à exécution le rescrit papal, à entendre conclure contre eux, à répondre eux-mêmes et à procéder comme ils le trouveraient raisonnable;

Vu la requête des demandeurs, leurs faits, raisons et conclusions rédigées, dans les écrits produits par eux, sous forme d'articles concluant à une déclaration de nullité, d'iniquité et de dol contre certain procès en cause de foi, jadis fait et exécuté, en cette ville, contre feue Jeanne déjà nommée, par feu maître Pierre Cauchon, alors évêque de Beauvais, par feu Jean Lemaître, alors soi-disant vice-inquisiteur dans le même diocèse de Beauvais, et par feu Jean d'Estivet, promoteur ou agissant comme tel: ladite requête tendant à la cassation dudit procès, à l'annulation de la sentence qui en est résultée ainsi que de toutes ses suites et à la réhabilitation de la défunte, non moins qu'à toutes autres fins y précisées;

Vu, lu et examiné à plusieurs reprises les minutes originales, instruments, moyens et actes, notules et protocoles du susdit procès, à nous présentés et remis, en vertu de nos lettres compulsoires, par les greffiers et autres; après vérification faite en notre présence de leurs seings et écritures; après longues conférences à leur sujet avec lesdits greffiers et officiers institués dans le procès, non moins qu'avec les conseillers appelés pour ledit procès dont nous avons pu obtenir la présence; après collation et comparaison des registres et livres susdits;

Vu aussi les informations préparatoires recueillies soit par nous et nos commissaires au début du présent procès, soit antérieurement par le révérendissime père en Christ le seigneur Guillaume, cardinal-prêtre du titre de Saint-Martin-des-Monts, alors légat du Saint-Siège apostolique dans le royaume de France (*le cardinal d'Estouteville*), assisté de l'inquisiteur (*Jean Brehal*), après visite des susdits livres et instruments du procès à lui présentés;

Vu aussi et considéré divers traités de prélats, docteurs et praticiens célèbres et très autorisés, qui, après long examen des livres et instruments dudit procès, en ont dégagé les difficultés qui étaient à élucider, dans des mémoires composés et publiés soit sur l'ordre du révérendissime père susnommé, soit sur notre ordre;

Vu en outre les articles et interrogatoires à nous présentés au nom des demandeurs et du promoteur, et, après plusieurs évocations, par nous admis en preuve;

Attendu les dépositions et attestations des témoins, soit sur la vie de ladite défunte au lieu de son origine et sur son départ; soit sur l'examen auquel elle a été soumise en présence de plusieurs prélats, docteurs et autres habiles gens, et en particulier de très révérend père Regnault[1], alors archevêque de Reims et métropolitain dudit évêque de Beauvais, examen qui eut lieu a Poitiers et ailleurs, plusieurs jours de suite; soit sur la merveilleuse délivrance de la ville d'Orléans et sur la venue de Jeanne à Reims où se fit le sacre du roi; soit sur les circonstances et les qualités du procès, le jugement et la procédure;

Vu aussi, outre les lettres, dépositions et attestations susmentionnées, d'autres lettres, instruments et moyens remis et produits dans les délais de droit, sans qu'il y fût fait opposition;

Ouï notre promoteur, lequel, attendu les dires et écrits produits, s'est pleinement adjoint aux demandeurs et a, lui aussi, invoqué pour les mêmes fins les documents par eux allégués;

Vu les autres requêtes et réserves faites dûment tant par le promoteur, qui s'y est associé, que par les demandeurs, et admises par nous, en même temps que certains motifs de droit présentés en de brefs écrits propres à frapper notre esprit et par nous accueillis;

Ayant été conclu en la cause au nom du Christ, et le présent jour ayant été assigné pour l'audition de notre sentence :

Après avoir vu, examiné mûrement et pesé les choses

1. « Reginaldi ». — Il s'agit de Regnault de Chartres, archevêque de Reims et chancelier de France au temps de Jeanne d'Arc.

susdites, toutes et chacune, et aussi certains articles commençant par ces mots : « Certaine femme », articles que les juges du premier procès ont prétendu avoir été extraits des confessions de ladite défunte, et qu'ils ont transmis à un grand nombre de notables personnages pour avoir leur opinion ; articles que le promoteur et les demandeurs susdits ont attaqués comme iniques, faux, en désaccord avec les confessions de la défunte et mensongèrement fabriqués ;

Voulant que notre présent jugement émane de la face de Dieu[1], qui pèse les âmes et est le seul arbitre parfait, le seul juge absolument infaillible de ses révélations ; qui fait aller son souffle où il veut, et maintes fois choisit ce qu'il y a de plus faible pour renverser ce qu'il y a de plus fort ; qui enfin est loin d'abandonner ceux qui espèrent en lui aux jours d'épreuve et de tribulation ;

Après avoir mûrement délibéré et sur les actes préparatoires et sur les conclusions de la cause avec des hommes aussi scrupuleux qu'habiles et expérimentés ; après avoir pris connaissance de leurs solennelles décisions, formulées dans des traités mis au jour à grand renfort de livres[2] et dans plusieurs mémoires spéciaux ; après avoir compulsé les opinions orales et

1. « Ut de Dei vultu nostrum præsens prodeat judicium. » C'était une formule consacrée. On l'a déjà remarquée dans la sentence prononcée le jour où Jeanne abjura. (Voir PROCÈS DE CONDAMNATION DE JEANNE D'ARC, page 352 et page 358.)

2. « In tractatibus magna cum revolutione librorum editis. »

écrites qui nous ont été fournies et données tant sur la forme que sur le fond du procès, opinions où les faits et gestes de ladite défunte sont jugés dignes d'admiration et non de condamnation, où le jugement rendu contre elle est détesté et réprouvé, où d'ailleurs est reconnue la difficulté de présenter un jugement certain sur les visions et révélations, alors qu'on sait que le bienheureux Paul, parlant de ses propres révélations, déclarait ignorer s'il les avait eues de corps ou en esprit, et, sur ce sujet, s'en rapporter à Dieu[1];

En premier lieu :

Nous disons, et, la justice l'exigeant, déclarons que les articles commençant par ces mots : « *Certaine femme* »[2], articles insérés au procès en question et faisant partie de l'instrument des sentences portées contre ladite défunte, ont été, sont et demeurent vicieusement, dolosivement, calomnieusement, frauduleusement et malicieusement extraits des confessions et du procès susdit de ladite défunte; que la vérité a été passée sous silence ou faussement traduite, sur certains

1. Il est fait ici allusion au passage suivant de l'*Épître aux Corinthiens* : « Je connais un homme en Jésus-Christ qui fut ravi, il y a quatorze ans, jusqu'au troisième ciel. *Si ce fut avec son corps ou sans son corps, je ne le sais; Dieu le sait.* Et il entendit des révélations mystérieuses qu'il n'est pas permis à un homme de rapporter. »

2. Voir Procès de condamnation de Jeanne d'Arc, p. 264 et suivantes.

points essentiels et tels qu'à leur propos l'esprit de ceux qui étaient appelés à délibérer et à juger pouvait être entraîné à une opinion différente; que de nombreuses circonstances aggravantes, non contenues dans les interrogatoires du procès, y ont été ajoutées indûment, en même temps qu'on y taisait, en plusieurs endroits, maintes circonstances relevantes et justificatives, et qu'on altérait la forme des expressions de façon à changer le sens des idées ;

A cause de quoi, considérant lesdits articles comme entachés de fausseté, de dol, de calomnie, et complètement différents des confessions dont on les a dits extraits, nous les cassons, anéantissons, annulons; et ordonnons, après les avoir fait arracher dudit procès, qu'ils seront ici lacérés judiciairement[1];

En second lieu :

Après avoir diligemment examiné les autres parties du même procès, et particulièrement les deux sentences qui y sont contenues, l'une sur la cause de lapse, l'autre sur la cause de relapse;

Après avoir aussi fort amplement pesé la qualité des susdites personnes qui ont jugé Jeanne et celle des personnes sous qui et en la garde desquelles elle était détenue;

1. « Ipsosque (articulos) quos a dicto processu extrahi fecimus, hic judicialiter decernimus lacerandos. » — On voit que ce manuscrit du procès fut mutilé; mais il n'est nullement dit qu'il *fut détruit*. Quicherat a affirmé à tort sa destruction.

Après avoir vu les récusations, les soumissions, les appels, et la requête, plusieurs fois répétée, par laquelle ladite Jeanne a déclaré qu'elle soumettait sa personne, ainsi que tous ses dits et ses faits, au Saint-Siège apostolique et à notre très saint seigneur le souverain pontife, et a demandé très instamment, à maintes reprises, que le procès lui fût transmis, avec les témoignages de sa soumission à son égard;

Après avoir aussi examiné une prétendue abjuration entachée de fausseté et de dol, surprise par crainte et par force en présence du bourreau et sous la menace du bûcher, sans que ladite défunte l'eût pu préalablement connaître ou prévoir;

Attendu les consultations et les traités, déjà mentionnés, de prélats et de notables docteurs, également experts en droit divin et en droit humain, déclarant que les crimes dont Jeanne est chargée dans la formule des susdites sentences ne peuvent être conclus de la teneur du procès et n'y sont nullement impliqués, et cela dans des décisions où se trouvent beaucoup de développements très pertinents sur la nullité et l'injustice résultant de ce point et d'autres pareils;

Après avoir diligemment donné notre attention à la totalité et à chacune des choses qui étaient à voir et à étudier en la matière,

Nous, juges, siégeant en notre tribunal et ayant Dieu seul devant les yeux, par cette sentence définitive que nous portons et formulons ici solennellement, nous disons, prononçons, décrétons que lesdits procès[1] et lesdites sentences, avec l'abjuration susdite, leur exécution et tout ce qui a suivi, sont manifestement entachés de dol, de calomnie, d'iniquité, d'inconséquence, d'erreurs de droit et de fait;

Déclarons qu'ils ont été, sont et seront nuls, non avenus, sans valeur et sans effet; — et néanmoins, autant que besoin est et ainsi que la raison le commande, les cassons, annulons, anéantissons et faisons absolument vides de force[2];

Prononçons que ladite Jeanne et ses parents et tous les demandeurs n'ont ni contracté ni encouru aucune note ou tache d'infamie, à l'occasion des susdits procès, les déclarant, pour le présent et pour l'avenir, quittes et purgés de toutes conséquences des susdits procès, et les en purgeant absolument, autant que besoin est;

Ordonnant que la solennelle intimation et l'exécution de notre sentence telle quelle auront lieu sur-le-champ, dans cette ville, en deux endroits, savoir: aujourd'hui, sur la place Saint-Ouen, après une procession générale et avec un sermon public; demain, au Vieux-Marché, à l'endroit même où ladite Jeanne fut cruellement et horriblement étouffée et brûlée par les flammes

1. « Dictos processus. » On sait que le procès de condamnation se décompose juridiquement en deux procès: *Procès de lapse* et *Procès de relapse*, ou autrement: *Procès de chute* et *Procès de rechute*. (Voir PROCÈS DE CONDAMNATION DE JEANNE D'ARC, p. 199.)

2. « Viribus omnino vacuamus. »

du bûcher[1], avec une prédication solennelle qui sera faite là et avec plantation d'une croix destinée à perpétuer la mémoire de cette honnête fille et à solliciter les prières pour son salut ainsi que pour celui des autres défunts[2];

1. « In loco scilicet in quo dicta Johanna crudeli et horrenda crematione suffocata est. »

2. « Cum solemni ibidem prædicatione et affixione crucis honestæ puellæ ad memoriam perpetuam, ac ejusdem et aliorum defunctorum exorandas salutes. »

Il fut élevé une croix expiatoire, non seulement à Rouen, mais encore en divers lieux.

Dans la forêt de Saint-Germain, un peu avant d'entrer à Poissy, entre la grande route et le chemin Saint-Joseph, on peut voir encore une croix élevée en 1456, après la réhabilitation de Jeanne d'Arc. La croix, ainsi que son piédestal massif, est en pierre. Au sommet on lit cette inscription gravée à l'origine dans la pierre : CROIX-PUCELLE — 1456. Au point de jonction des deux bras de la croix, une autre petite croix est incrustée. Une tradition attribue à Dunois l'érection de la Croix-Pucelle.

Je voudrais que, sur la route de Saint-Germain à Poissy, à l'endroit voisin de ce monument expiatoire élevé en l'honneur de la Pucelle, il y eût un poteau indiquant au voyageur qu'il n'a qu'à se détourner pour trouver, à cent cinquante pas de la route, au milieu des ormes, cette précieuse relique du passé. Une telle vue, évoquant le souvenir du plus saint héroïsme tour à tour martyrisé et réhabilité, élève l'âme dans la région des grandes pensées.

A Rouen, il n'est resté aucun vestige de cette croix expiatoire dont l'érection sur la place du Vieux-Marché fut ordonnée par les juges du procès.

Au commencement du XVIe siècle, sur la place du Marché-aux-Veaux, qui est devenue aujourd'hui la place de la Pucelle et qui était contiguë à la place du Vieux-Marché, fut élevé un monument style Renaissance ainsi décrit, en 1610, par un des

Nous réservant de faire ultérieurement publier, exécuter, et, pour l'édification des temps à venir, signifier avec éclat la susdite sentence dans les cités et autres

parents de Jeanne, le chevalier du Lys : « On voit un petit « édifice ingénieusement taillé et élaboré en pierres de carreau, « d'où surgit une belle et claire fontaine qui jette son eau par « divers tuyaux. Au-dessus de la fontaine est la statue de « Jeanne d'Arc, sous des arcades. A un étage plus haut, au « sommet, est posée une croix. »

Selon une judicieuse remarque de M. de Beaurepaire, c'est sans doute pour bénéficier d'une différence de niveau permettant de faire monter l'eau plus haut que la place du Marché-aux-Veaux fut choisie de préférence à la place du Vieux-Marché pour la construction de la fontaine.

La signification symbolique de cette fontaine, dont l'eau toujours jaillissante semblait vouloir éteindre la flamme du bûcher de Jeanne, fut précisée au dix-septième siècle par le distique suivant :

« Reddita Rothomagus non æquam extinguere flammam
« Mox voluit, fusæ flumine semper aquæ. »

Le monument du XVIe siècle a disparu, et c'est sur un emplacement voisin qu'a été édifié, en 1756, d'après les dessins de l'architecte Alexandre Dubois, le pauvre monument qu'on voit aujourd'hui et qui est si peu digne de la grande cité normande. Rien de plus banal que cette espèce de triangle en marbre blanc dont chaque côté a son jet d'eau. Rien de plus lourd et de plus terne que cette statue sans caractère, mais pompeusement costumée, qui surmonte la fontaine de la Pucelle. Je vois là une Bellone de la mythologie; nullement la Jeanne d'Arc de l'histoire. L'auteur, Paul-Ambroise Slodtz, quoiqu'il eût le titre de professeur de l'Académie de peinture et de sculpteur-dessinateur de la chambre et du cabinet du roi, était un artiste aussi médiocre qu'avait été distingué son père, Sébastien Slodtz.

J'espère que Rouen, ville féconde en généreuses initiatives et riche en artistes, finira par élever à Jeanne d'Arc un monument digne d'elle.

lieux insignes de ce royaume, selon que nous l'aurons jugé expédient et de par notre initiative qui demeure sauve pour tout ce qui pourrait rester à faire.

LA PRÉSENTE SENTENCE A ÉTÉ PORTÉE, LUE ET PROMULGUÉE PAR LES SEIGNEURS JUGES, EN PRÉSENCE DU RÉVÉREND PÈRE EN CHRIST LE SEIGNEUR ÉVÊQUE DE DÉMÉTRIADE, D'HECTOR DE COQUEREL, DE NICOLAS DU BOYS, D'ALAIN OLIVIER, DE JEAN DU BEC, DE JEAN DE GONNYS, DE GUILLAUME ROUSSEL ET DE LAURENT SURREAU, CHANOINES, DE MARTIN LADVENU[1], DE JEAN ROUSSEL, ETC.

FAIT DANS LE PALAIS ARCHIÉPISCOPAL DE ROUEN, L'AN DU SEIGNEUR 1456, LE SEPTIÈME JOUR DE JUILLET.

Suivent, dans le manuscrit officiel n° 5970 du fonds latin, les attestations, scellées[2], signées et paraphées, des deux greffiers Lecomte et Ferrebouc, garantissant l'authenticité de la rédaction du procès. — Dans l'autre manuscrit officiel (n° 138 du fonds de l'église Notre-Dame de Paris), les signatures des deux greffiers ne sont pas accompagnées de la formule d'attestation.

[[3] La sentence définitive ayant été prononcée, l'exécution suivit. Il y eut des processions gé-

1. Comme on comprend qu'il dût tenir à être là, le bon frère!

2. L'empreinte des sceaux n'existe plus.

3. J'extrais cette mention de l'exposé primitif du procès (*Manuscrit de d'Urfé. — Fin du sommaire servant d'en tête*). — Le texte de la sentence termine l'exposé officiel du procès.

nérales et des prédications publiques, faites avec grande dévotion et solennité. L'abominable iniquité du précédent procès de Rouen fut hautement révélée à toute la foule du peuple[1].]

C'est ainsi qu'à Rouen le tribunal ecclésiastique de 1456 annula l'œuvre du tribunal ecclésiastique de 1431.

Le tribunal de 1431 avait jugé selon le cœur du roi anglais Henri VI, alors encore le maître. Le tribunal de 1456 jugea selon le cœur du roi français Charles VII, enfin pleinement victorieux.

Au nom de l'orthodoxie, et avec l'entière tolérance du pape et du concile qui ne leur infligèrent ni excommunication ni réprobation, les premiers juges avaient condamné Jeanne. Au nom de l'orthodoxie, et avec la pleine approbation du pape, les seconds juges la réhabilitèrent.

« Jeanne est hérétique, schismatique, apostate et idolâtre », avaient dit les premiers juges.

1. « Palam universæ plebi præcedentis iniqui processus abominatio revelata est. »

— « Jeanne n'a été ni hérétique ni schismatique ni apostate ni idolâtre », dirent les seconds.

Qu'il fût inique de faire des procès d'hérésie voilà ce qui ne vint à l'esprit ni des uns ni des autres.

Juges de 1431 et juges de 1456, en désaccord sur Jeanne, mais en bon accord contre la liberté de conscience, prenaient pour une vérité cette énormité : « L'hérétique est justiciable de l'Église et passible du bûcher. »

VIII. — RAPPEL A LA VÉRITÉ

Il y a lieu, dans cette nouvelle édition, de réfuter brièvement une légende d'invention toute récente. Elle consiste à prétendre que les prêtres dont Jeanne fut la victime n'étaient pas des prêtres catholiques.

Plaignons ces fanatiques, qui ne veulent pas se résigner à reconnaître loyalement qu'en 1431 des centaines de prêtres catholiques participèrent au plus monstrueux des forfaits.

A les entendre, les bourreaux de Jeanne d'Arc étaient, non des catholiques romains, mais des gallicans ; non des fidèles, mais des schismatiques.

Voilà une explication dont ne s'avisèrent pas les honorables juges du second procès de Rouen, aussi retors fussent-ils...

Les bourreaux de Jeanne des gallicans ! Dites plutôt des *anglicans*. Hostiles au parti français, ils appartenaient au parti anglais.

Les bourreaux de Jeanne des schismatiques ! On oublie qu'en 1431 il n'y avait pas encore de schisme. C'est plusieurs années après la mort de Jeanne d'Arc, en 1437, que le concile de Bâle donna lieu à une éclosion de schismatiques.

Si les juges et les consulteurs du procès de condamnation n'eussent pas été de purs catholiques, les amis du roi de France, pour qui fut poursuivi le procès de réhabilitation, n'auraient certes pas manqué de le proclamer. Personne ne songea à contester la légitimité de leur caractère ecclésiastique.

JEANNE

ET LE PEUPLE DE FRANCE

« Ce n'est pas par d'éphémères éloges ;
» c'est par l'admiration, et, si la nature
» le permet, par la ressemblance avec toi
» qu'il convient de t'honorer. Voilà les
» vrais hommages qui te sont dus : rap-
» peler sans cesse tes actions et tes paroles
» et nous attacher aux traits de ton âme,
» dont nous pouvons graver et retenir
» l'empreinte, non en une matière étran-
» gère, mais dans notre propre caractère. »

TACITE.

« N'avez-vous pas remarqué avec
« surprise et indignation l'étrange
« lacune de nos calendriers théolo-
« giques envers l'héroïque vierge qui
« sauva la France au XVe siècle ? »

AUGUSTE COMTE.

Lettre sur les commémorations sociales adressée à Clotilde de Vaux, le 2 Juin 1845.

« Oui, selon la religion et selon la
« patrie, Jeanne d'Arc fut une Sainte. »

MICHELET.

1. — LA FÊTE NATIONALE DE JEANNE D'ARC

Ses raisons morales et esthétiques

(Écrit en 1887.)

« La République française devrait décider qu'il y aura annuellement un jour où la fête de Jeann d'Arc sera célébrée par toute la France.

» Il y aurait à opter entre deux dates : le 8 mai, anniversaire de la délivrance d'Orléans; le 30 mai, anniversaire de la mort de Jeanne.

» 8 ou 30 mai, c'est toujours le beau mai; le mois où la bergère de Domremy suspendait des guirlandes aux rameaux de l'arbre des fées, en rêvant au salut de la France; le mois où la guerrière d'Orléans chassait l'étranger et rendait le printemps à la patrie; le mois où la martyre de Rouen apparut sur son bûcher telle que Socrate dans sa prison et Jésus sur sa croix.

» Je préférerais le 30 mai, parce que Jeanne mourante a été encore plus grande que Jeanne triomphante.

» Jeanne est la sainte de la France. Il est conforme à toutes les traditions que les saints soient glorifié l'anniversaire du jour où ils furent martyrisés.

» Mais qu'importe la date[1] ? L'essentiel est l'établissement de cette solennité, qui rapprocherait tous les Français, hommes et femmes, républicains et monarchistes, croyants et libres penseurs, dans une même communion d'enthousiasme.

» La nation a déjà sa fête de la liberté. Elle aurait sa fête du patriotisme. »

Ce vœu exprimé, en 1883, dans mon livre sur Jeanne d'Arc trouva de très nombreux et très éloquents échos.

L'appel presque unanime de la presse fut entendu par le Parlement. *Deux cent cinquante-deux députés républicains* signèrent avec moi une proposition de loi présentée le 30 juin 1884 et ainsi conçue :

« Art. 1er. — La République française célèbre annuellement la fête de Jeanne d'Arc, fête du patriotisme.

« Art. 2. — Cette fête a lieu le 8 mai. »

Voici quel était l'exposé des motifs :

« Un grand mouvement d'opinion vient de se produire en faveur de l'institution d'une fête nationale de Jeanne d'Arc, qui serait la fête du patriotisme.

« La république des États-Unis, outre sa fête de l'Indépendance, a sa fête de Washington. La République française, outre sa fête de la Liberté, aurait sa fête de Jeanne d'Arc.

« Il y aura à opter entre deux dates : le 8 mai et le 30 mai.

« Le 30 mai se trouvant peut-être trop rapproché du 14 juillet, nous proposons le 8 mai, date glorieuse de la délivrance d'Orléans.

« Ce jour-là tous les Français s'uniraient dans une

bienfaisante communion d'enthousiasme. Jeanne d'Arc n'appartient pas à un parti ; elle appartient à la France [3]. »

La commission d'initiative, chargée d'examiner le projet, lui fut favorable; et, par l'organe de son rapporteur M. Margaine, conclut à la prise en considération.

Malheureusement il en advint de ce projet comme de plusieurs autres qui le précédaient à l'ordre du jour. La législature prit fin avant qu'il eût pu être mis en discussion.

L'esprit public est-il « préparé » [4] à l'adoption d'une solennité nationale en l'honneur de Jeanne d'Arc ?

A coup sûr, il y est préparé bien plus qu'il ne l'était à l'adoption de la fête du 14 juillet ; et le texte de loi qui établira cette seconde fête, au lieu de traduire simplement le vœu d'une majorité, répondra à « l'unanimité du sentiment public » [5].

Telle est la force de ce sentiment qu'on peut affirmer dès maintenant que Jeanne d'Arc aura dans la France entière sa fête annuelle. Si la République française renonce à « mettre en mouvement tous les citoyens », l'heure est proche où l'Église catholique mettra en mouvement tous les fidèles, pour célébrer l'héroïne de la patrie [1].

Mais Jeanne n'était-elle pas royaliste ; et sa fête ne serait-elle pas la « *fête du drapeau blanc* » ?

Eh! que nous importe la couleur du drapeau de Jeanne d'Arc? D'abord ce n'était pas le drapeau blanc, c'est le drapeau rouge qui était l'étendard de la France au temps de la Pucelle, comme au temps de nos pères, les Gaulois. Puis, ce que Jeanne voyait et aimait dans le drapeau, ce n'est pas un parti, c'est la patrie.

Comment n'aurait-elle pas chéri son roi? Représentant des traditions et des intérêts de tous, lien vivant du passé et de l'avenir, le roi personnifiait la France. Être royaliste alors, c'était être patriote. Ne datons-nous que de 1789? Faut-il faire table rase de notre histoire? Veut-on rayer les gloires des Godefroy de Bouillon, des Du Guesclin, des Bayard, parce qu'elles ne se sont pas épanouies à l'ombre du drapeau tricolore? N'est-ce pas au labeur des siècles passés que l'œuvre du siècle présent doit ses premières assises? Sacré est l'édifice; mais plus sacré est le sol sur lequel l'édifice est bâti. Sacrée, la République; mais plus sacrée, la France.

Le peuple des Croisades et de la Révolution se reconnaît dans cette vierge enthousiaste qui eut pour la patrie les lumineuses intuitions de la maternité et paya son salut de sa mort.

Née aux marches de la Champagne et du pays lorrain, Jeanne a été la *gaie Champenoise en même temps* que la *bonne Lorraine*. Sa belle humeur éclatait en saillies où rayonne l'esprit gaulois.

Au don du rire elle joignait le don des larmes. Elle pleure quand l'Anglais l'injurie; elle pleure quand elle voit le sang couler; elle pleure quand elle est prise.

Jeanne est toujours adorablement femme. En elle s'allient finesse et candeur, bon sens et inspiration. Rien de l'amazone éprise des combats. Elle aborde la guerre avec un esprit de paix; s'élance inoffensive au plus fort de la mêlée; affronte la mort sans la donner, et, la bannière haute, plane comme une angélique apparition au milieu des batailleurs qui s'entre-tuent. « Je ne vous hais pas, dit-elle aux Anglais. Mais retournez en vos pays! » « Ne pactisez pas avec l'étranger! » crie-t-elle aux Bourguignons. « Français désunis, ajoute-t-elle, pardonnez-vous de bon cœur! »

D'autres sont sensibles à la gloire. Jeanne n'est sensible qu'à la pitié que lui inspire la douce France. Le pays délivré, son rêve est de rentrer dans l'obscurité de sa chaumière, où elle reprendra l'aiguille et le fuseau à côté de sa mère et de ses sœurs.

Remarquez maintenant son souci de la bonne discipline; ses saillies contre les pillards et les coureuses; le soin qu'elle prend aux Tourelles, quoique blessée, de prescrire que les soldats se restaurent pour aller ensuite à l'assaut; la sagesse manifestée par son bon vouloir à l'égard du connétable de Richemont, si imprudemment repoussé par le roi et ses entours; les stratagèmes dont elle usait pour donner le change aux ennemis qui pourraient se servir de ses messages; cette aptitude géniale à la tactique et spécialement à l'habile emploi des pièces d'artillerie qui lui est reconnue par les trois grands chefs de guerre d'alors, Dunois, d'Alençon, Gaucourt, de même que par le chevalier d'Armagnac et autres; ce sens stratégique, — naguère admiré par Rossel, l'homme de la Commune, — qui présida à la conception de la marche sur Reims, qui poussa ensuite le roi sur Paris et que révolta le maladroit abandon du siège de cette ville; enfin cette ardeur, mêlée de prudence, qui incline toujours aux prompts mouvements où l'agilité supplée au nombre et l'emporte de haute lutte, et vous reconnaîtrez dans Jeanne une parenté avec les prédestinés de l'art militaire, les Condé, les Hoche, les Napoléon. Forçant le succès à force d'y croire, avec quel fier instinct elle brise les toiles d'araignée de la diplomatie pour se jeter dans l'action à outrance! C'est un oiseau de haut vol qui déconcerte victorieusement les politiques à ras de terre, lâches fauteurs de la paix à tout prix.

Par son génie comme par sa vertu, Jeanne a bien été la plus belle personnification du patriotisme français, de ce patriotisme qui, tantôt emprisonné dans le particularisme féodal ou royaliste, tantôt noyé dans le cosmopolitisme religieux ou philosophique, tour à tour méconnu par Bourbon, Guise, Rohan, Condé, Turenne, Broglie, La Rochejacquelein, Charette, Voltaire, d'Alembert, Armand Carrel, et tant d'autres admettant un pacte de guerre civile fait avec l'étranger, a mis plusieurs siècles à établir dans nos consciences l'empire qu'il y exerce aujourd'hui.

Paysans, nourriciers et soutiens de la patrie, qui, lorsque le fusil doit remplacer la charrue, rougissez de votre sang le sol abreuvé de vos sueurs, glorifiez cette paysanne en qui s'incarna l'âme du pays; et si dans quelque coin de vos chaumières figure l'image d'un de ces conquérants sans entrailles auxquels se prostitue la gloire, remplacez-la par l'image de la patriote qui sanctifia la victoire par l'humanité! En elle ont pris une figure et un nom tous ces sacrifices anonymes dont est faite la grandeur de la France.

Mais quoi! Jeanne d'Arc n'a-t-elle pas été une dévote qui croyait aux puissances surnaturelles? « *Comment les républicains s'y prendront-ils,* » demande M. Jean Macé, d'accord avec les publicistes du *Monde* et de l'*Univers*, « *pour raconter à nos paysans la légende de Jeanne d'Arc? Le prêtre seul n'aura rien à renier en se faisant l'historien de la Pucelle.* »

Parler ainsi, c'est imaginer à tort que le régime républicain exclut la foi. Pour être l'amie de la tolérance, la République n'est pas l'ennemie de la religion. Nullement sectaire, elle n'impose ni croyance, ni négation. Elle entend seulement sauvegarder la liberté des consciences. Il lui appartient d'assurer à tous une place égale au soleil de la pensée.

Seuls les prêtres pourront parler de Jeanne d'Arc sans avoir rien à renier? Vraiment? Pas même son jugement, sa condamnation et son supplice?

N'est-ce pas un tribunal ecclésiastique qui jugea, condamna, livra au bûcher la Pucelle, comme « *blasphématrice, superstitieuse, mécréante, schismatique, idolâtre, hérétique, relapse, membre pourri de la société des fidèles?* » Ne vit-on pas tremper dans cette iniquité des centaines de dignitaires de l'Église, évêques, abbés crossés et mitrés, prieurs, moines, archidiacres, théologiens de l'Université, chanoines, tous Français, servant les haines anglaises et déclarant *n'avoir devant les yeux que l'honneur de la foi orthodoxe?*

Faut-il ajouter aux prêtres qui condamnèrent les prêtres qui laissèrent condamner?

Les examinateurs de Poitiers, qui n'avaient trouvé dans Jeanne que « bien et honneur », ne protestèrent pas contre les juges de Rouen. Quant à l'archevêque de Reims, aussi vil que l'évêque de Beauvais, l'évêque de Thérouanne, l'évêque de Noyon, l'évêque de Lisieux, l'évêque de Coutances, le cardinal de Winchester, l'évêque de Norwich, il osa écrire que la prisonnière des Anglais *subissait un juste châtiment de Dieu.*

Du moins, le crime accompli, les auteurs du crime furent-ils punis? Nullement. Ni pape, ni concile ne sévirent contre eux. Tous furent maintenus dans les belles situations qu'ils occupaient, et plusieurs furent élevés à de plus hautes dignités par le souverain pontife. Tels Roussel, fait archevêque de Rouen; Pasquier, fait évêque de Meaux; Gilles fait évêque d'Évreux; Lefèvre, fait évêque de Démétriade.

On a dit que l'évêque Cauchon fut excommunié en châtiment de son forfait. — En effet, Cauchon fut excommunié, mais après avoir été promu au siège épiscopal de Lisieux. Et pourquoi fut-il excommunié?

Pour avoir refusé d'acquitter un léger droit que lui réclamait le Vatican.

Tous les documents de l'époque nous montrent Rome et la papauté autorisant et sanctionnant le crime abominable commis à Rouen, avec une solennité sans pareille, au nom de l'orthodoxie catholique.

Le tribunal de réhabilitation, qui se fit attendre vingt-cinq ans, et fut convoqué pour des raisons de pure politique par les amis du roi Charles VII, consacra l'impunité des bourreaux en même temps qu'il proclama l'innocence de la suppliciée. De plus, s'il déclara Jeanne exempte du crime d'hérésie, il admit qu'hérétique elle aurait mérité le feu, et consacra ainsi, à l'exemple des premiers juges, ce néfaste principe de l'intolérance dont elle fut la victime.

Aujourd'hui, libre aux prêtres d'honorer celle que des prêtres brûlèrent. Libre aux prêtres de déclarer sainte celle que des prêtres firent martyre. Mise sur le bûcher au nom de la foi, qu'au nom de la foi Jeanne soit mise sur les autels : nous l'acceptons. Mais ne revendiquez pas pour les prêtres le monopole de son culte, et tolérez qu'elle soit également glorifiée par ceux qui répudient les maximes inquisitoriales des deux tribunaux de Rouen !

Pareille à l'or affiné par le feu, la vertu resplendit plus pure au creuset de la souffrance. C'est aux heures de sa passion, quand les docteurs de la loi et les princes des prêtres conspirent sa mort, que Jeanne s'élève au faîte de l'héroïsme. Après avoir personnifié les inspirations du patriotisme, elle personnifie les droits de la conscience; oppose la voix intérieure aux consignes épiscopales, supporte la prison et les fers, brave la torture, ne défaille un moment que pour se relever plus grande, accepte de mourir plutôt que de renier l'intime témoignage de son âme, et, du haut de son calvaire, s'écrie : « De ce que j'ai fait et dit, je m'attends et rapporte à Dieu seul. »

Et pourtant, c'était bien une croyante, une enfant pieuse et docile. Comment a-t-on pu contester la ferveur de sa foi, établie par tous les témoignages? Cette ferveur reconnue, pourquoi s'en étonner ou la regretter? Rien de grand ne se fait sans une foi profonde. Le scepticisme ne fonde rien. Ayez des convictions de dévot ou de philosophe, mais ayez des convictions.

De son catholicisme Jeanne fit la religion de la patrie. En ses saintes elle incarnait son idéal, comme en son roi la France.

On est surpris de ses visions et de ses voix. Mais, ce qu'elle vit par-dessus tout, c'est la grande pitié qui était dans le royaume; ce qu'elle entendit, c'est le cri de la patrie en détresse.

Jeanne, enfant, n'avait-elle pas ouï conter l'histoire de Debora sauvant Israël; de sainte Geneviève arrêtant les hordes d'Attila; de saint Michel, l'archange populaire à l'épée flamboyante, dont l'Abbaye, — cette merveille de granit qui devrait être transformée en temple de Jeanne d'Arc, — attirait des milliers de pèlerins; de sainte Marguerite piétinant le démon; de sainte Catherine conversant avec les anges; de toutes ces vierges de la légende dorée en qui la chasteté fécondait vertus et miracles? Ne voyait-elle pas le peuple dans l'attente d'une femme qui réparerait les maux faits par une autre femme, l'immonde Isabeau, et foulerait le léopard anglais sous son pied virginal, comme saint Michel le dragon? N'était-il pas inévitable qu'en un temps où il n'était question que d'apparitions, cette âme ardente incorporât les aspirations de son patriotisme dans les formes vivantes de sa foi?

Va-t-on ne pas admirer le dévouement de Décius parce qu'il croyait aux dieux infernaux, ou rapetisser le grand Scipion parce qu'il interrogeait les entrailles des victimes avant de battre les Carthaginois? Pense-t-on que la gloire de Marathon, de Platée, de Salamine, soit gâtée par les consultations de la Grèce à l'oracle de Delphes?

Qu'on cesse donc d'ergoter sur la crédulité et les visions de Jeanne! Qu'elle ait eu des troubles nerveux comme les Socrate et les Pascal, les Mahomet et les Napoléon; qu'elle ait été superstitieuse ou hallucinée, je n'ai souci de le savoir. Ce que je sais, c'est qu'elle a sauvé la France et révélé à l'humanité le type le plus pur de la beauté morale. Par ses croyances, elle fut de son temps; par ses vertus, elle domine tous les temps. Vous incriminez ses superstitions et ses hallucinations.

Moi je les bénis si elles ont été la rançon de son héroïsme. Soyez grands; sauvez la patrie, et croyez ce que vous voudrez!

« *Pas de fête nationale possible*, dit M. Jean Macé, » *sans glorification publique, entière, sans réserve, de* » *ce qui la motive.* »

A ce compte, il faut abandonner la fête du 14 Juillet. Ne rappelle-t-elle pas des souvenirs de guerre civile, des massacres, des férocités de cannibales? La relation de la défense de la Bastille par l'invalide Guiot de Bléville, éditée en 1884, n'a-t-elle pas confirmé les récits qui nous montraient les agresseurs de la forteresse souillant par de criminelles violences un facile triomphe?

Écoutez Saint-Just : « L'amour de la liberté fut une » saillie, et la faiblesse enfanta la cruauté. Je ne sache » pas qu'on ait jamais vu, sinon chez les esclaves, le » peuple porter la tête des plus odieux personnages » au bout de lances, boire leur sang, leur arracher le » cœur et le manger. On verra un jour, et plus » justement peut-être, ce spectacle affreux en Amé- » rique. Je l'ai vu à Paris; j'ai entendu les cris du » peuple effréné qui se jouait avec des lambeaux de » chair en criant : « Vive la liberté! Vivent le roi et » M. d'Orléans! »

Babeuf lui aussi déplore, en les expliquant comme Saint-Just par l'influence démoralisante des cruautés monarchiques, les manifestations barbares dont les Flesselles, les Foulon, les Berthier, furent les sanglantes victimes. Dans une lettre à sa femme, il nous montre des milliers de spectateurs apostrophant de eurs joyeuses invectives les têtes qu'on promenait sur des piques, et il ajoute : « Oh! que cette joie me faisait » mal! J'étais tout à la fois satisfait et mécontent. Je » disais tant mieux et tant pis. Je comprends que le » peuple se fasse justice; j'approuve cette justice, lors» qu'elle est satisfaite par l'anéantissement du coupable; » mais pourrait-elle aujourd'hui n'être pas cruelle? Les » supplices de tout genre, l'écartèlement, la torture, » la roue, les bûchers, le fouet, les gibets, les bour» reaux multipliés partout, nous ont fait de si mauvaises » mœurs! Les maîtres, au lieu de nous policer, nous » ont rendus barbares, parce qu'ils le sont eux-mêmes. » Ils récoltent et récolteront ce qu'ils ont semé. Car » tout cela, ma pauvre petite femme, aura des suites » terribles : nous ne sommes qu'au début. »

Certes, en lisant ces témoignages et tant d'autres qu'il serait facile d'y joindre, on comprend qu'un grand nombre de républicains — tels que Louis Blanc, qui se prononçait pour le 21 septembre — aient préféré à l'anniversaire du 14 juillet d'autres anniversaires, notamment le 4 août, pour la fête de la République. Oui, la prise de la Bastille fut mêlée de méfaits tragiques ou grotesques. Il n'y a pas à les glorifier. Il faut les déplorer. Mais en est-il moins vrai que la destruction de cette forteresse du bon plaisir inaugura la destruction de l'ancien régime? Avec les murs de la Bastille tombèrent les privilèges; et de ses débris sortirent l'égalité, la liberté, les droits de l'homme et du citoyen. « C'est donc une révolte? » disait Louis XVI. — « Non, lui fut-il répondu, c'est une révolution. »

La Bastille symbolisait l'ordre ancien. Sa chute fut le signal de l'ordre nouveau. « A bas les donjons ! Plus d'arbitraire ! » Tel fut le cri universel. Tous les porte-couronnes frissonnèrent de peur ; tous les peuples tressaillirent d'allégresse. En Italie, Beccaria et Alfieri, en Allemagne, Kant, Gœthe et Schiller, battirent des mains. Les Anglais célébrèrent l'événement par des banquets et des représentations scéniques. En Russie, au rapport du comte de Ségur, les serfs se jetaient dans les bras les uns des autres en s'écriant avec des larmes de joie : « La Bastille est prise ! » Spectateur clairvoyant, le duc de Dorset, ambassadeur du roi George III à Paris, écrivait à son gouvernement : « Cette chute de la Bastille est l'accomplissement de » la plus grande révolution dont l'histoire ait » conservé le souvenir. »

Le vieux sol déblayé et la fraternité civique fondée, voilà ce que nos pères ont vu dans le 14 juillet, dont ils firent dès 1790 la fête de la fédération. Fête admirable où la France, debout au Champ-de-Mars autour de l'autel de la Patrie, prenant conscience de son unité et sentant se lever une aurore, fut prise d'un vertige d'enthousiasme qui fit se jeter dans les bras les uns des autres nobles et roturiers, Parisiens et délégués des provinces, soldats et bourgeois, unanimes à jurer amour et fidélité au droit, à la liberté, à la Nation!

Mais est-il admissible qu'un pays ait deux fêtes nationales? L'une ne nuirait-elle pas à l'autre?

Objection puérile que l'histoire réfute. L'Amérique, outre sa fête de l'indépendance, a sa fête de Washington. L'empire allemand a sa fête de l'empereur, sa fête de la victoire et sa fête de la ligue des guerriers. La monarchie de Louis-Philippe solennisait, outre le 1er mai, les trois Glorieuses de juillet. Le Consulat fêtait, avec le 14 juillet, le 21 septembre, date de la fondation de la République.

La Révolution avait multiplié les fêtes : fêtes politiques, célébrant les dates glorieuses du nouveau régime; fêtes morales, célébrant les vertus les plus utiles à la société humaine; fêtes civiles, célébrant les bienfaits de la nature et de la civilisation. Mirabeau, Vergniaud, Barnave, Condorcet, Sieyès, Bernardin de Saint-Pierre, Talleyrand, Lakanal, Carnot, Hoche, Camille Desmoulins, Danton, Robespierre, Couthon, Saint-Just, Lepelletier de Saint-Fargeau, Collot d'Herbois, Daunou, Thirion, Robert Lindet, Grégoire, François de Neufchâteau, Boissy d'Anglas, Rabaut-Saint-Étienne, Larevellière-Lépeaux, Billaud de Varennes, Barère, Ducos, Romme, Dupuis, Lagrange, Lalande, Monge, Chaptal, Volney, Saint-Lambert, Destutt de Tracy, Jean-Baptiste Say, s'accordent, en divers endroits de leurs discours ou de leurs écrits, à exalter l'institution de ces fêtes, dont Fabre d'Églantine et

Joseph Chénier furent les principaux poètes et David le grand organisateur.

Mais, si elle eut le mérite de comprendre que les solennités nationales sont un élément essentiel de l'éducation publique et qu'il fallait accommoder les vieilles mœurs aux lois nouvelles en captivant les imaginations, la Révolution eut le tort de trop vouloir faire table rase du passé et de verser dans un symbolisme affadi par l'abus de froides abstractions. Nous ne pouvons par exemple nous empêcher de sourire en songeant à cette *fête de la paternité* où le père de famille, entouré de sa nombreuse postérité, devait à heure fixe regarder ses enfants d'un œil attendri, et d'où devait être « impitoyablement exclu le « froid célibataire dont l'âme de glace n'a jamais » senti le bonheur d'être père ». Il n'en est pas moins vrai qu'aux premiers temps, avant d'être discréditées par l'exagération de leur nombre et par les expédients artificiels de leur célébration, les fêtes révolutionnaires furent un principe fécond d'enthousiasme, d'union et de progrès.

Ne faut-il pas parler aux yeux pour graver les idées dans les âmes? N'est-il pas vrai que les sentiments, dans chacun, se fortifient en s'exprimant, et, dans une foule, se décuplent en se communiquant? N'y a-t-il pas une vertu régénératrice dans l'évocation des grandes mémoires?

L'histoire nous montre les anciennes républiques

ayant pour principal organisme un magnifique ensemble de fêtes qui créaient et maintenaient le faisceau des forces morales dont la patrie était faite.

Aveugles ces apôtres de la raison pure qui veulent parquer nos démocraties dans le domaine des pures idées. Les abstractions sont viande creuse. Le peuple sent plus qu'il ne réfléchit. Un régime n'est sacré que quand il a pris corps dans un symbolisme vivant.

Le goût des fêtes est usé, dit-on. Erreur! L'humanité a beau être bien vieille, les générations qui se succèdent ont leur période de jeunesse. Tout peuple est enfant et a besoin d'être enfant à ses heures. Moitié lutte, moitié jeu, telle doit être la vie. Baignez les jeunes cœurs dans une joyeuse atmosphère d'admiration et d'amour pour ce qui fut grand, et vous les ferez grands.

Ce sont des doctrines de mort ces doctrines qui prétendent renfermer l'humanité dans l'utile. Ne voyant que ce qui sert à la vie, elles oublient ce qui en fait le prix. Celui-là seul jouit de l'existence qui, à certaines heures, s'émancipe des servitudes de l'égoïsme et respire du côté de l'idéal. Il y a en chacun de nous autre chose qu'une machine de production et de consommation, il y a l'homme. Si de nobles objets ne sont offerts à ce besoin d'exaltation qui travaille les âmes, elles s'enlizent dans les plus basses dépravations.

Aliment nécessaire aux besoins supérieurs de notre nature, les fêtes sont à la fois la poésie et la musique des idées. Mortes les idées, les fêtes vivent encore; et on voit des cultes éteints ranimer leur flambeau de vie dans les enchantements de leurs fêtes séculaires.

Le paganisme dut à ses magnifiques solennités de traîner son agonie pendant plus de quatre cents ans et de se survivre dans les emprunts que lui fit la religion nouvelle.

C'est en partie par le prestige de ses fêtes, par son admirable génie du décor et de la mise en scène, que le catholicisme a conquis les barbares, attire les sauvages et retient les civilisés.

Le 14 Juillet excepté, que sont en France toutes les fêtes légales? Des fêtes religieuses. Hier encore, le gouvernement républicain, accommodant la loi au fait, consacrait comme jours fériés les lundis de Pâques et de la Pentecôte.

La critique a beau ébranler la croyance, les pratiques traditionnelles persistent. Le peuple reste fidèle à ses dimanches; il célèbre la Toussaint, la Noël, le jour des Rois, Pâques, l'Ascension; il tient aux pompes poétiques des premières communions, des mariages et des enterrements religieux.

A un jour fixé par le calendrier catholique, les vivants s'empressent au champ des morts pour saluer et fleurir les tombes : gens de tous partis et de toutes sectes, crédules et incrédules; les uns ayant foi en l'immortalité des âmes et sentant à l'entour de leur vie l'ombre errante des êtres jadis aimés; les autres ne croyant qu'à la pauvre humanité dont le vieil arbre se rajeunit tandis que s'effeuillent les générations humaines et n'admettant que la survivance des œuvres du génie et de la vertu ; tous rapprochés dans une commune évocation de ceux qui ne sont plus.

Que conclure, sinon que le sentiment religieux est le viatique nécessaire d'un peuple? Le sentiment religieux peut se transformer; il ne saurait périr. On ne supprime pas le pain des âmes. Bien ou mal, il faut qu'à certains jours elles communient dans le culte de l'idéal.

S'il est prouvé que les fêtes sont indispensables et que nous devons nous ingénier à en créer qui élèvent les cœurs, avivent les enthousiasmes, développent le génie national, peut-on ne pas établir, à côté de la fête de la liberté, placée sous l'invocation des démolisseurs de la Bastille, la fête du patriotisme, placée sous l'invocation de la libératrice de la France? Le patriotisme ne doit pas abuser des démonstrations; mais il doit être démonstratif. En ces temps d'anarchie morale, parmi les décombres des métaphysiques et des religions, un sentiment est demeuré debout, grandi dans le feu de nos révolutions et de nos guerres, le sentiment de la patrie. Donnons-lui un aliment qui le fortifie, et que, dans notre pays, l'enseignement civique ait pour sanction, outre la fête du civisme combattant pour la liberté contre les despotes, la fête du civisme combattant pour l'indépendance contre l'étranger ! Ni l'Orient, avec toutes ses légendes, ni la Grèce, avec tous ses poèmes, n'ont rien conçu de comparable à cette Jeanne d'Arc que l'histoire nous a donnée. Et nous hésiterions à faire de l'héroïque vierge notre Pallas Athénée! Ce serait un acte d'impiété nationale. Il ne sera pas commis. Il y a eu en France une personnalité sublime, Jeanne d'Arc, et une chose sublime, la Révolution. La Révolution a sa fête; Jeanne d'Arc aura la sienne.

Quelle poésie dans cette fête arrivant avec les vertes poussées du printemps! Mai, ensoleillé et fleuri, est le roi des mois. Il y a comme un symbole de la patrie régénérée dans le rajeunissement de la nature qui renaît à la vie et à l'amour.

La fête de Jeanne ne saurait être enfermée dans le cercle des banalités de commande, fanfares, jeux forains, illuminations, feux d'artifice. Il y faudra le concours de toutes les forces sociales. La fastueuse monotonie des réjouissances purement officielles trouve froids les spectateurs. Une fête ne va au cœur du peuple que quand elle est l'œuvre du peuple. Elle doit laisser les yeux éblouis et les âmes émues. Que la vision en reste à l'enfant et que l'enseignement s'en impose à l'homme!

Le jour de la fête du patriotisme, chaque région de la France évoquerait son passé, remémorerait ses beaux faits, honorerait le souvenir de ses illustres patriotes, ressusciterait, dans les costumes, dans les cortèges, dans les jeux, dans les chœurs, quelques-unes de ses vieilles traditions; les maisons seraient tapissées de feuillage et les rues jonchées de fleurs; les deux sexes s'ingénieraient à varier les courses et les exercices où se déploient la force, l'adresse, l'agilité, le courage et la beauté; jeunes gens et jeunes filles mêleraient à leurs rondes joyeuses autour d'un grand arbre rappelant l'arbre des fées les danses si pittoresques et si gracieuses du temps jadis; les familles se donneraient la joie de ces ravissantes fêtes d'enfants si populaires en Suisse et en Allemagne; l'armée exécuterait des cavalcades, des tournois, qui feraient revivre la France du passé devant la France d'aujourd'hui; les artistes exhumeraient, à côté d'œuvres de circonstance, les plus belles créations de l'ancienne musique et de l'ancienne poésie; les théâtres, les salles publiques, les églises, les temples et les synagogues consacreraient des représentations scéniques, des récits historiques, des conférences, des sermons à Jeanne d'Arc et aux autres gloires de la patrie; les jeunes filles, vêtues de blanc et couronnées de fleurs, marchant à la tête d'une procession aux flambeaux, allumeraient, la nuit venue, de grands feux qui rappelleraient le bûcher où Jeanne reçut l'apothéose du martyre et ces feux de joie où nos pères les Gaulois symbolisaient, au solstice d'été, le mouvement, la vie et la pensée; les autorités décerneraient des médailles aux parents qui auraient le plus de fils sous les drapeaux et inscriraient solennellement au nombre des citoyens tous les jeunes gens atteignant dans l'année l'âge fixé pour le droit de vote.

Mais pourquoi donner des détails? La fête serait

diversifiée selon les inspirations que les temps et les lieux suggéreraient au peuple. L'essentiel serait qu'à la glorification de Jeanne d'Arc et de la patrie fût associée l'apothéose du printemps et de la femme [6].

Chose frappante! Jeanne ne fut enviée, outragée, persécutée que par des hommes. Pas de femme qui ne l'aime et l'honore. Durant sa captivité, les parentes de Jean de Luxembourg, les dames du Crotoy et d'Abbeville, s'empressent autour d'elle. Aux jours de son triomphe, femmes et jeunes filles lui courent au-devant et baisent ses joues, ses mains, ses vêtements. N'étaient-elles pas les descendantes des patriotes dont Du Guesclin disait : « Il n'y a fileuse qui ne filât une quenouille pour parfaire ma rançon »? Elles sentaient bien que, sous ses habits d'homme, Jeanne, soldat de la France, glorifiait son sexe, loin de le déshonorer.

La vierge à qui nous devons de n'être pas Anglais a préservé d'un alliage étranger ce composé exquis de beauté et de grâce, d'esprit et de goût, d'enthousiasme et de bon sens, qui s'appelle la femme française.

Aux femmes françaises de prendre à cœur la glorification de Jeanne d'Arc et de jeter ce grand nom en défi à tous les égoïsmes, à toutes les lâchetés, à toutes les intolérances.

N'est-ce pas le propre des figures féminines d'exercer sur les masses une séduction puissante? Voyez Isis, Minerve et les autres déesses, dans le Panthéon païen; la vierge-mère et les saintes, dans le Panthéon chrétien.

Notre fête du patriotisme sera d'autant plus poétique qu'elle sera la fête d'une femme, et par là même la fête de toutes les femmes.

Et qui ne prévoit le profit moral d'une fête intéressant plus particulièrement nos mères, nos épouses, nos sœurs, nos filles? Combien les grandira le retour annuel d'une solennité ajoutant au culte du foyer l'enthousiasme de la patrie! Or, ce que perd ou gagne la femme, l'homme le perd ou le gagne. L'homme est l'action; la femme est l'inspiration; l'homme fait les institutions; la femme inculque les mœurs; l'homme moule le corps social; la femme y insuffle une âme. Quel homme ne se sent dispos pour le sacrifice quand il a reçu d'une femme, avec le baiser de l'amour, la consigne du devoir? [1]

Puisse le vingtième siècle ouvrir en France une ère d'apaisement, de conciliation et de glorieuses revanches, sous les auspices de Jeanne d'Arc ralliant tous les partis dans le culte de la patrie!

Morte, Jeanne renouvellera le miracle qu'elle accomplit vivante. Pareil au reflet d'un astre lointain qui au bout de plusieurs centaines d'années arrive à notre terre, le rayonnement de cette éclatante vertu aura percé la nuit de quatre siècles pour nous apporter une aurore.

NOTES

1. (P. 211). Si on trouvait désirable de ne pas augmenter le nombre des jours fériés, on pourrait adopter, pour la fête annuelle de Jeanne d'Arc, le deuxième dimanche de mai, jour anniversaire de la délivrance d'Orléans.

2. (P. 216). Voici l'énumération d'une partie des feuilles parisiennes où parurent des articles favorables :

Annales Politiques et Littéraires ; — Archives diplomatiques ; — Armée Française ;

Bulletin de la Réunion des officiers ;

Débats ; — Défense ; — Défenseur ; — XIX Siècle ; — Drapeau ;

Écho de Paris ; — Evénement ; — États-Unis d'Europe ; — Étincelle ;

Famille ;

Figaro ; — France ; — France Libre ; — France Militaire ;

Gaulois ; — Gazette du Village ; — Gil-Blas ; — Globe ;

Hôtel-de-Ville ;

Illustration ;

Journal du Protestantisme Français ;

Lanterne ; — Liberté ; — Lumière ;

Matin ; — Moniteur des Consulats ; — Moniteur Universel ; — Musée des Familles ;

Nation ; — National ; — Nouvelle Presse ; — Nouvelle Revue ;

Paris ; — Paix ; — Petit Journal ; — Petit Moniteur Universel ; — Petit Parisien ; — Presse ; — Presse Illustrée ;

Rappel ; — République Radicale ; — Revue de l'Enseignement secondaire ; — Revue de Géographie ; — Revue Historique ; — Revue Libérale ; — Revue de la Mode ; — Revue du Monde latin ; — Revue Pédagogique ; — Revue du Progrès social ; — Revue de la Révolution ;

Siècle ; — Soir ; Soleil ;

Télégraphe; — Temps; — Tirailleur; Voleur; — Voltaire.

Parmi les auteurs d'articles favorables il y a à citer :

Daniel d'Arc; Pierre d'Arc; Hubertine Auclerc;

Paul Bert; Henri de Bornier; Louis Bougier; Francisque Bouillier; Élémir Bourges; Beurier; Charles Bigot; de Blowitz; Jules Brisson; Auguste Burdeau, député;

Canivet; Gaston Carle; Joseph Chailley; Francis Charmes; Chincholles; Choppin; Claveau; Coffinier; Paul Coffinières; Colfavru, député; Colombine; Emile Corra;

Dancourt; Jean Darcy; Deloncle; Albert Delpit; Deluns-Montaud, député; Depasse; Paul Déroulède; Derou; Adrien Desprez; Ludovic Drapeyron; Camille Dreyfus, député; Édouard Drumont; Emmanuel Ducros; Eugène Dugué;

Armand Ephraim; l'Ermite de la Chaussée-d'Antin; Escande, député; Escoffier;

François Fabié; Lucien Faucou; Eugène Floux; Paul Foucher; Henry Fouquier; Élie Fourès; Anatole France; Franck; Jean Frollo;

Émile Gassmann; Jean des Gaules; Gaulier, député; Hippolyte Gautier; Jules Gautier; Philippe Gilles; Paul Ginisty; Thomas Grimm;

Jules Hoche; Clovis Hugues, député;

Jacquot; Henry Joly; Jullien, député;

Louise Koppe;

Léopold Lacour; Anatole de La Forge, député; La Fresnaye; Henri de Lapommeraye; Charles Laurent; Bernard Lavergne, député; Paul Leconte; Le Flaneur; Le Maréchal; Charles Lemonnier; Charles Lemire; Jules Lermina; Jules Levallois; Eugène Liébert; Paul Louzon; Louis Liévin;

Francis Magnard; Maréchal; Mathabel; Henry Michel; Léon Millot; Gabriel Monod; Frédéric Montargis; Joseph Montet; E. Moreau.

Lucien Nicot; Niel; Jean de Nivelle; Nouguier;

Gabriel d'Orcet; Dionys Ordinaire, député;

Frédéric Passy, député; Louis Pauliat; Perdican; Édouard de Perrodil; Abel Peyrouton;

Adolphe Racot; Emmeline Raymond; Joseph Reinach; Émile Richard; Rivière, député; Robinson; Elzéar Rougier;

Santillane; Francisque Sarcey; Léon Séché; Théodore Stanton; Jules Steeg, député, qui aux articles ajouta de beaux discours;

Jules Troubat;

Louis Ulbach;

Marius Vachon; Auguste Vacquerie; Vernet; Varambon (Mme), secrétaire de l'Union des femmes de France; Emmanuel Vauchez, secrétaire général de la Ligue de l'Enseignement.

De nombreuses conférences furent faites dans les divers quartiers de Paris et sur tous les points de la France par l'auteur du présent ouvrage. Partout l'approbation la plus vive fut donnée au projet de glorification de Jeanne d'Arc.

Je défère au vœu de M. Jules Soury en publiant une déclaration, insérée au Journal des Débats du 27 juin 1884, déclaration toute spontanée et qui lui fait le plus grand honneur.

A Monsieur Joseph Fabre, député.
A l'auteur du livre de Jeanne d'Arc.

Touché, comme je dois l'être, par la tristesse de mes amis et par la douloureuse indignation de tant d'âmes simples et bonnes, dont la délicatesse doit être respectée, j'efface de moi-même et bien volontiers, car les droits de la science n'ont rien à faire en l'espèce, les trois mots malsonnants, de pure polémique, que j'ai écrits, il y a onze ans, dans le journal la République française, *non point contre Jehanne la Lorraine, mais contre « l'héroïne du drapeau blanc », comme en témoignent assez et la date de 1873 et les événements politiques que cette date rappelle.*

Jules Soury.

Les trois mots malsonnants étaient : « Pauvre garçon enjuponné. » Ils mirent en grande colère Gambetta.

3 (P. 213). Voici, par ordre alphabétique, les noms des 252 députés signataires de la proposition de loi :

Achard — Alicot — Andrieux — Arène (Emmanuel).

Bacquias — Ballue — Baltet — Barbedette — Barodet — Bastid — Bavoux — Bel (François) — Belon — Benoist — Bernard (Doubs) — Bernard (Nord) — Bernier — Bernot — Bert (Paul — Bischoffsheim — Bizarelli — Bizot de Fonteny — Blancsubé — Bontoux — Borriglione — Boucau — Bouchet — Bougues — Boulard — Bourrillon — Bousquet — Bovier-Lapierre — Boysset — Brelay — Bresson — Brialou — Brossard — Brousse (Émile) — Brugère — Brugnot — Bury — Buvignier — Buyat.

Carette — Carnot (Sadi) — Casse (Germain) — Cavalié — Cayrade — Cazauvieilh — Caze — Chantemille — Chavanne (Rhône) — Chavoix — Christophle — Compayré — Constans — Corentin Guyho — Cornudet — Courmeaux — Couturier — Cunéo d'Ornano.

Daumas — Dautresme — David (Jean) — Delattre — Deluns-Montaud — Denayrouze — Deprogo — Desmons — Descamps — Dethomas — Devade — Develle (Edmond) — Devès (Paul) — Douville-Maillefeu (comte de) — Dreyfus — Drumel — Dubois — Dubost (Antonin) — Duchasseint — Duclaud — Ducroz — Dureau de Vaulcomte — Dusolier (Alcide) — Duval (Haute-Savoie) — Duval (Raoul) — Duvaux — Duvivier

Escande — Escanyé — Esnault. — Étienne.

Fabre (Joseph) — Farcy — Faure (Félix) — Féau — Ferry (Albert) — Ferry (Charles) — Floquet — Forné — Fousset — Franck-Chauveau — Fréry — Frogier de Ponlevoy.

Gaillard (Jules) — Gaitier — Garrigat — Gasconi — Gatineau — Gaudy — Germain (Hte-Garonne) — Gerville-Réache — Gilliot — Girard (Alfred) — Giraud (Henri) — Girault (Cher) — Giroud — Gomot — Goblet (René) — Granet — Graux (Georges) — Greppo — Guichard — Guillemin — Guillot (Louis) — Guyot.

Henry (Edmond) — Hérédia (de) — Hérisson (Nièvre) — Horteur — Hugues (Clovis) — Hugot — Hurard.

Janzé (baron de) — Jametel — Joubert — Jullien.

Labrousse — Labussière — Lacote — Lacretelle (Henri de) — Lacroix (Sigismond) — Lafitte de Lajoannenque — La Forge (Anatole de) — Lagrange — Laguerre — Laisant — Lanessan (de) — La Porte (de) (Deux-Sèvres) — La Porte (Gaston) — Lasbayssès — Laurençon — Lavergne (Bernard) — La Vieille — Lebaudy — Le Cherbonnier — Lechevallier — Lecomte

Maxime (Nord) — Le Comte (Mayenne) — Leconte (Indre) — Lefèvre (Ernest) — Legrand (Pierre) — Lelièvre — Lenient — Lepère — Leroy (Arthur) — Lesguillier — Letellier — Levet — Leydet — Liouville — Lockroy — Lombard — Loranchet — Loubet — Loustalot.

Mahy (de) — Maigne — Maillevialle — Maugon (Hervé) — Marcou — Maret (Henry) — Margaine — Margue — Marquiset — Mas — Massip — Mauguin — Maurel (Var) — Mayet — Maze (Hippolyte) — Ménard-Dorian — Mézières — Montané — More (Manche).

Nadaud (Martin) — Noblot — Noël-Parfait.

Ordinaire (Dionys).

Papinaud — Papon — Passy (Frédéric) — Pelisse — Pellet (Marcellin) — Pelletan (Camille) — Petitbien — Philippoteaux — Picard (Arthur) — Pieyre (Adolphe) — Plessier (Victor) — Plichon — Pradal — Pradet-Balade — Préveraud — Proust (Antonin).

Ranc — Récipon — Renault (Léon) — Revillon (Tony) — Richard — Ringuier — Rivet (Gustave) — Rivière — Robert (Edmond) — Roche (Jules) — Roche (Georges) — Rodat — Roger — Roque (de Filhol) — Roquet — Rousseau — Royer — Roys (marquis de) — Rozières.

Saint-Martin (Vaucluse) — Sarrien — Sarlat — Screpel — Soustre — Steeg (Jules).

Tassin — Ténot — Trouard-Riolle — Truelle — Turquet (Edmond).

Vermond — Vergigny — Viette — Villain — Viox.

Waddington — Wilson.

La campagne poursuivie pour que, chaque année, au mois de mai, la Pucelle soit « fêtée partout et par tous » suggéra au *Figaro* l'idée de « *faire plébisciter les Quarante, » représentation raffinée de la vraie France, à propos de Jeanne » d'Arc* ». Trente-neuf académiciens, faisant largesse d'autographes variés, se prêtèrent de bonne grâce à ce concours apologétique, et leurs témoignages furent publiés dans le supplément du *Figaro*, le 13 août 1887, avec cette conclusion du journaliste consultant : « *Le plébiscite a réuni l'unanimité*

» *des suffrages exprimés. Que dire de plus, et n'ont-ils pas raison* » *ceux qui désirent que tous les Français choisissent Jeanne d'Arc* » *pour la patronne de la France?* »

4 (P. 213). Les objections ici combattues ont été formulées dans la *République française* (24 juin 1884) et dans la *Petite République* (9 juillet 1884) [deux ans après la mort de Gambetta que j'avais pressenti et qui était tout conquis] par un anonyme et par Jean Macé, de qui sont les mots mis entre guillemets. Sur cette question, Emmanuel Vauchez, le secrétaire général de la Ligue de l'Enseignement, se sépara avec éclat de Jean Macé, président de la Ligue, dans une éloquente lettre publiée par le *Temps*.

Le *Monde* et l'*Univers*, de leur côté, attaquèrent vivement l'institution d'une fête de Jeanne d'Arc par la république, et soutinrent qu'il n'appartenait qu'aux catholiques et aux royalistes de célébrer la Pucelle.

5 (P. 213) En 1878, année où fut célébré le centenaire de Voltaire, Gambetta disait, dans un discours prononcé au Cirque américain, à la suite d'une conférence de M. Spuller sur la fraternité :

« Assez de divisions ! Il faut en finir avec les querelles historiques. On doit passionnément admirer la figure de la » Lorraine qui apparut au XVe siècle pour abaisser l'étranger et » pour nous redonner la patrie ; et en même temps, dans ce » Paris tout imprégné du génie de celui qui fut le vrai roi de » la philosophie du dix-huitième siècle, on doit acclamer le » nom de Voltaire, en dépit d'attaques, dont son ombre ne » peut pas plus s'émouvoir que ne s'émeut le dur diamant sous » l'atteinte de la lime ou de l'acier. Quant à moi, je me sens » l'esprit assez libre pour être le dévot de Jeanne la Lorraine, » et l'admirateur et le disciple de Voltaire. »

De son côté, Jules Favre prononça en 1874, à Anvers, un panégyrique de Jeanne d'Arc qui se terminait ainsi :

« Jeanne, Pucelle d'Orléans, c'est la France ! la France bien-» aimée à laquelle on se doit dévouer d'autant plus qu'elle est » malheureuse ; c'est plus encore, c'est le devoir, c'est le sacri-» fice, c'est l'héroïsme de la vertu ! Les siècles reconnaissants » n'auront jamais assez de bénédictions pour elle. Heureux si

» son exemple peut relever les âmes, les passionner pour le » bien et répandre sur la patrie entière les germes féconds des » nobles inspirations et des dévouements désintéressés! »

Avant Jules Favre, Eugène Pelletan avait admiré dans Jeanne la patronne de la démocratie : « O noble fille, disait-il en 1850, » tu devais payer de ton sang la plus sublime gloire qui ait » sacré une tête humaine. Ton martyre devait diviniser encore » plus ta mission. Tu as été la plus grande femme qui ait » marché sur cette terre des vivants. Tu es maintenant la plus » pure étoile qui brille à l'horizon de l'histoire. »

Enfin Barbès, ce républicain qu'on a surnommé le Bayard de la démocratie, écrivait en 1866 :

« J'aime passionnément l'héroïque fille qui sauva la France et » l'empêcha d'être anglaise. Je voudrais — et cela se fera, » j'espère, un jour — qu'on lui élevât une statue jusque dans » nos plus petits hameaux. »

II. — SYMPATHIES ANGLAISES POUR LA FÊTE FRANÇAISE DE JEANNE D'ARC

Soit ! La fête de Jeanne d'Arc ne pourra que rallier Françaises et Français. *Mais que dira l'Angleterre ?*

Faire cette objection, c'est injurier la France.

Mais ce n'est pas seulement injurier la France : c'est calomnier l'Angleterre.

A l'exemple du poète Robert Southey, l'élite des écrivains anglais exalte notre héroïne, aussi humaine que vaillante, aussi douce aux vaincus que terrible aux envahisseurs, et pensé comme l'Allemand Guido Goerres, qui s'écriait en 1834 : « Souvenons-nous que la Pucelle n'a pas vaincu et souffert seulement pour la France, mais pour tous les peuples, dont elle a personnifié les droits en face de l'esprit de conquête. »

De toutes les presses étrangères la presse anglaise est celle qui a approuvé avec le plus de chaleur le projet de glorifier chaque année la martyre de notre délivrance. Le *Times* en particulier a formulé les idées les plus hautes sur la fin des vieilles haines internationales et sur l'universalité de la gloire de Jeanne d'Arc.

Le peuple anglais s'honore en nous encourageant à honorer l'héroïne qui, à force de vertus, fut digne de le vaincre.

Si demain l'Angleterre entreprenait de glorifier son Talbot, la France ne refuserait pas à l'Achille anglais les lauriers que l'Angleterre prodigue aujourd'hui à la vierge qui fut l'ange de la France au combat.

Elles avaient les généreux sentiments manifestés par les journaux de Londres, ces dames anglaises qui s'associaient, dans la ville de Rouen, à la commémoration du supplice de Jeanne et déposaient au pied de sa statue une couronne portant ces mots : « A la grande Française ! »

Naguère la reine d'Angleterre, Victoria, voulant avoir devant les yeux une belle image de pureté et d'héroïsme, ordonna qu'on lui peignît Jeanne la Pucelle.

Au temps même des préjugés qu'avaient accumulés cent ans de luttes gigantesques, l'auteur d'*Henri VI*, parmi les débordements de sa verve enfiellée, mettait dans la bouche de Jeanne des accents où éclate la sublimité du patriotisme : « Esprits familiers, prenez mon âme, oui, mon corps, mon âme, tout, plutôt que de laisser vaincre ma patrie. » Et il représentait Charles VII s'écriant dans les beaux élans de sa reconnaissance : « A Jeanne la moitié de mon royaume ! A Jeanne une pyramide plus colossale que celle de Memphis ! Saint-Denys va cesser d'être notre cri de guerre. *C'est Jeanne la Pucelle qui sera désormais la sainte de la France !* »

« No longer on Saint-Denis will we cry,
« But JOAN LA PUCELLE shall be France's saint. »

L'heure n'est-elle pas venue de réaliser la prophétie de Shakespeare ? Ce que les rois de France ont négligé de faire, la République française le fera, au milieu des acclamations de tous les peuples de l'Europe et en particulier du peuple britannique.

Les Anglais ont cette fierté de penser que ceux qui leur infligèrent l'humiliation de graves défaites ne peuvent qu'avoir été très grands. De là leur double culte pour Jeanne d'Arc et pour Napoléon.

III. — LA FÊTE DE LA PUCELLE A ORLÉANS

La délivrance d'Orléans est fêtée tous les ans, le 8 mai, par les Orléanais.

L'établissement de cette fête a été raconté par un inconnu qui, tout jeune, avait été le témoin des événements dont, vieillard, il évoquait le souvenir[1].

D'abord le narrateur rappelle les commencements de la mission de Jeanne :

En ce temps-là, dit-il, Dieu, de sa sainte grâce et miséricorde, envoya une voix à une fille pucelle, nommée Jeanne, laquelle gardait les bêtes aux champs en un pays voisin de Vaucouleurs, disant que Dieu lui com-

1. La relation dont il s'agit ici a été découverte, il y a quelques années, à la Bibliothèque du Vatican, et se trouve aussi à la Bibliothèque de Saint-Pétersbourg. Elle a été publiée dans le troisième volume de la 2e série de la Bibliothèque de l'École des chartes. Vallet de Viriville, Quicherat et M. Boucher de Molandon, qui l'ont reproduite, se demandent si elle ne serait pas l'œuvre de « Jehan de Mascon », docteur ès lois, chanoine et sous-chantre de l'église d'Orléans, mentionné dans le récit. (*Voir ci-après, page* 216.) Pour moi, il me semble que si « Jehan de Mascon » eût été l'auteur de cette chronique, il aurait parlé de lui-même d'une manière moins impersonnelle et plus modeste. Il aurait dit : « *Moi* Jehan de Mascon, » et ne se serait pas qualifié « très sage homme ».

mandait qu'elle se préparât pour aller lever le siège de devant Orléans, et qu'elle menât le roi Charles à son couronnement. Jeanne vint faire part de ces choses au seigneur de Vaucouleurs pour qui ce fut une grande merveille et qui la fit amener au roi. Venue à Chinon vers le roi, elle fut examinée par plusieurs évêques et seigneurs; et en son fait il ne fut trouvé que tout bien. Peu après, la pucelle se rendait à Orléans. Or, étant arrivée dans cette ville, elle s'en alla à l'église Sainte-Croix, et là parla à messire Jean de Mâcon, docteur, qui était un très sage homme, lequel lui dit: « Ma fille, êtes-vous venue pour lever le siège? » A quoi elle répondit: « En nom Dieu, oui. » — « Ma fille, dit le sage homme, ils sont forts et bien fortifiés et ce sera une grande chose de les mettre hors. » — Lors la Pucelle: « Il n'est rien d'impossible à la puissance de Dieu. »

Le chroniqueur raconte brièvement les succès de Jeanne. Il montre le courage des Français tellement accru que désormais un Français eût terrassé dix Anglais; et il marque la portée de la délivrance d'Orléans. « Si Orléans fut tombé entre les mains des Anglais, dit-il, le demeurant du royaume eût été fort blessé. »

Mais, grâce à la Pucelle, la vaillante cité est sauvée.

« Ce voyant monseigneur l'évêque d'Orléans avec » tout le clergé, et aussi par le moyen et ordonnance » de monseigneur de Dunois, frère de monseigneur le » duc d'Orléans, avec le conseil d'iceluy, et aussi les » bourgeois, manants et habitants dudit Orléans, fut

» ordonné estre faite une procession le huitième » dudit mai, et que chacun y portât lumière, et que » on irait jusques aux Augustins, et partout où avoient » esté les estours (*combats*), on y feroit stacions et ser- » vice propice en chacun lieu, et oraisons, et les douze » procureurs de la ville auroient chacun ung sierge en » leur main où seroient les armes de la ville, et qu'il » en demourroit quatre à Sainte-Croix, quatre à Saint- » Evurtre (*Saint-Euverte*) et quatre à Saint-Aignan; » et aussi que ledit jour seroient dictes vigilles audit » Saint-Aignan et le landemain messe pour les tres- » passez, et là seroit offert pain et vin, et chacun pro- » cureur huit deniers parisis à l'offrande; et seroient » portées les châsses des églises, en espécial celle de » monseigneur Saint-Aignan, celle de monseigneur » Saint-Evurtre[1], lesquieulx (*lesquels*) furent protec- » teurs de ladicte cité et ville d'Orléans; car en iceluy » temps fut récité par aucun des Anglois estant pour » lors audit siège, avoir veu durant iceluy siège deux » prélas en abbit pontifical aller et circuir en chemi- » nant par sus les murs de ladicte ville d'Orléans.

» Chacun est tenu d'aller à ladicte procession et por- » ter luminaire ardant en sa main. On revient autour » de la ville, c'est assavoir par devant l'église Nostre- » Dame-de-Saint-Pol, et là on fait grande louange à » Nostre-Dame, et de là à Sainte-Croix, et le sermon

1. Saint Aignan et saint Euverte étaient les deux patrons de la ville d'Orléans, où ils avaient été évêques.

» là, et la messe après, et aussi, comme dessus, les vigilles audit Saint-Aignan et le landemain messe pour » les trespassez. »

Après avoir ainsi décrit la cérémonie, le bon chroniqueur souhaite, en termes naïfs et touchants, qu'elle se perpétue :

« Et pour ce, soit ung chacun averti de louer et de » remercier Dieu, car par aventure il y a pour le pré- » sent des jeunes gens qui à grant paine pourroient-ilz » croire ceste chose ainsi advenue, mais croiez que » c'est chose vraye et bien grant grace de Dieu... En » recognoissant toujours la grant grace laquelle Dieu » a voulu faire et démonstrer en ladicte ville d'Or- » léans en la gardant des mains de ses ennemis, soit » continuée et non pas délaissée la dicte saincte pro- » cession, sans cheoir en ingratitude, car par icelle » viennent beaucoup de maulx[1]. »

A maintes reprises, comme l'établissent les comptes de la ville d'Orléans, — et notamment dès 1435, — une représentation théâtrale accompagna les solennités de la fête du 8 mai.

Un des mystères joués fut le *Mystère du siège d'Orléans*, auquel je consacrerai ci-après un chapitre spécial. Le texte de ce mystère règle soigneusement les

1. Ce n'est pas seulement à Orléans que Jeanne était l'objet d'une commémoration annuelle : « Plusieurs autres villes en font solennité », dit la chronique que je viens de citer; et elle signale notamment « ceulx de Bourges en Berry », qui célébraient la fête le premier dimanche après l'Ascension.

jeux de scène, les attitudes des personnages, les pauses d'orgues, les appels des trompettes, les va-et-vient des hommes d'armes, la marche des cortèges. Quant aux décors, le bon peuple n'avait pas encore appris à être difficile en cette matière et son imagination en faisait les frais.

Les comptes des recettes et dépenses de l'hôtel de ville d'Orléans témoignent que, dans les premières années qui suivirent la mort de Jeanne, notamment en 1432, en 1435, en 1436 et en 1439, outre la fête du 8 mai, on célébrait par un service funèbre « l'anni- » versaire de feue Jehanne la Pucelle, les surveille et » veille de la Feste-Dieu ».

Dans ces registres il est question de l'argent donné, aux dates ci-dessus, pour payer, soit des messes chantées par huit religieux des quatre ordres mendiants, soit des offrandes faites par les douze procureurs de la ville, soit un flambeau, soit quatre cierges, soit quatre écussons peints aux armes de Jeanne et attachés aux quatre cierges.

A partir de 1439, il n'est plus question de frais relatifs aux messes de mort de la Pucelle.

En 1483, Eloy d'Amerval, maître des enfants de chœur de l'église Sainte-Croix, composa et mit en musique un hymne pour la fête de la Pucelle.

La ville d'Orléans lui donna en récompense quatre écus d'or, et il fut décidé que l'hymne serait chanté dorénavant à toutes les processions du 8 mai.

Voici des vers composés pour la fête, qui sont, selon toute probabilité, l'œuvre même de messire Eloy d'Amerval[1]. Ils ne manquent pas de charme en leur simplicité. En les reproduisant, je modernise l'orthographe et quelques vieux termes :

(Chanté devant l'église Notre-Dame-des-Miracles de Saint-Paul.)

Noble cité de moult grant renommée,
Ville puissante en tous lieux bien famée,
Chambre de roi digne d'être nommée,
Lieu décoré de décrets et de lois,
De guerre en paix la merci Dieu (*par la grâce de Dieu*) [tournée,
Rejouis toi à icelle (*dans cette*) journée,
Peuple vaillant et très loyal françois.

A la douce prière
Dont le roi Dieu pria,
Vint Pucelle bergère
Qui pour nous guerroya.

1. L'auteur des RECHERCHES HISTORIQUES SUR LA VILLE D'ORLÉANS, Lottin, a mis en lumière divers extraits des registres originaux de la ville, où figure la mention du don fait en 1483 à messire Eloi d'Amerval « en rémunération de avoir dité et noté » en latin et en françois ung motet, pour chanter doresenavant ès » procession qui se fait chacun an ledit VIIIe jour de mai, et » qui en icelle procession derrenière a esté chanté en rendant » grâces à Dieu de la victoire que il donna auxdits habitans ». D'autre part, le même érudit a trouvé et publié pour la première fois une copie des vers que j'ai ici reproduits. Ces vers avaient été composés pour la fête et provenaient d'un manuscrit autrefois conservé au trésor de la ville. Ils datent certainement du temps de Louis XI ou des premières années de Charles VIII, comme l'estime Quicherat qui les a réédités ; et tout porte à croire qu'ils sont ceux pour lesquels Eloi d'Amerval reçut les quatre écus d'or.

Par divine conduite
Anglais tant fort greva
Que tous les mit en fuite
Et le siège leva.

Chantez, ô le clergé et messieurs les bourgeois;
Vous, notables marchands, aidez-nous cette fois;
Commune d'Orléans, élevez votre voix
En remerciant Dieu et la Vierge sacrée,
Quand jadis, à tel jour, huitième de ce mois,
Regarda en pitié le peuple orléanois,
Et tellement chassa nos ennemis anglois
Que la duchée en fut en joye délivrée.

O reine de là haut, en grant dévotion,
Ici devant Saint-Paul vous en remercion.
D'en célébrer le jour sommes par trop joyeux;
Chacun an y faisons belle procession,
Portons nos beaux joyaux par décoration,
En chantant chants de paix et motets gracieux.
O benoit saint Aignan, tant digne et précieux,
O saint Euverte aussi, nos patrons glorieux,
Du trésor d'Orléans garde et protection!

(Motet chanté à la Porte Dunoise.)

Grandement rejouir te dois,
Dévot peuple orléanois,
Et, comme très loyal François,
Mercier (*remercier*) Dieu à haute voix,
Quand cinq jours après la grant (*grande*) fête
De la digne et benoite croix,

Le huitième jour de ce mois,
Par une Pucelle une fois,
Chassas tes ennemis Anglois
Qui tant te firent de tempête.
Voici la croix du Fils de Dieu,
Voici de France le milieu,
La noble cité d'Orléans.
Fuyez, Anglais, de ce beau lieu,
Et vous souvienne, après tout jeu,
Que ne gagnâtes rien céans.

Judith et Esther, nobles dames,
Et plusieurs autres vaillans (*vaillantes*) femmes,
Par le vouloir du Dieu des cieux,
Bataillèrent pour les Hébreux
Et eurent de belles victoires,
Comme nous trouvons ès (*dans les*) histoires,
De même pour notre querelle
Batailla Jeanne la Pucelle.

Ne saillez (*sortez*) jamais d'Angleterre,
Anglais, pour gagner notre terre.
Regardez comment Glacidas (*Glasdale*)
Fut noyé, et d'autres grands tas;
Sallebry (*Salisbury*) frappé d'un canon
Dont mourut à confusion :
Car Notre Dame et saint Memart
Les grevèrent de toute part;
Saint Euverte les mit aussi
Et saint Aignan en grand souci,
En la vertu, comme je crois,
De Dieu et de sa digne croix.

Or, prions donc pour le bon capitaine
Sage et prudent, monseigneur de Dunois;
Que Dieu le mette en la gloire hautaine,
Poton, Lahire et tous les bons François;
Et rendons tous grâces au Roi des rois
Qui à tel jour nous mit hors de grant peine,
Et adorons sa précieuse croix,
Le vrai salut de créature humaine.

Jusqu'au commencement du XVIe siècle, ce fut un des parents de Jeanne d'Arc qui occupa la place d'honneur dans la procession du 8 mai.

Jean du Lis, fils de Pierre d'Arc, le frère de Jeanne, quittait tous les ans sa terre de Villers pour venir figurer à la cérémonie. Il y avait le pas sur tous les autres assistants, et devant lui était porté « un grand » cierge blanc allumé, sur lequel était appliquée une » effigie peinte de la Pucelle ».

Dans la suite, au XVIIe siècle, la mode s'établit de mêler à la procession solennelle des reliques un divertissement populaire, où un adolescent, habillé à la Henri IV, représentait la Pucelle et était promené par la ville, tous les soldats lui faisant cortège.

Au XVIIIe siècle, le divertissement populaire prit un caractère officiel. La ville habillait à ses frais « le puceau », et le clergé l'admettait à la procession.

Dès les premiers jours de la Révolution, la fête devint une cérémonie plutôt civile que religieuse.

L'an 1790 notamment, la fête de la Pucelle fut

en même temps la fête de la fédération orléanaise.

La célébration de la solennité du 8 mai, continuée en 1791 et en 1792, fut interrompue à partir de 1793 jusqu'en 1803. Cette interruption de la fête coïncida avec la destruction du vieux monument de la Pucelle, dit monument de Charles VII, dont je dois ici raconter l'histoire.

Vers la fin du xve siècle, assez longtemps après la sentence de réhabilitation — (et non en 1458, comme le portait à tort l'inscription faite par le chanoine Colas de Guyenne en 1771) —, un monument en bronze fut érigé à Jeanne d'Arc, par les soins et aux frais des dames et demoiselles de la ville qu'elle avait sauvée. Ce monument se dressait sur le pont d'Orléans. Jeanne y était représentée ses beaux cheveux flottants sur ses épaules et tout agenouillée devant le Christ en croix[1]. Le roi Charles VII, également agenouillé, faisait vis-à-vis à Jeanne. Aux pieds de la croix était debout la Mère de douleur, Notre-Dame de Pitié, selon l'appellation poétique du temps.

Ce bronze fut presque totalement mis en pièces,

1. Nous devons à l'écrivain hollandais Heviter, auteur d'une *Histoire des choses de Bourgogne* écrite en latin, ces indications sur le monument orléanais qu'il avait vu de ses propres yeux en 1560 : « Vidi ego meis oculis, in ponte Aureliano trans » Ligerim ædificato, erectam hujus puellæ æneam imagi- » nem, coma decore per dorsum fluente, utroque genu coram » æneo crucifixi Christi simulacro nixam. »

l'an 1567, par la fureur iconoclaste des huguenots devenus maîtres d'Orléans.

Dès 1570, le maire et les échevins de la bonne ville firent restaurer le monument avec quelques modifications dans le groupement des personnages. La mère du Christ fut représentée assise au pied de la croix et tenant le cadavre de son fils sur ses genoux. Les statues du roi et de la Pucelle à genoux furent replacées, l'une à droite, l'autre à gauche. Sauf quelques coups d'arquebuse au corps et à la tête, dont on dut supprimer les traces, la statue de Charles VII n'avait guère été endommagée. Mais, comme le témoigne la note du fondeur, il avait fallu « refondre et ressoulder » les effigies de Notre-Dame de Pitié et de la Pucelle ». Il fallut notamment « ressoulder tout le corps de » ladicte Pucelle, réservé (*sauf*) les jambes, bras et » mains ».

Le monument restauré fut visité en 1633 par La Fontaine, qui fut bien loin de l'admirer. « En allant sur le » pont, écrit-il à sa femme, je vis la Pucelle. Mais, » ma foi, ce fut sans plaisir. Je ne lui trouvai ni l'air, » ni la taille, ni le visage d'une amazone. » (Au siècle de Louis XIV, on voulait à tout prix que Jeanne fût une amazone !)... « Elle est à genoux devant une » croix, et le roi Charles en même posture vis-à-vis » d'elle; le tout fort chétif et de petite apparence. » C'est un monument qui se sent de la pauvreté de » son siècle. »

En 1745, le vieux pont tombant en ruine, on relégua le monument dans une pièce de l'hôtel de ville. Au bout de quelques années, il fut exhumé de là pour être restauré à nouveau ; et, l'an 1771, eut lieu son installation à l'encoignure de deux rues, la rue Royale et la rue de la Vieille-Poterie. Deux inscriptions, encadrées sur les deux côtés du piédestal, portaient que les habitants d'Orléans, « en action de grâce de la délivrance de cette ville et des victoires remportées sur les Anglais par Jeanne d'Arc, avaient rétabli en sa première forme ce monument de piété envers Dieu, de vénération envers la Sainte Mère de Dieu, de fidélité envers le roi, d'amour envers la patrie et de reconnaissance envers la Pucelle [1]. »

Vint l'époque où la pensée populaire se concentra vers un seul but, défendre la Révolution contre ses ennemis de l'intérieur et contre les monarchies coalisées. En 1792, au lendemain du décret de l'Assemblée nationale prescrivant l'armement universel, les citoyens orléanais de la section de Saint-Victor adressèrent aux administrateurs du Loiret une pétition tendant à ce que le monument de Charles VII fût converti en canons pour augmenter l'artillerie de la garde nationale. « Le monument de Charles VII, » disaient ces fanatiques, « insulte à la liberté du peuple français et » n'est propre qu'à irriter des hommes qui ont lontemps

1. « Pietatis in Deum, — Reverentiæ in Deiparam, — Fidelitatis in Regem, — Amoris in Patriam, — Grati animi in Puellam — Monumentum, — Instauravere cives Aurelianenses. »

» gémi sous la servitude des rois. Les bronzes que l'on » en retirera donneront deux ou trois pièces de quatre » livres de balles. Ce sont là maintenant les seuls mo- » numents qui doivent exister chez une nation libre, » pour faire trembler les tyrans. »

A la date du 23 août, le conseil général de la commune d'Orléans, tout en reconnaissant la nécessité de s'assurer une artillerie imposante, désapprouva les termes de cette pétition : « Le Conseil général de la » commune, est-il dit dans l'arrêté, estime que le mo- » nument de la Pucelle, loin de pouvoir être regardé » comme un signe de féodalité insultant à la liberté du » peuple français, est un hommage de reconnaissance » envers l'Être suprême et un témoignage glorieux de » la valeur de nos ancêtres qui ont délivré la nation » française du joug que les Anglais voulaient lui » imposer. »

Il y a à remarquer combien la vénération qu'on avait pour la Pucelle est manifestée par ces deux documents. S'agit-il de provoquer la démolition du monument, la section de Saint-Victor l'appelle le monument de Charles VII et ne nomme pas Jeanne d'Arc. S'agit-il de le préserver, la municipalité l'appelle le monument de la Pucelle et tait le nom du roi.

Guerre à la royauté; mais respect et honneur à Jeanne d'Arc: telle est l'idée maîtresse qui domine dans les délibérations intervenues. Pourquoi l'assemblée des administrateurs du Loiret acquiesce-t-elle au vœu des pétitionnaires? C'est, d'après les considérants de l'arrêté, parce que le monument de la rue Royale « ne » représente pas les services de l'héroïne dont il est » destiné à perpétuer le souvenir », et qu'on n'y retrouve aucun signe rappelant aux Orléanais la haine de leurs aïeux pour l'envahisseur étranger.

L'arrêt prescrivant l'enlèvement des figures en bronze dont la réunion formait le monument fut notifié à la commune et exécuté le jour même où il avait été porté. Ce même jour, 28 août 1792, la *rue Royale* reçut le nom de *rue de l'Égalité*.

A la date du 21 septembre, la commune statua sur l'emploi du métal dans les termes suivants : « Il a été » représenté que, *ce monument ne pouvant être rem-* » *placé qu'à grands frais*, il serait à propos d'en em- » ployer la matière, dont le poids s'élève à 1,700 livres, » pour la fabrication des canons projetés. En consé- » quence, le Conseil général de la commune, considé- » rant que la loi du 14 août 1792 ordonne la conver- » sion en bouches à feu de tous les monuments et » inscriptions en bronze, a unanimement arrêté que » les figures en bronze formant le monument de la » Pucelle seraient employées à la fabrication des ca- » nons, et que, pour conserver la mémoire du monu- » ment de la Pucelle, un des canons porterait le » nom de *Jeanne d'Arc, surnommée la Pucelle d'Or-* » *léans.* »

De même qu'on avait enlevé les bronzes pour en faire des canons, on décida, le 6 avril 1793, d'enlever, pour en faire des piques, les grilles qui entouraient le piédestal. A son tour le piédestal, devenu inutile, dut disparaître par arrêté du 27 juillet 1793.

Dix ans après, en 1803, la municipalité d'Orléans décida qu'il y avait lieu d'ouvrir une souscription publique pour l'érection d'un nouveau monument à la gloire de Jeanne d'Arc. Cette délibération fut approuvée le 28 février par le premier consul, Napoléon Bonaparte. De sa propre main il y joignit cette apostille :

« La délibération du conseil municipal m'est très » agréable. L'illustre Jeanne d'Arc a prouvé qu'il n'est » point de miracle que le génie français ne puisse » opérer lorsque l'indépendance nationale est menacée. » Unie, la nation française n'a jamais été vaincue; » mais nos voisins, abusant de la franchise et de la » loyauté de notre caractère, semèrent constamment » parmi nous ces dissensions d'où naquirent les cala» mités de l'époque où vécut l'héroïne française et » tous les désastres que rappelle notre histoire. »

Bientôt après fut faite par Gois une statue en bronze, un peu mesquine, qui représente Jeanne tenant à la main une hache et serrant son étendard contre sa poitrine. En 1855, elle a été reléguée à l'entrée du pont d'Orléans, qu'elle semble défendre, et remplacée, au centre de la ville, par une lourde statue équestre due à Foyatier. L'œuvre de Foyatier, quoique relevée par de beaux bas-reliefs, est peu digne de l'héroïne et des Orléanais. Comme il y a loin de cette forte femme, campée sur un gros cheval normand et regardant le ciel, à la Jeanne d'Arc que nous révèle l'histoire et que notre imagination voit apparaître quand nous lisons, par exemple, la lettre des jeunes sires de Laval à leur mère [1] !

Au temps où la commune d'Orléans entreprit d'élever un nouveau monument à la Pucelle, l'évêque d'Orléans était l'abbé Bernier, maître diplomate, célèbre comme ancien premier rôle dans le parti militant de la contre-révolution. Bernier trouva l'occasion excellente pour provoquer le rétablissement des cérémonies religieuses qui avaient lieu autrefois en mémoire de la délivrance d'Orléans. Bonaparte approuva le vœu de l'évêque, et, par l'organe de Portalis, il le loua de son « empressement à faire concourir la religion à tout ce qui peut être honorable pour la nation française ».

C'est ainsi qu'à partir du 8 mai 1803 la fête religieuse fut rétablie dans toute sa pompe.

Le 7 mai au soir, le maire d'Orléans, entouré de toutes les autorités de la ville et précédé d'un cortège militaire, se rend devant la cathédrale, et remet solennellement au clergé l'étendard blanc aux fleurs de lis d'or qui, dans l'opinion du bon peuple, est le même que portait Jeanne d'Arc.

Au moment où l'évêque, revêtu de ses habits pontificaux, reçoit l'étendard sacré des mains du premier magistrat de la ville, le portail et les tours s'illuminent soudain; les épées sont mises au clair; les cloches sonnent à toute volée; les chants religieux s'allient

1. Voir JEANNE D'ARC LIBÉRATRICE DE LA FRANCE, page 257.

aux fanfares guerrières ; le canon tonne et les tambours battent aux champs.

L'étendard est déposé dans la cathédrale embrasée de mille feux et décorée d'écussons, de panoplies et d'oriflammes.

Le 8 mai a lieu la procession traditionnelle. Au bruit des salves d'artillerie, des cloches, des musiques et des cantiques, on se rend, en grande pompe, avec flambeaux, châsses et bannières, à l'endroit où se dénoua cet héroïque combat des Tourelles qui fut la délivrance d'Orléans.

L'usage s'est établi de faire précéder la procession d'un panégyrique de la Pucelle.

Ce panégyrique a été prononcé en 1887 par M. Adolphe Perraud, évêque d'Autun ; en 1886 par M. l'abbé Tié, directeur du petit séminaire de la Chapelle-Saint-Mesmin ; en 1885 par M. Langenieux, archevêque de Reims ; en 1884 par M. l'abbé Chapon, vicaire de la cathédrale d'Orléans ; en 1883 par M. l'abbé Laroche, professeur de philosophie au petit séminaire de la Chapelle-Saint-Mesmin, et en 1882 par M. Germain, évêque de Coutances. Parmi les panégyristes des années précédentes, figurent des célébrités du monde ecclésiastique : Claude de Marolles en 1759 et en 1760 ; Loiseau en 1764 ; Frayssinous en 1819 ; Feutrier en 1821 et en 1823 ; Deguerry en 1828 et en 1856 ; Le Courtier en 1830 ; Pie en 1844 ; Dupanloup en 1855 et en 1869 ; Gillis en 1857 ; Péreyve en 1862 ; M. Mermillod en 1863 ; M. Adolphe Perraud en 1872 ; M. Bernard en 1875 ; M. d'Hulst en 1876 ; M. Montsabré en

1877; M. Besson en 1880; M. Freppel en 1860 et en 1867.

Le panégyrique prononcé par M. Freppel en 1860 conclut à la canonisation de Jeanne d'Arc et est le développement de ces trois propositions: « Jeanne d'Arc nous » appartient, parce qu'elle a été l'envoyée de Dieu. — » Jeanne d'Arc nous appartient, parce que sa mission a été » surnaturelle. — Jeanne d'Arc nous appartient, parce que » sa carrière historique a été un miracle permanent. »

A la fête de 1857, le prélat anglais Gillis, évêque d'Edimbourg, prononça un panégyrique où il disait : « Je viens de parmi ceux qui brûlèrent Jeanne inscrire au temple de sa mémoire l'aveu du crime de mes pères et déposer aux pieds de sa sainte image l'offrande tardive d'une réparation de justice. Qu'il me soit permis de faire entendre à mon tour ce cri de bénédiction que répètent les échos de quatre siècles! » Gillis pensait, avec l'historien Sharon Turner, que, les partis pris des luttes d'autrefois ayant disparu, on pouvait libéralement prodiguer à Jeanne les éloges et les pleurs; et il n'était pas loin de partager l'opinion d'une publiciste anglaise, Mme Charles, qui, en 1879, dans un livre intitulé *Jeanne libératrice de l'Angleterre et de la France*, a représenté Jeanne sauvant l'Angleterre de l'esprit de conquête comme la France de l'esprit d'égoïsme.

Tout autre est le langage que tenait le jésuite Marolles à la fête de 1759. Ce prédicateur, célèbre en son temps, parle en homme bien au-dessus de « l'extrême simplicité de nos pères »; il exempte le roi et les théologiens de tout reproche, pour faire poser le principal tort sur Jeanne ; il la représente comme rebelle envers la Providence parce qu'elle n'était pas revenue à la maison paternelle, au lendemain du sacre de Reims ; et il la fait apostropher par Dieu même en ces termes : « Fille trop peu docile aux inspirations » du ciel, l'arrêt qu'il va prononcer contre vous est » le même dont il effraya jadis un saint prophète, » coupable, ainsi que vous, d'une légère infidélité. » Parce que vous avez franchi les bornes précises de » la commission dont je vous avais honorée, vous » serez livrée à des lions furieux et vous n'aurez pas » la consolation de mêler vos ossements avec ceux de » vos pères ! » Là-dessus le révérend père s'écrie : « Adorons, mes frères, cet épouvantable éclat de la » colère d'un Dieu jaloux ! »

Plus franc que le jésuite Marolles, l'évêque Dupanloup ne craignait pas de flétrir les « oints du Seigneur » que Jeanne eut pour juges. — « Eh quoi ! s'écriait-il, » j'aperçois parmi les juges un évêque ! Ne suis-je pas » le premier qui ait ici à baisser les yeux ? »

A Dupanloup, vrai chevalier de la Pucelle, l'honneur d'avoir été le plus chaud et le plus éloquent des apologistes qui ont célébré Jeanne, dans la fête orléanaise du 8 mai.

C'est à la suite des pressantes instances de cet admirateur de l'héroïne qu'une enquête fut ouverte à Orléans, au mois de juillet 1874, par décret du pape, en vue de la béatification et de la canonisation de Jeanne.

Mais Jeanne ne fut ni béatifiée ni canonisée. Pie IX estima qu'il fallait s'en tenir à la réhabilitation de 1456.

Depuis, à la suite du mouvement laïque provoqué en vue d'une fête nationale française de Jeanne d'Arc, l'affaire de la canonisation a été reprise à Rome et poussée vigoureusement par l'épiscopat français, auquel deux prélats anglais, MM. Manning et Howard, ont prêté le concours le plus actif.

La cause de la béatification de Jeanne d'Arc a été introduite devant la congrégation des rites le *30 novembre 1885* [1]. A partir de cette date, la grande vic-

1. Du vivant de Jeanne, l'enthousiasme populaire s'était traduit par un culte religieux. On la révérait comme une bienheureuse; on lui dressait des statues dans les églises; on mêlait son nom aux prières de la messe ; on portait des médailles à son effigie; on proclamait que, dans la hiérarchie des saints, elle venait immédiatement après la Sainte Vierge. Dans le Procès de condamnation, l'article 52 du réquisitoire donne le détail de ces honneurs rendus à l'héroïne et en fait un grief contre elle : « Item, ipsa » Johanna in tantum suis adinventionibus catholicum populum » seduxit, quod multi in præsentia ejus eam adoraverunt ut » sanctam, et adhuc adorant in absentia, ordinando in reveren- » tiam ejus missas et collectas in ecclesiis; imo eam dicunt ma- » jorem esse omnibus Sanctis Dei, post Beatam Virginem; ele- » vant imagines et repræsentationes ejus in basilicis Sanctorum, » ac etiam in plumbo et alio metallo repræsentationes ipsius » super se deferunt, prout de memoriis et repræsentationibus » Sanctorum per Ecclesiam canonizatorum solet fieri; et præ- » dicant publice ipsam esse nuntiam Dei, et potius esse angelum » quam mulierem. Quæ præmissa in christiana religione perni- » ciosa sunt, et in detrimentum salutis animarum nimium scan- » dalosa. » (Je me contente de donner ici le texte latin, l'ayant traduit ailleurs. Voir Procès de condamnation de Jeanne d'Arc. *Page* 246.)

time de Rouen fut pour l'Église catholique Jeanne *la vénérable*. Depuis, elle est devenue Jeanne *la bienheureuse*. Elle deviendra bientôt Jeanne *la sainte* [1].

1. En août 1885, le père Ayroles, de la Compagnie de Jésus, publiait sous ce titre : *Jeanne d'Arc sur les autels*, un livre destiné à établir la nécessité de canoniser au plus tôt Jeanne d'Arc et de célébrer annuellement sa fête dans toutes les églises de France. Dans cet ouvrage, les libres penseurs sont accusés de vouloir escamoter à leur profit Jeanne d'Arc en proposant de la glorifier par une fête nationale ; les catholiques gallicans sont chargés de l'opprobre de la condamnation et du supplice de Jeanne ; les catholiques romains sont prônés comme pouvant seuls revendiquer et exalter la Pucelle qui, papiste irréprochable, « est tout entière de l'école du syllabus », et qui, Messie de la contre-révolution, doit présider à la régénération de la France répudiant la « satanocratie » pour la « théocratie ».

Quatre mois après, en décembre 1885, sur la proposition du père Delaporte, de la Compagnie de Jésus, les membres du congrès catholique tenu à Rouen votèrent à l'unanimité une adresse au pape pour solliciter la béatification de Jeanne. Ils y disaient : « Les papes » du XVe siècle avaient accompli l'œuvre de la réhabilitation, » celle de la glorification sera la vôtre et unira pour toujours le » nom de Léon XIII à celui de la vénérable servante de Dieu, » Jeanne d'Arc, ambassadrice du roi Jésus près des Francs » qu'il aime. Daigne le cœur adorable de ce Maître si bon ajouter » à tant d'autres gloires de votre pontificat celle d'achever, au » gré de nos cœurs, ce procès de béatification qui commence, et » permettre à la France catholique de redire, après le Vicaire » de Jésus-Christ, dans un élan unanime d'allégresse, de son » mission pour l'Église et d'espoir pour la patrie : *Bien* » *heureuse Jeanne, priez pour nous !* »

En 1886, à Paris, les Dames qui venaient de fonder l'Association Jeanne d'Arc, célébrèrent l'anniversaire de la mort de Jeanne, à l'église Notre-Dame-des-Victoires, par une messe solennelle dont l'usage doit se continuer chaque année, et émirent un vœu pour que dorénavant le 30 mai fût consacré à la glorification de la Pucelle et de tous les défenseurs défunts de la patrie.

C'est aussi en 1886 qu'a été inaugurée, dans la cathédrale de Rouen, — dans cette cathédrale où reposent les restes de l'inspirateur du procès de Jeanne, Jean de Lancastre, duc de Bedfort, et de quatre complices de Cauchon, les chanoines Jean Basset, Gilles Deschamps, Denis Gastinel et Raoul Roussel — une solennité religieuse que l'archevêque doit renouveler tous les ans, et dont l'objet est d'honorer la mémoire de Jeanne d'Arc, le jour anniversaire de son supplice.

Déjà, à Rouen, l'anniversaire de la mort de Jeanne d'Arc était l'objet d'une célébration annuelle faite par des laïques, se rendant tour à tour au lieu où Jeanne abjura, au lieu où elle était emprisonnée, et au lieu où elle fut brûlée. L'organisateur et le conférencier de ces manifestations était un positiviste, M. Emile Antoine. Un autre positiviste, le Dr Robinet, beau-père de M. Émile Antoine, présidait un « Comité républicain de la Fête civique de Jeanne d'Arc », qui s'est constitué, à Paris, en mai 1887. Le fondateur du positivisme, Auguste Comte, prônait la glorification de « l'incomparable vierge », et le calendrier positiviste paru en 1848 faisait une place à Jeanne d'Arc, dans la semaine des chevaliers, entre Bayard et Godefroy de Bouillon.

Le vœu du Congrès catholique de Rouen pour la canonisation de Jeanne fut renouvelé en 1886 et en 1887 par plusieurs assemblées diocésaines et par divers prélats.

En juillet 1887, l'abbé Mourot, chevalier du Saint-Sépulcre, publia un ouvrage sur Jeanne d'Arc, envoyée de Dieu et modèle de toutes les vertus chrétiennes, théologales et cardinales. Dans ce livre, exalté par les évêques de Genève et de Nancy, ainsi que par le cardinal Howard, comme *un précieux appoint pour la cause pendante auprès de la sacrée congrégation des rites*, l'auteur, à l'exemple du père Ayroles, anathématise les *laïcisateurs de Jeanne d'Arc*, l'esprit moderne et le gallicanisme ; glorifie la contre-révolution, la théocratie et le Syllabus. Pour lui aussi, la mainmise de l'Église sur Jeanne d'Arc canonisée doit être le prélude de la mainmise de l'ultramontanisme sur la France repentante. Sous les auspices de Sainte Jeanne d'Arc et du Sacré-Cœur, 1789 sera biffé et renié par 1889.

IV. — LA MAISON DE JEANNE D'ARC A DOMREMY

La chaumière de laboureurs où naquit Jeanne d'Arc n'existe plus depuis la fin du xve siècle. Sur l'emplacement du modeste logis et avec ses matériaux, les d'Arc, anoblis et enrichis, élevèrent en 1481 la confortable maisonnette qui est vénérée à Domremy sous le nom de maison de la Pucelle.

Il est probable que Louis XI[1] contribua à la con-

1. Faut-il croire que Louis XI avait une admiration toute particulière pour Jeanne d'Arc et qu'il s'est posé en vengeur de sa mort, comme l'ont dit de tout temps, et récemment encore, plusieurs écrivains autorisés?

Point.

Nous trouvons le nom de Louis XI gravé sur la maison d'Arc. C'est sous Louis XI que le procès de Jeanne est transféré de la Chambre des comptes au Trésor des chartes. En outre, des documents conservés en diverses archives nous montrent Louis XI nommant échevin d'Arras le neveu de Jeanne, Jean Dulis, dit Jehan de la Pucelle, et lui continuant la pension de « six vingt et cinq livres tournois » dont jouissait son père, Pierre d'Arc, devenu Pierre Dulis. De même, nous voyons Louis XII faisant écrire, sur la sollicitation de l'amiral Louis Malet de Graville, une histoire de Jeanne d'Arc, accompagnée d'un abrégé des deux procès; nous voyons Louis XIII octroyant aux cadets de la famille du Lys le privilège de prendre les armoiries de « cette magnanime et vertueuse fille, vulgairement appelée la Pucelle »; nous voyons enfin Louis XV confirmant l'exemption d'impôts

struction de ce petit manoir. Son nom figure au-dessus de la porte d'entrée, à côté de la date 1481 et de trois écussons, l'un aux armes de France, le second aux armes de Jeanne, le troisième aux armes des Thiesselin, auxquels s'étaient alliés les du Lys. La

accordée par Charles VII aux habitants de Greux et de Domremy à la requête de Jeanne d'Arc.

La légende accréditée sur la sollicitude spéciale de Louis XI pour la Pucelle résulte d'un faux récit, qu'on trouve notamment dans les histoires de Lenglet-Dufresnoy, de Villaret, de Jean Hordal, et dont l'origine remonte au moine italien Philippe de Bergame.

Frère Philippe de Bergame avait publié, en 1497, à Ferrare, un livre, écrit en latin, sur les femmes illustres. A Jeanne, « la Pucelle française », était consacré un chapitre aussi intéressant que peu exact. L'agrément littéraire du morceau donna crédit aux erreurs historiques qui y surabondent. La principale de ces erreurs consistait à transposer la réhabilitation de Jeanne au règne de Louis XI et à en faire un récit fantaisiste accommodé aux imaginations populaires.

Je vais traduire ce récit, fondé sur un *on-dit* :

« On rapporte (*fertur*) que le roi Louis, qui venait de succéder à son père, trouvant tout à fait intolérable qu'on eût fait subir une mort si indigne à cette vierge si vaillante et si grande, obtint du pape Pie II l'envoi en France de deux jurisconsultes chargés de revoir avec soin le procès de Jeanne et de s'informer sur sa vie. Aussitôt arrivés en France, les deux envoyés citèrent devant eux deux des conseillers et juges déloyaux qui avaient procédé à la condamnation. L'instruction consciencieusement et diligemment menée à terme, ils reconnurent que Jeanne, tout à fait innocente, avait été la victime d'accusations fausses et d'une sentence injuste; que, bien loin d'avoir été coupable de maléfices ou sortilèges, elle avait mené une vie aussi pieuse qu'illustre, exempte de manquements à la foi et pleine de grandes actions. En conséquence,

devise, digne de Jeanne, digne aussi du peuple de France, est : « Vive labeur! »

L'édifice était orné de moulures et de sculptures. Sur le devant on voyait des peintures représentant les faits et gestes de la Pucelle. Montaigne, qui les vit

infligeant aux deux prévenus la même peine dont ils avaient jadis frappé cette vierge sans tache, ils les firent brûler vifs. De plus, ils ordonnèrent que les ossements de deux autres juges seraient exhumés et également livrés aux flammes. Enfin, ils prescrivirent la construction d'une église, au lieu même où Jeanne d'Arc avait été brûlée; et, ayant confisqué les biens des juges susdits, ils fondèrent, avec leurs deniers, une messe perpétuelle pour le repos de l'âme de la défunte. Voilà comme il fut fait entière réparation d'honneur (*decus omne recuperatum est*) à cette femme admirable. »

Remarque-t-on combien tout est vague et invraisemblable dans ce récit? Aucune désignation précise ni de personnes, ni de lieux, ni de dates; aucune citation de documents quelconques. Ce sont deux Italiens qui viennent éclaircir une affaire d'intérêt si éminemment français, et ils y apportent un si beau zèle qu'ils sévissent même contre deux morts, mais, en revanche, épargnent et laissent en pleine possession des plus grands honneurs ecclésiastiques les survivants d'entre les prélats et les docteurs qui avaient participé à la condamnation de Jeanne. Il paraît bien, d'après le conte du moine de Bergame, que deux de ces survivants auraient été punis de la peine du bûcher. Mais qui donc ces victimes d'une justice tardive? Cauchon, Jean d'Estivet, Loyseleur, Midi, Delafontaine, Lemaître, Gilles de Fécamp, Beaupère, étaient morts à cette époque. Si quelqu'un eût pu et dû être frappé, c'était Thomas de Courcelles, l'assesseur si considérable, qui aurait voulu que Jeanne fût torturée, et qui contribua tant à la faire brûler. Or, l'histoire nous le montre promu aux plus hautes dignités, chargé de faire l'oraison funèbre de Charles VII, choyé par Louis XI, et mourant en paix, l'an 1469.

en 1580, dit à ce propos, dans le Journal de son voyage en Italie : « Le devant de la maisonnette où naquit » Jeanne d'Arc est tout peint de ses gestes ; mais l'âge » en a fort corrompu la peinture. Il y a aussi un arbre » le long d'une vigne qu'on nomme l'arbre de la » Pucelle, qui n'a nulle autre chose à remarquer. »

En 1815, un officier prussien, voulant se mettre à l'aise pour emporter des reliques de la maison de Jeanne d'Arc, offrit de l'acheter 6,000 francs. Aussi pauvre fût-il, le propriétaire, dragon en retraite nommé Gérardin, déclara qu'à aucun prix il ne vendrait à un étranger le monument sacré que les collatéraux de la Pucelle s'étaient transmis de père en fils. Trois ans après, en 1818, Gérardin cédait la maison au département des Vosges, pour la petite somme de 2,500 francs, « déterminé à ce faire, était-il dit dans « l'acte de vente, par l'amour de sa patrie et du roi « son bien-aimé souverain ». La ville d'Orléans, qui, ayant été la grande obligée de Jeanne d'Arc, se considère comme sa mandataire à travers les siècles, fut touchée de la générosité du brave Gérardin et le gratifia d'une médaille d'honneur.

Par ordre du roi Louis XVIII et avec 20,000 francs pris sur sa cassette, la maison d'Arc fut restaurée et débarrassée des constructions qui la masquaient. Tout à côté, fut bâtie une école pour l'instruction gratuite des jeunes filles de Domremy et de Greux. En face, fut érigée une modeste fontaine, aujourd'hui tarie, correspondant par des conduits à la Fontaine-des-Groseillers et surmontée d'un modeste buste de la Pucelle.

Le visiteur de Domremy[1] trouve la *maison de Jeanne d'Arc* à l'entrée du village, quelques pas avant d'arriver à l'église.

A gauche de la route, au milieu d'un bouquet d'arbres, le maigre monument de la fontaine; à droite, le rustique bâtiment dont la maison d'Arc occupe le milieu. Une grille à franchir; un jardinet à traverser, et une sœur vous reçoit dans un petit pavillon faisant vis-à-vis au pavillon où se trouve l'école des filles. Entre ces deux pavillons s'étend la façade de la maison.

L'intérieur de cette maison, solidement bâtie en pierre et plafonnée, se compose de quatre pièces contiguës. Les pièces sont petites. La plus étendue est celle qui donne sur la porte d'entrée. Elle prend jour par une fenêtre de pierre de taille. On y remarque une vaste cheminée, dont la forme antique ne manque pas d'élégance, et, à côté de la cheminée, planté dans le mur, un morceau de bois pourri de vétusté, qui servait à pendre la lampe crémaillère. Une grosse poutre, datant sans doute du xve siècle, soutient le plafond, de date plus récente. Cette poutre est hachée de coups de sabre. En outre, de-ci de-là, des parcelles de mur ont été détachées. Ces mutilations sont dues au vanda-

1. Certains historiens et géographes écrivent Domremy avec un accent sur l'*e*. De fait, — comme cela a lieu pour d'autres noms propres, tels que Fénelon, — on prononcé comme s'il y avait un accent sur l'*e*; mais l'*e* ne comporte pas d'accent. — On peut consulter à ce propos les études philologiques de Thurot sur l'*e* muet.

lisme des visiteurs de toute sorte, et notamment d'officiers qui faisaient partie de l'armée des envahisseurs en 1814.

Non loin de la cheminée, on a placé une statue qui remonte au commencement du XVIIe siècle. Elle est l'original de celle qu'on voit dans une niche au-dessus de la porte d'entrée. Dans cette niche, il y eut d'abord une statue de Jeanne vraiment précieuse, datant sans doute du XVe siècle. Au XVIe siècle, des huguenots la mirent en pièces. A sa place, sous Louis XIII, on érigea une autre statue que des furieux abattirent en 1848. C'est cette statue, fortement endommagée, qui se trouve aujourd'hui dans la première salle de la maison d'Arc. Jeanne y est représentée à genoux et tout armée, mais armée comme un compagnon de Henri IV, non comme un compagnon de Charles VII. Vue de face, elle choque par la rotondité massive du corps et par les bouffissures du visage. Regardée de profil, elle frappe par un mélange de naïveté enfantine et d'énergie virile.

Il y a à remarquer dans la même pièce une inscription gravée en 1820, sur une plaque de marbre blanc, pour perpétuer le souvenir de la bonne action de Louis XVIII. On y voit aussi une réduction de la statue où la princesse Marie d'Orléans a représenté la Pucelle en prière, avec son épée appuyée sur sa poitrine, et qui — à côté de la *Jeanne écoutant ses voix* de Rude, de la *Jeanne aux mains jointes* de Chapu, de la *Jeanne guerrière* de Mercié et de la *Jeanne équestre* de Frémiet (plus appropriée à un lieu clos qu'à une place publique) — figure au premier rang parmi les œuvres que la sculpture moderne a consacrées à Jeanne d'Arc.

Les autres pièces de la maison n'offrent rien de particulier. L'une d'elles est signalée comme la chambre à coucher de Jeanne, et une niche pratiquée dans l'épaisseur du mur passe pour lui avoir servi d'armoire.

Je ne parlerai pas du petit musée où l'on a réuni toute sorte d'objets rappelant la mémoire de Jeanne. Rien d'original. C'est du bric-à-brac.

Ce qui est curieux, c'est la collection des registres présentés aux visiteurs, qui viennent chaque année au nombre de deux ou trois mille. Les signatures y abondent, et les réflexions variées n'y manquent pas; et prose et vers, et noms illustres et noms inconnus.

Que de citations, les unes éloquentes, les autres grotesques, pourraient être extraites de ces registres tenus sous clef! Qui procédera au triage avec goût et mesure en fera un recueil plein d'intérêt.

Parmi les signataires et les annotateurs, beaucoup d'Anglais. Ils se distinguent par la loquacité de l'admiration qu'ils témoignent pour Jeanne et par la véhémence des remords qu'ils expriment au nom de leur patrie. Quelques-uns, à titre d'expiation, ont été les bienfaiteurs de Domremy.

Deux personnalités françaises ont fait le plus grand mal aux Anglais et, après avoir essuyé de leur part les pires traitements, jouissent auprès d'eux de la plus vaste popularité : Jeanne d'Arc et Napoléon.

V. — LA LÉGENDE DU SECRET DU ROI

Dans les dépositions du Procès de réhabilitation, de même que dans le Procès de condamnation et dans certaines chroniques, il est question d'un signe qui fut donné par Jeanne au dauphin et qui décida celui-ci à croire en elle.

Quel fut ce signe? Dans les interrogatoires, Jeanne en parle de façon énigmatique. D'abord elle répond que, sur ce point, elle entend garder le silence. Ensuite, pressée, tourmentée, elle s'engage dans une allégorie poétique dont ses juges lui fournissent la première idée et qu'elle pousse jusqu'au bout.

Mais plus tard, peu avant sa mort, Jeanne explique elle-même cette fiction. L'ange qu'elle représentait apportant la couronne au roi, c'était elle. Les juges avaient pris à la lettre ce que Jeanne avait dit dans un sens figuré[1].

1. Voir, dans l'épilogue du PROCÈS DE CONDAMNATION, *l'Information posthume*, qui, suspecte sur d'autres points, me paraît être véridique sur celui-là (page 390). — Michelet perdait de vue et ces déclarations dernières de Jeanne et les partis pris évidents qu'elle eut à vaincre, quand il imaginait comme probable que la cour abusa de la simplicité de la Pucelle et que, « pour la con- » firmer dans ses visions, on fit jouer devant elle une sorte de » mystère où un ange apportait la couronne ».

Charles VII, désavoué par sa propre mère, en était venu à douter de la légitimité de ses droits. Jeanne lui avait rendu cœur et confiance. Mais, devant les juges, la noble fille tint à cacher dans quel découragement elle avait trouvé le roi ; et elle préféra raconter des merveilles que de découvrir la vérité.

Comment donc Jeanne rassura-t-elle le roi ? Ici le champ est ouvert aux suppositions. D'après divers documents, il semble qu'il y aurait lieu de croire à une révélation par laquelle Jeanne aurait montré au roi qu'elle était au courant de ses pensées les plus intimes et lui aurait déclaré, au nom de Dieu, qu'il était bien réellement issu du sang royal.

Je citerai d'abord ce qui est dit dans une très curieuse lettre écrite en latin et émanée probablement de l'illustre Alain Chartier, premier secrétaire du roi. La lettre en question, amplification ingénieuse d'un cicéronien, a été adressée, vers la fin du mois de juillet 1429, à un prince, — on ne sait lequel, — qui avait envoyé à Bourges un messager pour avoir des informations sur la Pucelle.

Après quelques mots, où il n'y a rien de particulier, sur l'enfance de Jeanne, sur son séjour à Vaucouleurs et sur son voyage à Chinon, l'auteur de la lettre dit : « Le roi pensa qu'il ne fallait se hâter ni de repousser Jeanne ni de l'accepter. Qu'y avait-il en elle de bon ou de mauvais, de vrai ou de faux ? C'est ce qu'il voulut expérimenter. On la mit en présence des plus doctes hommes, comme en un champ clos[1]. Elle fut examinée; et aux questions multipliées et difficiles qu'on lui posa elle ne répondit rien qui ne fût remarquable et digne d'éloge. On eût dit que cette jeune fille avait été élevée non aux champs, dans la garde des brebis, mais aux écoles, dans la culture des lettres[2]. Spectacle vraiment beau ! Femme en face d'hommes, ignorante en face de doctes, seule en face d'une assemblée, cette petite fille discute sur les plus grands sujets. Informé de son assurance et de ses discours, le roi la fit venir devant lui et l'écouta avec sollicitude. Que lui dit-elle ? Il n'y a personne qui le sache. Ce qui est bien certain, c'est que ses communications rendirent le roi tout joyeux, comme s'il eût été visité du Saint-Esprit[3]. »

Puisque je tiens la lettre d'Alain Chartier, je vais continuer à en traduire les parties intéressantes, avant de revenir à la question spéciale qui nous occupe. Dans le paragraphe suivant, l'écrivain énumère, non sans emphase, les généralités que tout le monde connaît sur la délivrance d'Orléans, la campagne de la Loire et le sacre à Reims. Puis il s'écrie avec une éloquence toute vibrante du plus chaleureux enthousiasme :

« On ne peut penser à cette fille sans l'admirer. Ses

1. « Velut in pugnam. »
2. « Ut non in agris pecudes pavisse, sed in scholis litteris addicisse videretur. »
3. « Quid locuta sit, nemo est qui sciat illud. Tamen manifestissimum est regem, velut spiritu, non mediocri alacritate fuisse perfusum. »

dits et ses faits étonnent. Il est incroyable qu'en quelques mois elle ait pu faire tant et de tels prodiges. Parmi les qualités du grand capitaine, en est-il une qui manque à la Pucelle? La prudence militaire? Elle l'a merveilleuse. Le courage? Elle a le cœur haut, par-dessus tous. L'activité? Il n'est personne qui en ait autant. La justice? La vertu? Le bonheur? Elle est ornée de ces qualités plus que qui que ce soit. Faut-il venir aux mains avec l'ennemi, elle-même dirige les troupes, dispose les campements et joint l'office du bon soldat à l'office du bon général. Le signal donné, elle prend sa lance, l'agite en sa main, la pointe sur l'ennemi, et, éperonnant son cheval, elle se lance impétueusement dans la bataille [1].

» La voilà bien l'héroïne, telle que la terre n'en produisit jamais de pareille, vraie fille du ciel qui l'a envoyée pour soutenir et relever la France au penchant de sa ruine. C'est elle qui, prenant le roi au milieu du gouffre des flots, alors qu'il était le plus travaillé des orages et de la tempête, l'a ramené au port, l'a replacé au rivage et a ranimé dans les âmes l'espérance. C'est elle qui, mettant un frein à la fierté anglaise, a réveillé la française audace, nous a sauvés de la ruine et a embrasé nos cœurs. O vierge extraordinaire, digne de toute louange, digne de toute gloire, digne d'un culte divin! O l'honneur du royaume, ô la lumière des lis, ô notre soleil, tu n'es pas seulement la gloire de la

1. « Dato signo, hastam rapit, raptam concutit, vibrat in hostes et, facto calcaribus equo, magno impetu in agmen irrumpit. »

France, tu es la gloire de la chrétienté. Désormais, que Troie ne nous vante plus son Hector ; que la Grèce ne triomphe plus avec son Alexandre, ni l'Afrique avec son Annibal ; que l'Italie cesse de s'enorgueillir de son César et de tous ses grands capitaines! Et toi, France, quoique tu ne manques pas de héros dans le passé, contente-toi de la Pucelle. C'est assez de son nom pour ta glorification. Avec elle, tu peux te comparer à toutes les autres nations et même te mettre au-dessus d'elles[1]. »

Ainsi finit cette lettre, brillant écho de l'admiration excitée par la Pucelle.

Quelles sont ces confidences qui laissèrent le roi tout émerveillé « comme s'il eût été visité du Saint-Esprit »? Ni le chapelain Pasquerel, ni l'écuyer d'Aulon ne nous

1. « Hæc est illa quæ non aliunde terrarum profecta est, quæ e cœlo demissa videtur, ut ruentem Galliam, cervice et humeris sustineret. Hæc regem in vasto gurgite procellis et tempestatibus laborantem in portum et littus evexit, [et] erexit animos ad meliora sperandum. Hæc, Anglicam ferociam comprimens, Gallicam excitavit audaciam, Gallicam prohibuit ruinam, Gallicum exeussit incendium. O virginem singularem, omni gloria, omni laude dignam, dignam divinis honoribus! Tu regni decus, tu lilii lumen, tu lux, tu gloria non Gallorum tantum, sed christianorum omnium. Non Hectore reminiscat et gaudeat Troja, exsultet Græcia Alexandro, Annibale Africa, Italia Cæsare et romanis ducibus omnibus glorietur. Gallia, etsi ex pristinis multos habeat, hac tamen una puella contenta, audebit se gloriari et cæteris nationibus comparare, verum quoque, si expediet, se anteponere. » — Voilà qui, à chaque phrase, me paraît signé Alain Chartier.

l'apprennent; mais l'un et l'autre, confirmant l'existence d'un signe particulier, déclarent, dans leurs dépositions, que Jeanne dit au roi des choses qu'elle ne pouvait tenir que de Dieu.

D'autre part, Thomas Basin, l'évêque de Lisieux qui avait aidé à la réhabilitation de la Pucelle par un mémoire où étaient établies les irrégularités et les injustices de sa condamnation, composa, une quarantaine d'années après la mort de Jeanne d'Arc, une histoire latine de Charles VII, dans laquelle il affirmait qu'au dire de Dunois, qui le tenait du roi, la Pucelle avait révélé à celui-ci une chose tout à fait mystérieuse, qu'il lui était impossible de connaître autrement que par l'inspiration divine. Mais quelle était cette chose mystérieuse? L'historien n'en dit mot.

Plus explicites sont deux auteurs anonymes contemporains de Louis XII, et Pierre Sala, contemporain de François Ier.

Le premier auteur anonyme, dit l'*Abréviateur du procès* parce qu'il a accompagné son histoire de Jeanne d'un abrégé des deux procès, fait le récit suivant :

« Après que le roy eust ouy ladicte Pucelle, il fut » conseillé par son confesseur, ou autres, de lui parler » en secret et lui demander s'il pourroit croire certaine- » ment que Dieu l'avoit envoyée devers luy, affin qu'il » se peust mieulx fier à elle, et adjouster foy en ses » parolles: ce que ledit seigneur fist. A quoy elle res- » pondit: « Sire, si je vous dis des choses si secrettes » qu'il n'y a que Dieu et vous qui les sachés, croirez

» vous bien que je suis envoyée de par Dieu ? » Le roy » répondit que la Pucelle luy demandât. « Sire, dit-» elle, n'avez-vous pas bien mémoire que, le jour de » la Toussaint dernière, vous estant en la chapelle du » château de Loches, en vostre oratoire, tout seul, » vous feistes trois requestes à Dieu ? » Le roy respon-» dit qu'il estoit bien mémoratif de luy avoir fait au-» cunes requestes. Et alors la Pucelle luy demanda se » jamais il avoit dict et révélé lesdictes requestes à son » confesseur ne à autres. Le roy dist que non. « Et se » je vous dis les trois requestes que luy feistes, croirez » vous bien en mes paroles ? » Le roy respondit que » ouy. Adonc la Pucelle luy dist : « Sire, la première » requeste que vous feistes à Dieu fut que vous » priastes que, se vous n'estiez vray héritier du » royaulme de France, que ce fust son plaisir vous » oster le courage de le poursuivre affin que vous ne » fussiez plus cause de faire et soustenir la guerre » dont procèdent tant de maulx, pour recouver ledit » royaulme. La seconde fut que vous luy priastes que, » si les grans adversitez et tribulations que le pauvre » peuple de France souffroit et avoit souffert si long-» temps, procédoient de vostre péché et que vous en » fussiez cause, que ce fust son plaisir en relever le » peuple, et que vous seul en fussiez pugny et por-» tassiez la pénitence, soit par mort ou autre telle » peine qu'il luy plairoit. La tierce fut que, se le » péché du peuple estoit cause desdictes adversitez, » que ce fust son plaisir pardonner audit peuple et

» appaiser son ire (*sa colère*), et mectre le royaulme » hors des tribulations ès quelles il estoit, ja avoit » douze ans et plus. » Le roy congnoissant qu'elle » disoit vérité, adjousta foy en ses paroles et creut » qu'elle estoit venue de par Dieu. »

De son propre aveu, l'auteur de ce récit s'est inspiré d'une chronique qu'il n'a pas vue, mais qu'il déclare *bien authentique* et reconnue telle par *pluiseurs grands personnages de France*.

Maintenant, voici ce qui est dit dans le *Mirouer des femmes vertueuses*, petit livre sans nom d'auteur, très populaire sous Louis XII :

« Le Roy fist reculer au loing au bas de la salle ceulx » qui y estoient, et fist approcher la Pucelle de luy. » Laquelle par l'espace d'ugne heure parla au roy, » sans que aultre personne que eulx deux sceut ce » qu'elle luy disoit. Et le roy larmoyoit tendrement : » dont ses chambellans qui voyaient sa contenance, se » voulaient approcher pour rompre le propos ; mais le » roy leur fesoit signe qu'ilz se reculassent et la lais» sassent dire. Quelles parolles ilz eurent ensemble, » personne n'en a pu rien sçavoir ne congnoistre, si» non que on dit que, après que la Pucelle fut morte, » le roy, qui moult dolent en fust, dist et révéla à » quelqu'ung que elle lui avait dit comment peu de » jours paravant qu'elle venist à luy, luy estant par » une nuyct couché au lict alors que tous ceulx de sa » chambre estoyent endormis, il sillogisoit en sa pensée

» les grans affaires où il estoit; et comme tout hors d'espérance du secours des hommes, se leva de son liet en sa chemise, et à costé de son lict, hors icelluy, se mist à nudz genoulx et les larmes aux yeulx et les mains joinctes, comme soy reputant miserable pécheur,. indigne de adresser sa prière à Dieu, suplia à sa glorieuse Mère qui est royne de miséricorde et consolation des désolez, que, s'il estoit vray fils du roy de France et héritier de sa couronne, il pleust à la Dame suplier son filz que il luy donnast ayde et secours contre ses ennemys mortelz et adversaires, en manière que il les peust chasser hors de son royaulme et icelluy gouverner en paix; et s'il n'estoit filz du roy et le royaulme ne luy appartenist, que le bon plaisir de Dieu fut luy donner patience et quelques possessions temporelles pour vivre honorablement en ce monde. Et dit le roy que, à ces parolles qui portées luy furent par la Pucelle, il congneut bien que véritablement Dieu avoit revélé ce mistère à ceste jenne pucelle; car ce qu'elle luy avoit dict estoit vray. Et jamais homme aultre que le roy n'en avoit riens sceu. »

Pierre Sala, qui avait été au service de Louis XI et de Charles VIII, et qui vivait encore sous François Ier, va à son tour nous parler de ce mystérieux entretien du dauphin avec la Pucelle et du légendaire secret révélé par Jeanne au roi, dans son livre publié en 1516 : *Les hardiesses des grands rois et empereurs.* Il tenait ses renseignements du chambellan Guillaume Gouffier, seigneur de Boisy, à qui Charles VII lui-même en aurait fait la confidence :

« Je suyvoie ce bon chevalier, monseigneur de Boisy, » quand il s'esbatoit parmy le parc; et tant l'aimoye » pour ses grans vertus, que je ne me pouvoye de luy » partir; car de sa bouche ne sortoient que beaulx » exemples où j'apprenoye moult de bien. Et me semble » si je scay nul bien que je le tiens de luy. Celuy me » compta entre aultres choses le secret qui avoit esté » entre le roy et la Pucelle; et bien le pouvoit sçavoir, » car il avoit esté en sa jeunesse très aymé de ce roy, » tant qu'il ne voulut oncques souffrir coucher nul » gentilhomme en son lit, fors luy. En ceste grande » privaulté que je vous dis, lui compta le roy les pa- » rolles que la Pucelle lui avoit dictes, telles que vous » orrez (*ouïrez*) cy après.

» Il est vray que, du temps de la grande adversité de » ce roy Charles VII°, il se trouva si bas qu'il ne sçavoit » plus que faire, et ne fesoit que penser au remède de » sa vie, car, comme je vous ay dit, il estoit entre ses » ennemis encloz de tous coustez (*côtés*). Le roy estant » en ceste extresme pensée, entra ung matin en son » oratoire, tout seul; et là, il fit une humble requeste et » prière à Nostre Seigneur dedans son cueur, sans pro- » nuntiation de parolle, où il lui requeroit dévotement » que, si ainsi estoit qu'il fut vray héritier descendu de » la noble maison de France, et que le royaulme juste- » ment luy deust appartenir, qu'il luy pleust de luy

» garder et deffendre, ou au pis luy donner grâce de
» eschapper sans mort ou prison; et qu'il se peust
» saulver en Espaigne ou en Ecosse.

» Peu de temps après ce, advint que le roy estant en tous ces pensements que je vous ai contés, la » Pucelle lui fut amenée; laquelle avoit eu en gardant » ses brebis aux champs inspiration divine pour venir » reconforter le bon roy. Laquelle ne faillit pas, car » elle se fit mener et conduire jusques devant le Roy, » et là elle fit son message aux enseignes dessus-dictes, » que le roy congneut estre vrayes; et dès l'heure il » se conseilla par elle. »

J'ai mis sous les yeux du lecteur les documents essentiels.

Maintenant, si on me demande mon avis, je répondrai qu'il me suffit de croire que Jeanne dit au dauphin : « Vous êtes vrai roi et je vous ferai sacrer », sans imaginer tant de mystères. Comme elle le déclarait, son signe devait être la levée du siège d'Orléans.

J'ajoute que, si les révélations extraordinaires dont on parle étaient exactes, les longues épreuves auxquelles le roi soumit Jeanne à Poitiers et cette attente d'environ deux mois, qu'elle eût à subir seraient inexplicables.

VI. — RECUEIL DES LETTRES DE JEANNE D'ARC

Je reproduis ici, intégralement et par ordre de date, onze lettres de Jeanne d'Arc qui nous ont été conservées. Elles sont si héroïques d'accent, si naïves, si vivantes ! Je signale aussi neuf autres lettres mentionnées, non retrouvées.

I. — LETTRE DE LA PUCELLE AUX ANGLAIS[1].

(22 mars 1429.)

[« *Au duc de Bethfort, soi disant régent le royaume » de France ou à ses lieutenans estans devant la » ville d'Orliens*[2].]

« † JHESUS, MARIA †[3] »

« Roy d'Angleterre, et vous, duc de Bethfort, qui

1. Ayant modernisé cette lettre dans le PROCÈS DE CONDAMNATION (voir p. 96), je la donne ici sous sa forme archaïque.

Il y a plusieurs textes, légèrement différents, de la lettre de Jeanne aux Anglais. Les deux textes les plus autorisés sont le texte qui se trouve cité dans les manuscrits du procès de condamnation et le texte provenant d'une copie du temps de Jeanne, copie aujourd'hui perdue, mais dont il existe à la Bibliothèque nationale deux transcriptions faites au XVIIIe siècle.

J'ai suivi le texte cité dans le procès, sauf deux ou trois modifications d'orthographe et quelques additions que pruntées au texte de la copie contemporaine.

J'ai barré les passages ajoutés pour qu'on reconnût ces additions qui en deux endroits éclaircissent très utilement le texte consacré par les juges du procès.

2. Je mets en tête de chaque lettre le texte de la suscription qui servait d'adresse.

La suscription ci-dessus est omise dans le texte du procès.

3. Cette formule *Jhesus, Maria*, accréditée dans les monastères

» vous dictes régent le royaume de France; vous, Guil-
» laume de la Poule, conte de Suffort; Jehan, sire de
» Talebot; et vous, Thomas, sire d'Escales, qui vous
» dictes lieutenans dudit duc de Bethfort, faictes rason

et parmi les personnes pieuses du temps, figurait, non seulement au commencement ou à la fin de la plupart des lettres dictées par Jeanne, mais encore sur son étendard et sur une bague qui lui avait été donnée à Domremy par ses parents (voir PROCÈS DE CONDAMNATION, pages 88, 96, 102, 115, 185, 228, 233, 250, 271). On sait aussi que les gens d'armes de la compagnie de la Pucelle passaient pour avoir adopté comme devise les noms de Jésus et de Marie inscrits sur leurs pennons (voir PROCÈS DE CONDAMNATION, page 115), et que, sur la bannière qu'elle fit faire pour les prêtres de l'armée par l'intermédiaire de son aumônier Pasquerel, il y avait l'image de Jésus crucifié. (Voir page 208 du précédent volume.) On sait enfin que le dernier cri de Jeanne mourante fut : « Jésus! » et que plusieurs témoins de sa mort déclaraient qu'ils avaient vu ce nom écrit dans la flamme du bûcher où l'héroïne venait d'expirer. (Voir les témoignages du prieur Thomas Marie (page 119) du précédent volume), du médecin Delachambre (p. 16 du présent volume), du greffier Boisguillaume (p. 53), du greffier Taquel (p. 60), de l'huissier Massieu (p. 79, du frère Martin (p. 87, du frère Isambard p. 96), des chanoines Dudésert et Caval (p. 114 et 116, du curé Riquier (p. 122), du frère Jean (p. 134), de l'appariteur Leparmentier (p. 137), du procureur Daron (p. 145), du maître des requêtes Fave (p. 148), des bourgeois Cusquel, Moreau et Marcel (p. 156, 161, 168).

Jeanne déclara à ses juges qu'elle se conformait à l'avis des gens de son parti en mettant ou plutôt en faisant mettre sur plusieurs de ses lettres *Jhesus Maria*. (Voir PROCÈS DE CONDAMNATION, pages 185 et 233.) Elle leur dit aussi qu'il lui arrivait d'accompagner ces mots d'une croix en signe que celui de son parti à qui elle écrivait ne fît pas ce qu'elle lui écrivait. (Voir page 265 du précédent volume, et p. 96 du PROCÈS DE CONDAMNATION.

» au Roy du ciel [de son sanc royal]; rendez à la Pucelle qui est cy envoiée de par Dieu, le roy du ciel, » les clefs de toutes les bonnes villes que vous avez » prises et violées en France. Elle est ci venue de par » Dieu [le Roy du ciel] pour réclamer le sanc royal[1]. » Elle est toute preste de faire paix, si vous lui voulez faire raison, par ainsi que France vous mectrés » jus (*rendrez*) et paierez de ce que l'avez tenue. Et » entre vous, archiers, compaignons de guerre gentilz, et autres qui estes devant la [bonne] ville d'Orliens, alez-vous-en en vos païs, de par Dieu; et si » ainsi ne le faictes, attendez nouvelles de la Pucelle » qui vous ira voir briefment à vos bien grans dommaiges. Roy d'Angleterre, si ainsi ne le faictes, je » suis chief de guerre, et en quelque lieu que je actaindray vos gens en France, je les en ferai aler, veuillent ou non veuillent, et si ne veullent obéir, je les » ferai tous occire. Je suis cy envoiée de par Dieu, le » roy du ciel, corps pour corps, pour vous bouter » hors de toute France [encontre tous ceulx qui » vouldroient porter traïson, malengin ne domaige au » royaulme de France[2]]. Et si veullent obéir, je les » prandray à mercy. Et n'aïez point en vostre oppinion, que vous ne tendrez mie (*que vous tiendrez*

1. Allusion au duc d'Orléans, prisonnier des Anglais, dont Jeanne entendait obtenir de gré ou de force la délivrance.

2. La partie de cette phrase qui est barrée n'est ni dans le texte du *Procès*, ni dans le *Journal du siège*, ni dans la *Chronique de la Pucelle*, ni dans le *Registre delphinal*. Elle se trouve uniquement dans la copie contemporaine.

» *jamais*) le royaume de France [de] Dieu, le Roy du » ciel, filz [de] sainte Marie; ainz le tendra le roy » Charles, vrai héritier; car Dieu, le Roy du ciel[1] le » veult et lui est révélé par la Pucelle; lequel entrera » à Paris à bonne compaignie. Se ne voulez croire les » nouvelles de par Dieu et la Pucelle, en quelque lieu » que vous trouverons, nous ferrons (*frapperons*) de- » dans [à horions] et y ferons ung si grant hahay, » que encore a-il mil ans que en France ne fu si » grant[2], se vous ne faictes raison.

» Et croyez fermement que le Roy du ciel envoiera » plus de force à la Pucelle, que vous ne lui sauriez » mener de tous assaulx, à elle et à ses bonnes gens » d'armes; et aux horions verra-on qui aura meilleur » droit de Dieu du ciel [ou de vous.] Vous, duc de » Bethfort, la Pucelle vous prie et vous requiert » que vous ne vous faictes mie détruire. Si vous lui » faictes raison, encore pourrez venir en sa compai-

1. Une relation sur Jeanne d'Arc, écrite de son vivant par le greffier de l'hôtel de ville de la Rochelle et retrouvée en ces derniers temps par M. de Richemont, porte que, sur l'étendard de Jeanne fait à Poitiers, un pigeon, figuré dans l'écu d'azur, tenait en son bec cette inscription : « De par le roi du ciel. » Jeanne se considérait comme la servante de Jésus; et c'est ce qui lui faisait dire, dans la lettre au duc de Bourgogne : « Tous ceux qui guerroient audit saint royaume de France, guerroient contre le roi Jésus, roi du ciel et de tout le monde, mon droiturier et souverain seigneur » (*Voir la lettre au duc de Bourgogne, page 293. Voir aussi, outre les trois sommations aux Anglais, la lettre aux habitants de Troyes page 292, et la délibération citée page 305.*

2. Mille ans auparavant, au ve siècle, la France était mise sens dessus dessous par l'invasion d'Attila.

» gnie, en lieu où les Franchois feront le plus bel fait
» que oncques fut fait pour la chrestienté. Et faictes
» response si vous voulez faire paix en la cité d'Or-
» liens; et si ainsi ne le faictes, de vos bien grans
» domaiges vous souviengne briefment. Escript ce
» mardi [de la] sepmaine saincte.

» [De par la Pucelle] »

Dans sa déposition, l'écuyer Thibault a rapporté que Jeanne, étant à Poitiers, demanda si on avait du papier et de l'encre, et dit à maître Jean Erault : « Écrivez ce que je vais vous dire : « *Vous, Suffort, Classidas et* » *La Poule, je vous somme de par le roi des cieux que* » *vous en alliez en Angleterre*[1]. »

C'est là le premier jet de la lettre ci-dessus que Jeanne dicta avant de quitter Poitiers.

II. — LETTRE DE JEANNE AUX ANGLAIS.
(5 mai 1429.)

[La lettre suivante nous a été transmise en latin dans la déposition de Pasquerel, que j'ai traduite ailleurs (*Page* 224 du précédent volume) :]

Le jour de l'Ascension, dit Pasquerel, *Jeanne écrivit aux Anglais retranchés dans leurs bastilles, en cette manière :*

[2] « Vous, hommes d'Angleterre, qui n'avez aucun

1. « Petiit eisdem si haberent papyrum et incaustum, dicendo magistro Johanni Erault : « Scribatis ea quæ ego dicam » vobis. » — *Le reste tel quel, en français.* (Voir p. 149 du précédent volume.)

2. « *Illa die festi ascensionis domini, ipsa Johanna scripsit An-*

droit en ce royaume de France, le Roi des cieux vous mande et ordonne, par moi Jehanne la Pucelle, que vous quittiez vos bastilles et retourniez en vos pays. Sinon je ferai de vous un tel hahu qu'il y en aura perpétuelle mémoire. Voilà ce que je vous écris pour la troisième et dernière fois, et ne vous écrirai plus. Ainsi signé :

» JHESUS, MARIA. *Jehanne la Pucelle.* »

« Je vous aurais envoyé mes lettres plus honnêtement, mais vous retenez mes hérauts : vous avez retenu mon héraut Guyenne. Veuillez me le renvoyer, et je vous renverrai quelques-uns de vos gens qui ont été pris à la bastille Saint-Loup; car ils ne sont pas tous morts. »

III. — LETTRE DE JEANNE AUX HABITANTS DE TOURNAI.
(25 juin 1429.)

[Je modernise l'orthographe de cette lettre et des suivantes, qui seraient inintelligibles pour beaucoup

» *glic s existentibus in bastidis, in hunc modum:* « Vos, homines » Angliæ qui nullum jus habetis in hoc regno Franciæ, Rex cœlorum vobis præcepit et mandat per me, Johannam *la Pucelle*, » quatenus dimittatis vestra fortalitia et recedatis in partibus » vestris, vel ego faciam vobis tale *hahu* de quorum erit perpetua me moria. Et hæc sunt quæ pro tertia et ultima vice » ego vobis scribo, nec amplius scribam. Sic signatum : » *Jhesus Maria Jehanne la Pucelle.* »

Et ultra : « Ego misissem vobis meas littera honestius; sed » vos detinetis meos præcones, gallice *mes héraulx*, quia retinuistis meum *hérault*, vocatum *Guyenne*. Quem mihi mittere » velitis et ego mittam vobis aliquos de gentibus vestris captis » in fortalitiis Sancti-Laudi (lupi), quia non sunt omnes mortui. »

de lecteurs si j'en reproduisais le texte tel quel. Le mal n'est pas grand, puisque Jeanne *dictait* ses lettres.]

« *Aux loyaux Français de la ville de Tournay.* »

« † JHÉSUS MARIA. † »

« Gentils loyaux Français de la ville de Tournay, la » Pucelle vous fait savoir des nouvelles de par deçà » que, en VIII, jours elle a cachié (*chassé*) les Anglais » hors de toutes les places qu'ils tenaient sur la rivière » de Loire par assaut ou autrement où il y en a eu » mainte morts et pris, et les a déconfits en bataille. Et » croyez que le comte de Suffolk, Pole son frère, le » sire de Talbot, le sire de Scales et messire Jean » Faltstolf et plusieurs chevaliers et capitaines ont » été pris; et le frère du comte de Suffolk et Glasdale » morts. Maintenez-vous bien loyaux Français, je vous » en prie, et vous prie et vous requiers que vous soyez » tous prêts de venir au sacre du gentil roi Charles » à Reims, où nous serons bientôt, et venez au devant » de nous quand vous saurez que nous approcherons. A » Dieu vous recommande. Dieu soit garde de vous et » vous doint grâce (*fasse la grâce*) que vous puissiez » maintenir la bonne querelle du royaume de France. » — Écrit à Gien, le XXVe jour de juin. »

IV. — LETTRE DE JEANNE AUX HABITANTS DE TROYES.

(4 juillet 1429.)

« *Aux seigneurs et bourgeois de la cité de Troyes.* »

« Jhesus † Maria. »

« Très chers et bons amis, s'il ne tient à vous, sei-
» gneurs, bourgeois et habitants de la ville de Troyes,
» Jehanne la Pucelle vous mande et fait savoir de par
» le Roi du ciel, son droiturier et souverain Seigneur,
» duquel elle est chaque jour en son service royal,
» que vous fassiez vraie obéissance et reconnaissance
» au gentil roi de France qui sera bientôt à Reims
» et à Paris, qui qui vienne contre, et en ses bonnes
» villes du saint royaume, avec l'aide du roi Jhesus.
» Loyaux Français, venez au devant du roi Charles et
» qu'il n'y ait point de faute; et ne vous doutez de
» vos corps ni de vos biens (*n'ayez de crainte pour*
» *vos corps ni pour vos biens*), si ainsi le faites. Et si
» ainsi ne le faites, je vous promets et certifie sur
» vos vies que nous entrerons avec l'aide de Dieu en
» toutes les villes qui doivent être du saint royaume,
» et y ferons bonne paix, qui qui vienne contre.
» A Dieu vous recommande. Dieu soit garde de vous,
» s'il lui plait. Réponse bientôt. Devant la cité de
» Troyes, écrit à Saint-Fale, le mardi quatrième jour
» de juillet. »

V. — LETTRE DE JEANNE AU DUC DE BOURGOGNE LE JOUR DU SACRE DE CHARLES VII.

(17 juillet, 1429.)

« *Au duc de Bourgogne.* »

† JHESUS, MARIA. †

« Haut et redouté prince, duc de Bourgogne, » Jehanne la Pucelle vous requiert de par le Roi du » ciel, son droiturier et souverain Seigneur, que le » roi de France et vous fassiez bonne paix ferme, qui » dure longuement. Pardonnez l'un à l'autre de bon » cœur, entièrement, ainsi que doivent faire loyaux » chrétiens, et s'il vous plait de guerroyer si (*eh bien*) » allez sur les Sarrasins. Prince de Bourgogne, je vous » prie, supplie et requiers tant humblement que re- » quérir vous puis, que ne guerroyez plus au saint » royaume de France et fassiez retraire incontinent et » brièvement vos gens qui sont en aucunes places et » forteresses dudit saint royaume, et de la part du » gentil roi de France; il est prêt de faire paix à » vous, sauve son honneur (*son honneur étant sauf*). » Et vous fais savoir de par le roi du ciel, mon droi- » turier et souverain Seigneur, pour votre bien et pour » votre honneur et sur votre vie, que vous n'y gagnerez » point bataille à l'encontre des loyaux Français et » que tous ceux qui guerroient audit saint royaume de » France, guerroient contre le roi Jhésus, roi du ciel » et de tout le monde, mon droiturier et souverain Sei-

» gneur. Et vous prie et requiers à jointes mains, que » ne faites nulle bataille ni ne guerroyez contre nous, » vous, vos gens ou sujets; et croyez sûrement que, » quelque nombre de gens qu'amenerez contre nous, ils » n'y gagneront mie, et sera grande pitié de la grande » bataille et du sang qui y sera répandu de ceux qui » viendront contre nous. Et, il y a trois semaines que » je vous avais écrit et envoyé bonnes lettres par un hé- » raut, que [vous] fussiez au sacre du roi qui, aujour- » dui dimanche, XVIIe jour de ce présent mois de juil- » let, se fait en la cité de Reims : dont je n'ai eu point » de réponse, ni n'ouis oncques depuis nouvelles dudit » héraut. A Dieu vous recommande et soit garde de » vous, s'il lui plait; et prie Dieu qu'il y mette bonne » paix. Écrit audit lieu de Reims, ledit XVIIe jour de » juillet.

» JEHANNE. »

VI. — LETTRE DE JEANNE AUX HABITANTS DE REIMS.

(5 août 1429.)

« *Aux loyaux Français habitant la ville de Reims.* »

« Mes chers et bons amis les bons et loyaux Fran- » çais de la cité de Reims, Jehanne la Pucelle vous » fait savoir de ses nouvelles et vous prie et vous » requiert que vous ne fassiez nul doute en la bonne » querelle qu'elle mène pour le sang royal; et je

» vous promets et certifie que je ne vous abandonnerai point tant que je vivrai. Et est vrai que le » roi a fait trèves au duc de Bourgogne quinze jours » durant, par ainsi qu'il lui doit rendre la cité de » Paris paisiblement au chief (*au bout*) de quinze jours. » Cependant, ne vous donnez nulle merveille si je n'y » entre si brièvement, combien que des trèves qui » ainsi sont faites je ne sois point contente et ne sais » si je les tiendrai; mais si je les tiens, ce sera seulement pour garder l'honneur du roi; combien aussi » que ils ne rabuseront point le sang royal, car je » tiendrai et maintiendrai ensemble l'armée du roi » pour être toute prête au chief (*au bout*) desdits » quinze jours, s'ils ne font la paix. Pour ce, mes » très chers et parfaits amis, je vous prie que vous » ne vous en donniez malaise tant que je vivrai; » mais vous requiers que vous fassiez bon guet et gardiez la bonne cité du roi; et me faites savoir s'il y a » nuls triteurs (*pressureurs*) qui vous veulent grever, » et au plus brief (*au plus tôt*) que je pourrai, je les » en ôterai, et me faites savoir de vos nouvelles. » A Dieu vous commant (*recommande*) qui soit garde » de vous. — Écrit ce vendredi, cinquième jour d'août, » emprès un (*auprès d'un*) logis sur champ au chemin » de Paris. »

VII. — LETTRE DE JEANNE AU COMTE D'ARMAGNAC.

(22 août, 1429.)

Cette lettre est citée dans le procès de Jeanne. Interrogée sur cette lettre, Jeanne dit qu'elle allait monter à cheval quand elle fit réponse au comte, et que la lettre n'était que partiellement exacte.

« JHESUS ✝ MARIA. »

« [1]Comte d'Armignac, mon très chier et bon ami, » Jehanne la Pucelle vous fait savoir que vostre message est venu par devers moy, lequel m'a dit que » l'aviés envoié par deça pour savoir de moy auquel » des trois papes, que mandez par mémoire, vous » devriés croire. De laquelle chose ne vous puis bonnement faire savoir au vray, pour le présent, jusqu'à » ce que je soye à Paris ou ailleurs à requoy (*en* » *repos*); car je suis pour le présent trop empeschée » au fait de la guerre; mais quant vous saurez que je » seray à Paris, envoiez ung message par devers moy » et je vous feray savoir tout au vray auquel vous » devrez croire et que en auray sceu par le conseil de » mon droicturier et souverain Seigneur, le Roy de » tout le monde, et que en aurez à faire, à tout mon » povoir. A Dieu vous commans; Dieu soit garde de » vous. Escript à Compiengne, le XXIIe jour d'aoust. »

1. Ayant modernisé cette lettre dans le PROCÈS DE CONDAMNATION (page 93), j'en donne ici le texte tel quel, sauf quelques modifications dans l'orthographe.

VIII. — LETTRE DE JEANNE AUX HABITANTS DE RIOM.

(9 novembre 1429.)

« *A mes chers et bons amis, les gens d'Église,*
» *bourgeois et habitans de la ville de Riom.* »

« Chers et bons amis, vous savez bien comment la » ville de Saint-Pierre-le-Moustier a été prise d'as- » saut; et, avec l'aide de Dieu, ai intention de faire » vider les autres places qui sont contraires au roi; » mais pour ce que grande dépense de poudres, trait » et autres habillements de guerre a été faite devant » ladite ville, et que petitement les seigneurs qui sont » en cette ville et moi en sommes pourvus pour aller » mettre le siége devant la Charité où nous allons pré- » sentement, je vous prie, sur tant que vous aimez le » bien et l'honneur du roi et aussi de tous les autres » de par deça, que vueillez incontinent envoyer et » aider pour ledit siége, de poudres, salpêtre, souffre, » trait, arbalétes fortes et autres habillements de » guerre. Et en ce faites tant que, par faute desdites » poudres et autres habillements de guerre, la chose » ne soit longue, et qu'on ne vous puisse dire en ce » être négligents ou refusans. Chers et bons amis, » Notre Sire soit garde de vous. Écrit à Moulins, le » IXe jour de novembre[1].

» JEHANNE. »

1. Le fac-similé du texte authentique de cette lettre, avec la signature de Jeanne d'Arc, se trouve en tête de JEANNE D'ARC, LIBÉRATRICE DE LA FRANCE.

IX. — SECONDE LETTRE DE JEANNE AUX HABITANTS DE REIMS.

(16 mars 1430.)

« *A mes très chers et bons amis, gens d'Église, bourgeois et autres habitans de la ville de Reims.* »

« Très chers et bien aimés et bien désirés à voir, » moi, Jehanne la Pucelle, ai reçu vos lettres faisant » mention que vous vous doutiez d'avoir le siège. » Veuillez savoir que vous n'arés point (*ne l'aurez point*), si je les puis rencontrer; et si ainsi fut que je » ne les rencontrasse, et eux vinssent devant vous, si » (*eh bien*), vous, fermez vos portes, car je serai bien » brief (*bientôt*) vers vous; et si eux y sont, je les » ferai chausser leurs éperons si à hâte qu'ils ne sauront par ho (*par où*) les prendre, et leur essil [*destruction*] y est si brief que ce sera bientôt. Autre » chose ne vous écris pour le présent, mais que soyez » toujours bons et loyaux. Je prie à Dieu qu'il vous » ait en sa garde. — Écrit à Sully, le XVIe jour de » mars.

» Je vous manderais encore aucunes nouvelles dont » vous seriez bien joyeux; mais je doute (*crains*) » que les lettres ne fussent prises en chemin et que » l'on ne vit lesdites nouvelles.

» *Signé :* JEHANNE. »

X. — TROISIÈME LETTRE DE JEANNE AUX HABITANTS DE REIMS.

(28 mars 1430.)

« *A mes très chers et bons amis, les gens d'Église,* » *échevins, bourgeois et habitans et maîtres de la* » *bonne ville de Reims.* »

« Très chers et bons amis, plaise vous savoir que » j'ai reçu vos lettres, lesquelles font mention com- » ment on a rapporté au roi que dedans la bonne cité » de Reims ilyavait moult de mauvais. Si voulez » savoir que c'est bien vrai qu'on lui a rapporté, voi- » rement qu'il y en avait beaucoup qui étaient d'une » alliance, et qui devaient trahir la ville et mettre les » Bourguignons dedans [1]. Et depuis, le roi a bien su

1. Jean Rogier, chroniqueur de la fin du XVe siècle, à qui nous devons une intéressante relation des faits et gestes notables des habitants de Reims depuis l'an 1160, dit : « Le roi Char- » les septième, depuis son sacre, écrivit plusieurs lettres aux » habitants de Reims, et s'en trouvent soixante-dix en nombre » sans les patentes ; par aucunes desquelles il demande auxdits » habitants nouvelles aides pour l'entretien de ses armées » comme aussi grand nombre de munitions deguerre, canons, » bombardes, poudres, balles, nombre de charpentiers, maçons » et manouvriers, payés et entretenus aux dépens desdits habi- » tants, pour l'assister aux sièges de Lagny, Meaux, Pontoise » et autres lieux. Il leur mande aussi le contentement qu'il avait » d'eux et de ce qu'ils avaient fait pour son service ; *et, com-* » *bien qu'on lui eut fait de sinistres rapports contre la fidélité* » *qu'ils lui devaient, qu'il n'y avait voulu ajouter aucune foi, se* » *tenant trop assuré de leur fidélité ; qu'un nommé Jean Labbé*

» le contraire par ce que vous lui en avez envoyé la » certaineté, dont il est très content de vous; et croyez » que vous êtes bien en sa grâce; et si vous aviez à » besoigner, il vous secourrait quant au regard du » siége; et connais bien que vous avez moult à souffrir » pour la dureté que vous font ces traîtres Bourgui- » gnons adversaires; si (*aussi*) vous en délivrera au » plaisir de Dieu bien brief (*brièvement*), c'est assavoir » le plus tôt que faire se pourra. Si vous prie et re- » quiers, très chers amis, que vous gardiez bien ladite » bonne cité pour le roi et que vous fassiez très bon » guet. Vous orrez (*ouïrez*) bientôt de mes bonnes nou- » velles plus à plein. Autre chose quant à présent ne » vous récris, fors que toute Bretagne est française et » doit le duc envoyer au roi trois mille combattants » payés pour deux mois. A Dieu vous recommande, » qui soit garde de vous. Écrit à Sully, le XXVIIIe de » mars. »

» *lui avait dit qu'il y avait plusieurs gens qui avaient promis de* » *rendre ladite ville de Reims au duc de Bourgogne, autres qui* » *avaient dit que le jour du saint sacrement on avait entrepris* » *d'y faire entrer ledit duc de Bourgogne.* Et témoigne par toutes » ses lettres qu'il avait un grand soin de ladite ville de Reims » et une grande confiance aux habitants d'icelle. » — Il est étonnant que la ville de Reims, patrie de grands sculpteurs, n'ait point encore un monument commémoratif du triomphe de Jeanne d'Arc.

XI. — LETTRE ÉCRITE AUX HÉRÉTIQUES DE BOHÊME, AU NOM DE JEANNE, PAR SON AUMONIER PASQUEREL.

(23 mars 1430.)

Traduction d'après le texte latin authentique[1].

« † JÉSUS, MARIE. † »

« Depuis longtemps la renommée m'a appris, à moi Jeanne la Pucelle, que de vrais chrétiens vous êtes devenus hérétiques et en tout pareils aux Sarrasins, que vous avez aboli la religion et le culte véritables ; que vous avez adopté une superstition révoltante et funeste; que vos audacieux efforts pour la protéger et l'étendre ne reculent devant aucune cruauté ni aucune infamie ; que vous souillez les sacrements de l'Église, déchirez les articles de notre foi, renversez les temples, brisez et livrez aux flammes les statues commémoratives des saints, enfin mettez à mort les chrétiens qui ne veulent pas adhérer à votre créance.

» Quelle est donc cette fureur, cette folie, cette rage qui vous tient? Cette foi que le Dieu tout-puissant, le Fils et le Saint-Esprit ont créée et instituée, qu'ils ont exaltée de mille manières et illustrée par mille miracles, vous, vous la persécutez ; vous, vous avez dessein de la détruire et de l'exterminer. Ah ! vous êtes des

1. Dans JEANNE D'ARC LIBÉRATRICE DE LA FRANCE (p. 265), j'ai déjà traduit cette curieuse lettre, en accompagnant ma traduction française du texte latin authentique et de quelques détails sur les altérations que ce texte avait subies avant d'être découvert à Vienne, dans son intégralité, par M. Sickel, en 1860. Il y a là le style de Pasquerel, non celui de Jeanne.

aveugles, à bien plus juste titre que ceux qui sont privés de la vue et de la lumière des yeux. Croyez-vous que vous demeurerez impunis? Ne savez-vous pas que Dieu laisse se développer vos scélérates menées et vous permet de durer dans les ténèbres et dans l'erreur, afin que, plus vous vous serez abandonnés à ce déchaînement de crimes et de sacrilèges, plus il vous châtie par les pires supplices?

» Quant à moi, pour vous dire sincèrement la vérité, si je n'étais occupée ici dans les guerres anglaises, je serais venue depuis longtemps vous faire visite. Mais, si je n'apprends bientôt que vous vous êtes amendés, je laisserai peut-être les Anglais et je me tournerai contre vous, afin que, par le fer, si je ne le puis autrement, j'extirpe votre abominable superstition et vous arrache ou l'hérésie ou la vie.

» Que si vous préférez revenir à la lumière et rentrer dans le giron catholique, adressez-moi vos envoyés. Je leur dirai ce que vous avez à faire. Dans le cas contraire, si vous vous obstinez à regimber contre l'éperon, souvenez-vous de tous les méfaits, de tous les malheurs dont vous êtes coupables, et attendez-vous à me voir. Je viendrai, avec les plus grandes forces divines et humaines, vous traiter comme vous avez traité les autres.

» *Écrit à Sully, le 23 mars, aux hérétiques de Bohême.*

» Pasquerel. »

LETTRES DE JEANNE MENTIONNÉES ET NON RETROUVÉES.

Dans le cours du procès de condamnation, lors de l'interrogatoire secret du lundi matin 12 mars, Jeanne, s'excusant d'avoir quitté son père et sa mère sans leur congé, déclara qu'elle leur avait ultérieurement envoyé une lettre au sujet de son départ : « Depuis, je leur en ai écrit et ils m'ont pardonné [1]. »

Dans l'interrogatoire public du mardi 27 février, Jeanne dit qu'avant de se rendre à Chinon, étant encore à Sainte-Catherine de Fierbois [2], elle écrivit à Charles VII au sujet de sa mission : « J'envoyai au roi une lettre disant que je lui faisais cet envoi pour savoir s'il me serait permis de l'aller trouver dans la ville où il était; que j'avais bien fait cinquante lieues pour venir vers lui, à son secours; et que je savais beaucoup de choses bonnes pour lui. Il me semble même qu'il y avait dans cette lettre que je saurais bien reconnaître ledit roi entre tous les autres [3]. »

1. Voir Procès de condamnation, p. 139.

2. Ce détail est précisé dans le relevé des réponses de Jeanne qui accompagne le réquisitoire : « Cùm adhuc esset in sanctà Catherinà de Fierbois. »

3. Voir Procès de condamnation, p. 85. — Voici le texte latin dont on vient de lire la traduction : « Item dicit quod misit litteras » ad regem suum, in quibus continebatur quod ipsa mittebat » pro sciendo si ipsa intraret villam ubi erat rex suus præfatus; » et quod bene progressa fuerat per centum et quinquaginta leu» cas pro veniendo versus ipsum, ad ejus auxilium, quodque » sciebat multa bona pro eo. Et videtur ei quod in eisdem litte» ris continebatur quod ipsa cognosceret bene præfatum regem » suum inter omnes alios. »

Le même interrogatoire mentionne une lettre que Jeanne adressa au clergé de Sainte-Cathérine de Fierbois, pour avoir une épée enfermée derrière l'autel de l'église : « J'écrivis, dit-elle, aux gens d'église du lieu qu'il leur plût que j'eusse cette épée ; et ils me l'envoyèrent[1]. »

Dans l'interrogatoire public du samedi 3 mars, Jeanne, s'expliquant sur les prétendues apparitions dont se disait favorisée Cathérine de la Rochelle, déclare *qu'elle écrivit au roi pour qu'il sût à quoi s'en tenir*[2].

D'après son propre dire (*Voir ci-dessus, page 294 et 298*), Jeanne avait envoyé aux Anglais, pour les sommer de se retirer, une lettre distincte des deux lettres qu'on a lues, et elle avait écrit au duc de Bourgogne, vers la fin de juin 1429, pour l'inviter à venir au sacre du roi.

Il ne reste malheureusement aucune trace des six curieuses lettres dont je viens de parler.

L'inventaire manuscrit des archives du parlement dressé par Le Nain mentionne une septième lettre de Jeanne, sous cette rubrique : « Lettre de la Pucelle au roi de Navarre. » Mais c'est en vain que la lettre signalée a été cherchée dans les archives.

Il y a une huitième lettre, adressée par Jeanne aux

1. Voir PROCÈS DE CONDAMNATION ; p. 86. — Voici le texte du procès verbal : « Scripsit viris ecclesiasticis illius loci quatenus » placeret eis ut ipsa haberet illum ensem ; et ipsi miserunt » eum. »

2. Voir PROCÈS DE CONDAMNATION, p. 122.

habitants de Tours. Ceux-ci lui étaient profondément attachés. Aussi, d'après un vieux document qu'allègue Carreau dans son histoire inédite de la Touraine, quand la prise de Jeanne leur fut connue, ils organisèrent des prières publiques pour sa délivrance et firent une procession générale où figurèrent prêtres et moines « tous marchant nuds pieds ». Cela n'empêche qu'ils refusèrent d'accéder au vœu que leur exprimait Jeanne dans la lettre susdite dont le texte nous manque. De cette lettre il est fait mention dans un des anciens registres de la mairie de Tours, portant que le conseil de la ville s'est réuni le 9 janvier 1430, et le 7 février, pour délibérer sur une lettre envoyée par Jeanne en vue de faire donner à la fille de Heuves Polnoir, le peintre qui avait décoré sa bannière, une somme de cent écus. « Par les élus de la ville a été délibéré que, » à la fille de Heuves Polnoir, peintre, *pour l'honneur » de Jeanne la Pucelle venue en ce royaume devers le » le roi pour le fait de la guerre, disant à lui avoir été » envoyée de par le roi du ciel contre les Anglais en» nemis de ce royaume, laquelle a écrit à la ville que, » pour le mariage de ladite fille, icelle ville lui paie » la somme de cent écus* — que de ce rien ne lui sera » payé, pour ce que les deniers de la ville con» vient employer aux réparations de la ville et non » ailleurs ; mais, pour l'amour et honneur de ladite » Pucelle, les gens d'église, bourgeois et habitants » feront honneur à ladite fille à sa bénédiction. » La délibération portait que les notables de la ville seraient invités à assister au mariage de la fille recommandée par Jeanne, et qu'il serait donné à la mariée, pour ses noces, un setier de froment et quatre jattes de vin, libéralité qui coûta à la ville quatre livres 10 sols tournois.

Reste une neuvième lettre signalée dans le registre des assemblées tenues à Troyes en 1429.

Lors de l'assemblée des gens du clergé, bourgeois et habitants de la ville de Troyes, qui eut lieu le 2 octobre 1429, lecture fut faite d'une lettre de la Pucelle, envoyée de Gien le 22 septembre, c'est-à-dire environ deux mois et demi après sa première lettre aux habitants de Troyes, reproduite ci-dessus, *page 296*.

Le registre dit simplement que, dans cette lettre, « Jehanne la Pucelle se recommande à messieurs les « gens du clergé, bourgeois et habitants de la cité de « Troyes, et leur fait savoir de ses nouvelles, et qu'elle « a été blessée à Paris. »

VII. — STANCES DE CHRISTINE DE PISAN SUR JEANNE D'ARC, ET CANTIQUE DE DÉBORA

Voici des vers français, négligés, prosaïques, sententieux et diffus, mais non exempts de grâce et de force, écrits, de son vivant, sur Jeanne d'Arc, par Christine de Pisan. Comme l'indique le dernier huitain, ils furent achevés le 31 juillet 1429, au lendemain du sacre de Charles VII, à l'heure où la Pucelle triomphante était en pleine gloire.

Quand elle fit ces stances, qui ont été sans doute sa dernière œuvre, Christine avait soixante-sept ans.

Cette femme de lettres, Italienne de naissance, mais Française de cœur, associait la vertu au talent. Fille, elle fit admirer sa piété envers son père et sa mère. Épouse, elle concentra désirs et plaisirs en son mari, pauvre d'argent mais riche en qualités; et « de tous deux ne fut qu'un même vouloir ». Veuve, elle chercha dans le travail et dans les vertus l'allégement de son inconsolable deuil, qui lui inspirait ces vers :

« Seulette suis, et seulette veux être;
» Seulette m'a mon doux ami laissée;
» Seulette suis, sans compagnon ni maître;
» Seulette suis, dolente et courroucée (*affligée*);

» Seulette suis, plus que nulle égarée (*isolée*),
» Seulette suis, sans ami demeurée. »

Mère, elle se dévoua à l'éducation et au bien-être de ses enfants. Écrivain, elle vécut de sa plume, para la morale d'ingénieuses allégories, et ne visa qu'à éveiller de nobles sentiments. Ses contemporains disaient : « Christine a tout à la fois la sagesse d'un Caton et l'éloquence d'un Cicéron. »

Sans être un Cicéron, Christine trouva de généreux accents pour déplorer les maux de sa patrie. Dès 1405, dans une lettre, elle suppliait l'immonde Isabeau de ne point pactiser avec l'étranger et de ne pas fomenter la guerre civile. « Qui serait si dure mère, lui disait-» elle, qui peust (*pût*) souffrir, si elle n'avait le cuer » (*cœur*) de pierre, veoir ses enfants s'entre-occire, » (*s'entre-tuer*), et espandre le sang l'un à l'autre, et » leurs pauvres membres destruire et disperser; et » puis qu'il veinst par de côté estranges (*étrangers*) » ennemis, qui du tout les persecutassent et saisissent » leurs héritages! Ah! Dieu! quelle douleur à si noble » royaume perdre et périr telle chevalerie! hélas! et » qu'il conveinst (*convenait*) peu que le pauvre peuple » comparast (*payât*) le péchié dont il' est innocent! » De tels maulx crient vengence sur ceulz qui en sont » cause. » Et plus tard : « Ah! France, France, s'écriait-» elle, jadis glorieux royaume! hélas! comment di-» ray-je plus? car très-amers plours et larmes inces-» sables (*intarissables*) dechiéent (*coulent*) comme ruis-

» seau sur mon papier, si (*si bien*) qu'il n'y a place » seiche (*sèche*) où puisse continuer l'escripture de la » complainte douloureuse que l'abondance de mon » cuer, par grant pitié, de soy veult getter (*jeter*) » hors. »

Sinner, dans son catalogue des manuscrits de la bibliothèque de Berne, avait signalé une copie manuscrite des stances de Christine. En 1838, Jubinal édita ces stances d'après le vieux texte de Berne.

Quicherat les a rééditées d'après Jubinal, au commencement du tome cinquième de son recueil.

Les vers de Christine ont été aussi publiés par Buchon, mais très incomplètement et très inexactement.

1

Je (*moi*), Christine, qui ay plouré (*pleuré*)
Unze (*onze*) ans en abbaye close[1]
Où j'ay tousjours puis demouré (*demeuré depuis*)
Que Charles (c'est estrange chose !),
Le filz du roy, se dire l'ose (*si je l'ose dire*),
S'en fouy (*s'enfuit*) de Paris, de tire (*d'un trait*),
Par la traison (*trahison*) là enclose (*enfermée*) :
Ore à prime (*aujourd'hui pour la première fois*) me prens à rire.

2

A rire bonement de joie
Me prens pour le temps, por vernage

1. Depuis onze ans, Christine vivait cloitrée dans une abbaye de l'Ile-de-France.

Qui se départ (*qui s'en va pour faire place à la verte saison*),
[où je souloie (*temps où j'avais coutume*)
Me tenir tristement en cage :
Mais or (*aujourd'hui*) changeray mon langage
De pleur en chant, quant recouvré
Ay bon temps. . . . . . .[1].
Bien me part avoir enduré (*bien me prend d'avoir enduré et*
[*vécu*).

3

L'an mil quatre cens vingt et neuf,
Reprint (*recommença*) à luire li (*le*) soleil ;
Il ramene le bon temps neuf
Que on [n']avoit veu (*vu*) de droit œil
Puis (*depuis*) longtemps ; dont plusieurs en deuil
Orent vesqui (*ont vécu*). J'en suis de ceulx (*ceux-là*) ;
Mais plus de rien je ne me deuil (*m'afflige*),
Quant ores voy [ce] que je veulx (*quand à cette heure je*
[*vois ce que je veux.*)

4

Si (*vraiment*) est bien le vers (*mon chant*) retourné
De grant deuil en joie nouvelle,
Depuis le temps qu'ay séjourné
Là où je suis ; et la très belle
Saison, que printemps on appelle,
La Dieu merci (*par la grâce de Dieu*), qu'ay désirée,
Où toute rien (*toute chose*) se renouvelle
Et est du sec au vert temps née.

1. Le texte de la fin du vers manque. J'imaginerais volontiers un texte ainsi conçu :
Ai bon temps. *Vis avec courage,*
Bien me prend avoir enduré.

5

C'est que le dégeté (*rejeté*) enfant
Du roy de France légitime,
Qui longtemps a esté souffrant *(première fois)*
Maints grans ennuiz, qui or à prime (*maintenant pour la*
Se lieva (*s'est levé*) ainsi que vous[1], prime
Venant comme roy couronné,
En puissance très grande et fine (*belle*)
Et d'esprons (*d'éperons*) d'or esperonné.

6

Or fesons feste à nostre roy ;
Que très bien soit-il revenu!
Resjoïz (*réjouis*) de son noble arroy (*relèvement*)
Alons trestous (*tous tant que nous sommes*), grans et menu
Au devant; nul ne soit tenu, *(grands et petits)*,
Menant joye, le saluer,
Louant Dieu, qui l'a maintenu,
Criant Noël! en hault huer.

7

Mais or veuil (*aujourd'hui je veux*) raconter comment
Dieu a tout ce (*cela*) fait de sa grace,
A qui je pri (*prie*) qu'avisement
Me doint (*m'accorde*) que rien je n'y trespasse (*omette*).
Raconté soit en toute place,
Car ce est digne de mémoire, *(cela déplaise)*,
Et escript, à qui que desplace (*et que ce soit écrit, à qui que*
En mainte cronique et histoire.

1. *Vous*, c'est, je suppose, le printemps

8

Oyez par tout l'univers monde (*le monde universel, l'univers*)
Chose sur toutes merveillable;
Notez se (*si*) Dieu, en qui habonde (*abonde*)
Toute grâce, est point secourable
Au droit enfin. C'est fait notable,
Considéré le présent cas; [*hommes*] *déçus*).
Si soit aux deceüs valable (*aussi qu'il soit valable aux*
Que fortune a flati à cas (*que la fortune a abattus et brisés*).

9

Et notez comment esbahir (*ébahir*)
Ne se doit nul pour infortune,
Se voiant (*en se voyant*) à grand tort haïr,
Et com (*comme*) vint sus (*dessus*) par voix commune.
Voiez (*voyez*) comment toujours n'est une
Fortune, que (*qui*) a nuit (*a nui*) à maint;
Car Dieu, qui aux tors fait rexune (*fait peur aux méchants*),
Ceulx relieve (*relève ceux*) en qui espoir maint (*demeure*).

10

Qui vit doncques chose avenir (*qui donc a vu advenir chose*)
Plus hors de toute opinion (*plus inattendue*)
Qui à noter et souvenir [*noter partout*).
Fait bien en toute region (*qu'il fait bon de rappeler et de*
Que France (*à savoir, que la France*) de qui mention
En (*on*) faisoit que jus (*à bas*) est ruée (*est renversée*)
Soit, par divine mission,
Du mal en si grant bien muée (*changée*),

11

Par tel miracle vrayement
Que, se (*si*) la chose n'est notoire

Et évident quoy et comment,
Il n'est homs (*homme*) qui le peut (*put*) croire?
Chose est bien digne de mémoire
Que Dieu, par une vierge tendre (*faible*),
Ait adès (*aujourd'hui*) voulu (chose est voire) (*la chose est vraie*)
Sur France si grant (*grande*) grace estendre (*étendre*).

12

O! quel honneur à la couronne
De France par divine preuve!
Car par les graces qu'il lui donne
Il appert (*est manifeste*) comment il l'appreuve (*l'approuve*),
Et que plus foy (*foi*) qu'autre part treuve (*il trouve*)
En l'estat royal, dont je lix (*lis*)
Que oncques (ce n'est pas chose neuve)
En foy (*dans la foi*) n'errèrent fleurs de lys (*c'est-à-dire les rois de France*).

13

Et tu (*toi*), Charles roy des François,
Septiesme d'icellui (*de ce*) hault nom,
Qui si grant guerre as eue ainçois (*auparavant*)
Que bien t'en prensist, se peu non (*qu'il ne t'en prit sinon peu de bien*);
Mais Dieu grace (*grâce à Dieu*), or (*aujourd'hui*) voiz ton renom
Hault eslevé (*élevé haut*) par la Pucelle,
Que (*qui*) a soubzmis sous ton penon (*étendard*)
Tes ennemis; chose est nouvelle.

14

En peu de temps, que l'on cuidoit (*alors que l'on croyait*)
Que ce feust (*fut*) com (*comme*) chose impossible
Que ton pays, qui se perdoit,
R'eusses (*recouvrasses*) jamais : or (*maintenant*) est visible
Menction, qui que qui (*qui que ce soit qui*) nuisible

T'ait esté, tu l'as recouvré.
C'est par la Pucelle sensible,
Dieu mercy! qui y a ouvré (*travaillé*).

15

Si croy (*aussi sois convaincu*) fermement que tel grace
Ne te soit de (*ne t'ait été par*) Dieu donnée,
Se (*si*) à toy, en temps et espace,
Il n'estoit de lui (*par lui*) ordonnée
Quelque grant chose solempnée (*solennelle*)
A terminer et mettre à chief (*mener à fin*);
Et qu'il t'ait donné destinée
D'estre de très grans faiz (*faits*) le chief (*chef*).

16

Car ung (*un*) roi de France doit estre,
Charles, fils de Charles nommé,
Qui sur tous rois sera grant maistre;
Prophéciez (*prophéties*) l'on (*l'ont*) surnommé
Le *cerf-volant*[1]; et consommé
Sera par cellui conquéreur (*ce conquérant*)
Maint fait; Dieu l'a à ce somé,
Et enfin doit estre empereur.

17

Tout ce est le proffit de l'âme.
Je prie à Dieu que cellui soies (*que tu sois ce prince-là*),
Et qu'il te doint (*accorde*), sans le grief d'âme,
Tant vivre (*de vivre tant*) qu'encoures (*qu'encore*) tu voyes

1. De même que Charles V et Charles VI, Charles VII, entre autres emblèmes, portait en écusson et en bannière un cerf volant. Nommer cette devise du roi, c'était désigner le roi.

Tes enfans grans ; et toutes joyes
Par toy et eulz soient en France ;
Mais en servant Dieu toutes voies (*toutefois*),
Ne (*ni*) guerre n'y faces (*fasse*) ne (*ni*) oultrance (*lutte à ou-* [*trance*).

18

Et j'ay espoir que bon seras,
Droiturier et amant (*aimant*) justice
Et tous [les] autres passeras (*surpasseras*),
Mais que (*pourvu que*) orgueil ton fait ne honnisse ;
A ton peuple (*et que tu seras pour ton peuple*) doulz et propice
Et craignant Dieu qui t'a esleu (*élu*)
Pour son servant (*serviteur*), si com (*comme*) premisse
En as ; mais que faces ton deu (*pourvu que tu fasses ton* [*devoir*).

19

Et comment pourras-tu jamais
Dieu mercier (*remercier*) à souffisance (*suffisamment*),
Servir, doubter (*craindre*) en tous tes fais,
Que (*qui*) de si grant contrariance (*adversité*)
T'a mis à paix, et toute France
Relevée de tel ruyne,
Quant sa très saint grant providence
T'a fait de si grant honneur digne ?

20

Tu en soyes loué (*sois en loué*), hault Dieu[1] !
A toy gracier (*rendre grâces*) tous tenus

1. Mathieu Thomassin, né à Lyon en 1391, procureur général fiscal en Dauphiné sous Charles VII, puis président des comptes à Grenoble, chroniqueur et légiste, auteur du *Registre delphinal*

Sommes, que (*qui*) donné temps et lieu
As, où ces biens sont avenus (*advenus*).
[A] jointes mains, grans et menus (*petits*).
Graces te rendons, Dieu céleste,
Par qui nous sommes parvenus
A paix, et hors de grant tempeste (*grande tempête*).

21

Et toy, Pucelle beneurée (*bien fortunée*),
N'y dois-tu [mie] (*pas*) estre obliée (*oubliée*),
Puisque Dieu t'a tant honnourée (*honorée*),
Qui as la corde desliée (*déliée*).
Qui tenoit France estroit (*étroitement*) liée.
Te pourroit-on assez louer
Quant ceste (*cette*) terre humiliée
Par guerre, as fait (*tu as fait*) de paix douer?

22

Tu (*toi*) Johanne, de bonne heure née (*née en une bonne heure*),
Benoist (*béni*) soit cil (*celui*) qui te créa !
Pucelle de Dieu ordonnée, (*envoyée*)
En qui le Saint-Esprit réa (*irradia, fit rayonner*)
Sa grant (*grande*) grace; et qui ot (*eut*) et a
Toute largesse et tout hault (*haut*) don,
N'onc requeste (*ni jamais demande*) ne te véa (*refusa*) :
Que (*qui*) te rendra assez guerdon (*récompense*)?

(ouvrage commencé en 1456, sous l'inspiration du dauphin [Louis XI], qui avait chargé Thomassin d'exposer l'histoire et les droits de la couronne delphinale), avait donné un extrait des vers de Christine de Pisan, à partir de cette vingtième stance. Il modifie ainsi le premier vers : « *Ah soyes en loué*, hault Dieu ! »

23

[*de plus beau*)
Que peut-il d'autre estre dit plus (*quoi d'autre peut-on citer*
Ne des grans faiz (*ni quoi parmi les grands faits*) des temps
Moyses, en qui Dieu afflus (*abondance*) [passez (*passés*)?
Mist (*mit*) de grace et vertus assez,
Il tira sans estre lassez (*lassé*)
Le peuple Israel hors d'Egipte.
Par miracle ainsi (*de la même manière*) respassez (*dégagés*)
Nous as de mal, Pucelle eslite (*élue*).

24

Considérée ta personne,
Qui es une joenne (*jeune*) pucelle
A qui Dieu force et povoir (*pouvoir*) donne
D'estre le champion, et celle
Qui donne à France la mamelle
De paix et doulce nourriture,
A ruer jus (*mettre à bas*) la gent rebelle :
Veci (*voici*) bien chose oultre nature (*surnaturelle*).

25

Car se (*si*) Dieu fist par Josué
Des miracles à si grant somme (*en si grande somme*),
Conquerant lieux, et jus rué (*et* [*si*] *mis à bas*)
Y furent maints : il estoit homme
Fort et puissant. Mais tout en somme
Veci (*voici*) femme, simple bergière (*bergère*), [homme.
Plus preux (*brave*) qu'onc homs ((*que jamais homme*) ne fut à
Quant à Dieu, c'est chose légière (*pour Dieu c'est chose facile*);

26

Mais quant à nous, oncques parler
N'oymes (*n'ouimes*) de si grant merveille; (*aventures*),
Car tous les preux au long aler (*aux longues* [*aux grandes*]
Qui ont esté, ne s'appareille (*ne peut être comparée*)
Leur proesse (*prouesse*) à ceste (*celle-ci*) qui veille
A bouter (*chasser*) horz (*dehors*) noz ennemis.
Mais ce (*cela*) fait Dieu qui la conseille, [*plus qu'humain*).
En qui cuer plus que d'omme a mis (*en qui il a mis un cœur*

27

De Gédéon en (*on*) fait grant compte,
Qui simple laboureur estoit,
Et Dieu le fist — (se (*ainsi*) dit le conte), —
Combatre, ne (*ni*) nul n'arrestoit
Contre lui, et tout conquestoit (*et il conquérait tout*).
Mais onc (*jamais*) miracle si appert (*manifeste*) [*l'admonestat*),
Ne fist, (*n'a fait Dieu*) quoyqu'il am nonestoit (*quoiqu'il*
Com (*comme*) pour ceste (*celle-ci*) fait il appert (*il en fait ma-*
(*nifestement*).

28

Hester, Judith et Delbora[1]
Qui furent dames de grand pris (*prix*),

1. En 1429, un clerc résidant à la cour de Rome, qui venait d'écrire en latin un résumé historique (*Breviarium historiale*) des événements accomplis dans le monde jusqu'à l'année 1428, ajouta au manuscrit de sa chronique une note sur Jeanne d'Arc, que M. Hugo Balzani a découverte en 1885 et dont je vais résumer les traits essentiels:

« Mon œuvre était achevée, lorsque j'ai appris la merveilleuse

Par lesqueles Dieu restora (*restaura*)
Son pueple (*peuple*) qui fort estoit pris (*opprimé*).
Et d'autres plusieurs qu'ay appris
Qui furent preuses (*braves*), n'y ot (*il n'y eût*) telle (*la pareille*);
Mains miracles en a porpris (*Dieu a accompli par elles maints miracles*).
Plus a fait (*mais il en a fait de plus grands*) par ceste Pucelle

29

Par miracle fut envoiée (*envoyée*)
Et divine amonition (*admonition*)
De l'ange de Dieu convoiée (*conduite*)
Au roy, pour sa provision.

histoire de l'admirable fille qui est venue, de la part de Dieu, délivrer le royaume de France. Qu'on se rappelle les beaux faits d'une Penthésilée dans l'histoire profane, *d'une Débora, d'une Esther, d'une Judith* dans l'histoire sacrée, notre Pucelle les surpasse toutes. Gloire à Dieu qui exalte les humbles et abaisse les puissants! Dans cette gardeuse de troupeaux, improvisée chef de guerre, visage, attitude, gestes, paroles, tout est empreint de dignité et de noblesse. Au milieu des camps, elle demeure chaste et pure. Sa piété est profonde, mais sans mélange de superstitions.

» La main de Dieu apparaît dans ses œuvres, et il n'y a que l'envie qui puisse y voir des sortilèges. Un jour, devant un cercle de seigneurs, elle dit au roi : « Sire, il faut que vous me donniez votre royaume. » — Le roi était étonné et hésitant. — « Donnez, gentil sire, reprit-elle avec un sourire; je ne ferai pas abus de votre don. » — « Soit! » fit le roi. — « A cette heure, dit Jeanne, vous voilà le plus pauvre chevalier de France. Mais un si beau présent, je ne saurais le garder pour moi; je l'offre à Dieu. » Elle resta un moment à genoux et en prières, les yeux au ciel. Puis, reprenant la parole : « Gentil sire, ce royaume dont vous faites si gracieux abandon, Notre-Seigneur Dieu vous le remet en main. Ayez courage. Vous le tenez de trop bonne part pour ne pas bientôt l'avoir entier. »

Son fait n'est pas illusion,
Car bien a esté esprouvée
Par conseil, en conclusion :
A l'effect la chose est prouvée ;

30

Et bien esté (*et elle a été bien*) examinée.
Ainçois que l'en (*avant que l'on*) l'ait voulu croire,
Devant clercs et sages menée (*elle a été menée*),
Pour enserchier (*rechercher*) se (*si*) chose voire (*vraie*)
Disoit (*elle disait*), ainçois (*avant*) qu'il fust notoire
Que Dieu l'eust vers le roy tramise (*envoyée*);
Mais on a trouvé en histoire
Qu'à ce faire elle estoit commise (*qu'elle avait mission de faire cela*).

31

Car Merlin, et Sebile (*la sibylle*) et Bede,
Plus de vingt ans a[1] (*il y a plus de vingt ans*), la veirent
En esperit (*esprit*), et pour remède
A France en leurs escripz la mirent ;
Et leurs prophécies en firent,
Disans qu'el (*qu'elle*) pourteroit (*porterait*) bannière
Es (*dans les*) guerres françoises ; et dirent
De son fait toute la manière.

32

Et sa belle vie, par foy !
Monstre (*montre*) qu'elle est de Dieu en grace,

1. Le manuscrit de Berne porte : « *plus de vingt ans a* » ; ce qui revient à dire : *avant la naissance de Jeanne*. Quicherat, dans le texte qu'il donne, a adopté ici la leçon de Thomassin : « *Plus de cinq cens a* », et, en note, il fait remarquer que mieux vaudrait : « *plus de mil ans a* ».

Par quoy on adjouste (*ajoute*) plus foy (*foi*)
A son fait ; car quoy qu'elle face (*fasse*),
Tousjours a (*elle a*) Dieu devant la face,
Qu'elle appelle, sert et deprye (*prie*)
En fait, en dit ; ne va en place (*et elle ne va en aucun lieu*)
Où sa dévocion détrie (*déchoie*).

33

O ! comme lors bien y paru (*il y parut*)
Quant le siège iert (*était*) à Orléans,
Où premier (*d'abord*) sa force apparu (*apparut*)
Onc (*jamais*) miracle, si com (*ainsi comme, ainsi que*) je tiens,
Ne fut plus cler (*clair*) ; car Dieu aux siens
Aida telement, qu'ennemis
Ne s'aidèrent plus (*pas plus*) que mors chiens (*chiens morts*).
Là furent prins (*pris*) ou à mort mis.

34

Hé ! quel honneur au féminin
Sexe ! Que [Dieu] l'ayme, il appert (*cela est manifeste*),
Quant tout ce grant peuple chenin (*misérable comme chiens*)
Par qui tout le règne (*royaume*) ert (*était*) désert (*déserté*),
Par femme est sours (*sauvé*) et recouvert (*recouvré*),
Ce que pas hommes fait n'eûssent,
Et (*et quand*) les traittres mis à désert (*sont mis à néant*) ;
A peine devant (*avant l'événement*) ne le crussent (*l'eût-on pu croi*

35

Une fillete de seize ans,
N'est-ce pas chose fors (*hors*) nature
A qui armes ne sont pesans?
Ains (*mais*) semble (*il semble*) que sa norriture (*son éducation*).

Y soit, tant y est (*tant elle y est*) forte et dure ;
Et devant elle vont fuyant
Les ennemis, ne (*ni*) nul n'y dure.
Elle fait ce (*cela*), mains yeulx voiant (*maints yeux le voyant*).

36

Et d'eulx va France descombrant (*désencombrant*),
En recouvrant chasteaulx et villes.
Jamais force ne fu si grant,
Soient à cens, soient à miles (*qu'ils soient cent, qu'ils soient mille*)
Et de noz gens preux et abiles (*habiles*)
Elle est principal chevetaine (*capitaine*).
Tel (*telle*) force n'ot (*n'eut*) Hector, ne (*ni*) Achilles;
Mais tout ce (*cela*) fait Dieu qui la menne (*mène*).

37

Et vous, gens d'armes esprouvez (*éprouvés*),
Qui faites l'exécution,
Et bons et loyaulx vous prouvez :
Bien faire on en doit mention.
Louez (*loués*) en toute nation
Vous en serez, et sans faillance (*faute*)
Parle-en (*on parle*) sur toute élection
De vous et de vostre vaillance.

38

Qui vos corps et vie exposez,
Pour le droit, en peine si dure
Et contre tous périls osez
Vous aler mettre à l'aventure.

Soiés (*soyez*) constans, car je vous jure
Qu'en aurés (*aurez*) gloire ou (*au*) ciel et los (*louange*);
Car qui si (*ainsi*) combat pour droitture,
Paradis gaigne (*gagne*), dire l'os (*je l'ose dire*).

39

Si (*ainsi*) rabaissez, Anglois, vos cornes,
Car jamais n'aurez beau gibier
En France, ne (*ni ne*) menez vos sornes (*sornettes*);
Matez estes (*matés êtes*) en l'eschiquier (*l'échiquier*).
Vous ne pensiez pas l'autrier (*vous ne le pensiez pas hier*)
Où (*alors que*) tant vous monstriez perilleux (*aventureux*);
Mais n'estiez (*mais vous n'étiez pas*) encour (*encore*) ou (*au*) [sentier
Où Dieu abat les orgueilleux.

40

Jà (*déjà*) cuidiés (*vous croyiez*) France avoir gaignée (*gagnée*),
Et qu'elle vous deust (*dût*) demourer (*demeurer*). [(*famille*)!
Autrement va (*il en va autrement*), faulse mesgnìée (*méchante*
Vous irés (*irez*) ailleurs tabourer (*battre vos tambours*),
Se ne voulez assavourer (*si vous ne voulez pas goûter, tâter de*)
La mort, comme voz compaignons,
Que loups porroient (*pourraient*) bien devourer (*dévorer*),
Car mors (*morts*) gisent par les sillons.

41

Et sachez que, par elle, Anglois
Seront mis jus (*à bas*) sans relever,
Car Dieu le veult, qui ot (*entend*) les voix
Des bons qu'ils ont voulu grever.
Le sanc (*sang*) des occis (*tués*) sans lever (*sans relâche*)
Crie contre eulz. Dieu ne veult plus

Le souffrir; ains (*mais*) les resprouver
Comme mauvais (*méchants*): il est conclus (*c'est décidé*).

42

En chrestienté et en l'Église
Sera par elle mis concorde.
Les mescréans dont on devise (*parle*)
Et les hérites (*hérétiques*) de vie orde (*ordurière*)
Destruira (*elle détruira*), car ainsi l'accorde
Prophétie qui l'a prédit;
Ne (*ni*) point n'aura miséricorde
De cil (*celui*) qui la foy Dieu (*de Dieu*) laidit (*outrage*).

43

Des Sarrasins fera essart (*défrichement*)
En conquerant la Sainte Terre;
Là menra (*mènera*) Charles, que Dieu gard (*garde*)
Ains (*avant*) qu'il muire (*meure*) fera tel erre (*un tel voyage*).
Cilz est cil (*il est celui*) qui la doit conquerre (*conquérir*):
Là doit-elle finer (*finir*) sa vie
Et l'un et l'autre gloire acquerre (*acquérir*):
Là sera la chose assovve (*accomplie*).

44

Donc desur (*par-dessus*) tous les preux passez (*passés*),
Ceste (*celle-ci*) doit porter la couronne,
Car ses faits jà (*déjà*) monstrent assez
Que plus prouesse Dieu lui donne
Qu'à tous ceulz de qui l'en (*l'on*) raisonne;
Et n'a (*et elle n'a*) pas encor tout parfaict.
Si croy (*je crois*) que Dieu çà jus (*ici bas*) la donne
Afin que paix soit par son faict.

45

Si est tout le mains qu'affaire ait (*car c'est tout le moins qu'elle*
Que destruire l'Englescherie (*l'Anglaiserie*), [*n'ait affaire*)
Car elle a ailleurs plus haut hait (*plus haut désir*) :
C'est que la foy ne soit périe.
Quant des Anglois, qui que s'en rye (*qui que ce soit qui en rie*)
Ou pleure, [or] il en est sué (*maintenant on en est débarrassé*);
Le temps advenir, mocquerie
En sera faict : jus sont rué (*ils sont jetés à bas*).

46

Et vous, rebelles ruppieux (*immondes*)
Qui à eulz vous estes adhers (*attachés*),
Ne voiez-vous qu'il vous fust mieulx (*ne voyez-vous pas qu'il*
eût mieux valu pour vous
Estre alez (*allés*) droit que le revers (*de travers*)
Pour devenir aux Anglois serfs?
Gardez que plus ne vous aviengne (*advienne*),
Car trop avez esté souffers,
Et de la fin bien vous souviengne (*souvienne*).

47

N'apercevez-vous, gent avugle (*aveugle*),
Que Dieu a ici la main mise?
Et qui ne le voit, est bien vugle (*aveugle*) ;
Car comment seroit en tel guise (*en telle manière*)
Ceste Pucelle çà tramise (*envoyée*), (*tous morts*),
Qui tous mors vous fait jus abattre (*qui vous fait renverser*
Ne (*ni*) force avez plus qui souffise (*suffise*) ?
Voulez-vous contre Dieu combatre?

48

N'a-elle (*n'a-t-elle pas*) mené le roy au sacre,
Que tenoit adès (*qu'elle tenait sans cesse*) par la main?
Plus grant chose oncques devant Acre
Ne fut faite; car pour certain
Des contrediz (*objections*) y ot (*eut*) tout plain;
Mais maulgré (*malgré*) tous, à (*avec*) grant noblesse,
Y fut receu et tout à plain
Sacré, et là ouy la messe.

49

A (*avec*) très grant triumphe et puissance
Fu (*fut*) Charles couronné à Rains,
L'an mil quatre cens, sans doubtance,
Et vingt et neuf, tout saulf et sains,
Avecques de ses barons mains (*maints*),
Droit (*juste*) ou (*au*) dix septiesme jour
De juillet, pas plus et pas mains (*moins*).
Et là fu cinq jours à séjour. (*Et il séjourna là cinq jours.*)

50

Avecques lui la Pucellette,
En retournant par son païs,
Cité, ne (*ni*) chastel, ne (*ni*) villette
Ne remaint (*reste*). Amez (*aimés*) ou hays
Qu'ils soi[en]t, ou soient esbaïs (*stupéfaits*)
Ou asseurez (*pleins de sécurité*), les habitans
Se rendent; pou (*peu*) sont envahys,
Tant sont sa puissance doubtans (*redoutant*)!

51

Voir (*vrai*) est qu'aucuns (*que quelques-uns*) de leur folie
Cuident (*croient*) résister; mais pou (*peu*) vault (*vaut*),

Car au derrain (*à la fin*), qui que contralle (*qui que ce soit*
[*qui combatte*),
A Dieu compere le deffault (*à Dieu il paie son tort*).
C'est pour nient (*pour néant*, [*en vain*]; rendre leur fault
Veuillent ou non (*bon gré, mal gré*); n'y a si forte
Resistance, qui à l'assault
De la Pucelle ne soit morte;

52

Quoyqu'en (*quoiqu'on*) ait faict grant assemblée
Cuidant son retour contredire (*pensant s'opposer à son retour*)
Et lui courir sus par emblée (*d'un vol*); [*de médecin*):
Mais plus n'y fault confort de mire (*plus ne leur faut secours*
Car tous mors et pris tire à tire (*trait à trait*)
Y ont esté les contrediz (*opposants*),
Et envoyés, com (*comme*) j'oy (*j'entends*) dire,
En enfer ou en paradis.

53

Ne sçai se Paris se tendra (*tiendra, résistera*),
Car encoures (*encore*) n'y sont-ilz mie (*point*),
Ne (*ni*) se (*si*) la Pucelle attendra;
Mais s'il en fait son ennemie,
Je me doubt (*doute*) que dure escremie (*dur assaut*) [*fait*).
Lui rende (*elle lui rende*), si (*ainsi*) qu'ailleurs a fait (*elle a*
S'ilz resistent heure, ne demie, [*à elle*).
Mal ira (*cela finira mal pour eux*), je croy, de son fait (*grâce*

54

Car ens (*car le roi dedans*) entrera, qui qu'en groingne
La Pucelle lui a promis. [*grogne*):
Paris, tu cuides (*crois*) que Bourgoigne
Defende qu'il ne soit ens (*dedans*) mis?

Non fera (*Bourgogne ne fera pas cela*), car ses ennemis
Point ne se fait. Nul n'est puissance
Qui l'en gardast (*empêcherait*), et tu soubmis
Seras (*et tu seras soumis*) et ton oultrecuidance.

55

O Paris, très mal conseillé !
Folz habitans sans confiance !
Aymes-tu mieulx estre essillé (*ravagé*)
Qu'à ton prince faire accordance ?
Certes, ta grant contrariance (*ta grande opposition*)
Te destruira, se ne t'avises (*si tu ne te ravises*).
Trop mieulz te feust (*il te vaudrait bien mieux*) par suppliance
Requerir mercy : mal y vises.

56

Gens a dedans (*il y a dedans des gens*) mauvais, car bons
Y a maint, je n'en fais pas doubte (*doute*) ;
Mais parler n'osent, j'en respons (*réponds*),
A qui moult desplaist et sans doubte (*à qui il déplait fort*
Que leur prince ainsi on deboute (*chasse*), [*et sans nul doute*)
Si (*aussi*) n'auront pas ceulx (*ceux-ci*) deservie (*mérité*)
La punition où se boute
Paris, où maint perdront la vie.

57

Et vous toutes, villes rebelles,
Et gens qui avez regnié (*renié*)
Vostre seigneur, et ceulx et celles
Qui pour autre l'avez nié :
Or (*maintenant*) soit discord aplanié (*soit le discord aplani*)
Par doulceur, requerant pardon ;

Car se (*si*) vous estes manié
A force, à tart vendrez ou don (*trop tard viendrez à pardon*).

58

Et que ne soit occision (*et qu'il n'y ait tuerie*),
Charles retarde tant qu'il peut,
Ne (*ni*) sur char (*chair*) d'omme (*d'homme*) incision ;
Car de sang espandre se deult (*il s'afflige*).
Mais au fort qui rendre ne veult
Par bel (*bonne grâce*) et doulceur ce qu'est sien,
Se (*si*) par force en effusion
De sang le requerra, il fait bien.

59

Hélas ! il est si debonnaire
Qu'à chascun il veult pardonner;
Et la Pucelle lui fait faire,
Qui ensuit Dieu (*laquelle obéit à Dieu*). Or ordonner (*ranger*)
Veuillez vos cueurs (*cœurs*) et vous donner
Comme loyaulx François à lui,
Et quand on l'orra (*ouïra*) sermonner
N'en serés (*serez*) reprins (*repris*) de nulluy (*d'aucun*).

60

Si pry (*ainsi je prie*) Dieu qu'il mecte en courage (*dans l'esprit*)
A vous tous qu'ainsi le faciez,
Afin que le conseil o rage (*le dessein plein de rage*)
De ces guerres soit effaciez (*effacé*),
Et que vostre vie passiez (*vous passiez*)
En paix soubz vostre chief greigneur (*chef supérieur*),
Si (*si bien*) que jamais ne l'effaciez
Et que vers vous soit bien seigneur.
Amen.

61

Donné ce ditié (*ce dit, ce poème*), par Christine,
L'an dessusdit (*susdit*) mil quatre cens
Et vingt et neuf, le jour où fine (*finit*)
Le mois de juillet. Mais j'entends [contens
Qu'aucuns (*que quelques-uns*) se tendront (*se tiendront*) mal
De ce qu'il contient, car qui chière (*la tête*)
A embrunche (*a courbée*) et les yeux pesans,
Ne peut regarder la lumière.

On a remarqué les vers où Christine, à propos de Jeanne, rappelle les noms de Judith, Esther et Débora.

Ne peut-on pas supposer avec vraisemblance que Jeanne enfant avait ouï conter l'histoire biblique de Débora? Quelle saisissante figure que celle de l'héroïne des Juifs! Chez ce peuple, en qui le tribunat des prophètes et les idées messianiques entretenaient constamment un levain de républicanisme et un ferment de progrès, Débora apparaît comme une des plus hautes personnifications du génie et de la vertu féminine se dévouant au salut de la patrie.

D'après saint Ambroise et d'autres pères de l'Église, Dieu, en faisant Débora juge en Israël, montra aux femmes qu'elles ne doivent pas se laisser détourner des grandes choses par la pensée de la faiblesse de leur sexe. « Voici une femme qui gouverne les peuples, conduit les armées, choisit ses lieutenants, ordonne des batailles, remporte des victoires. Comment dire, après cela, que la nature est défectueuse ou coupable? Ce n'est pas le sexe qui fait les héros, c'est la vertu. »

Qui sait si ces idées, plusieurs fois reprises depuis, notamment, en 1645, par le cordelier Jacques du Bosc, dans son livre *la Femme héroïque*, ne furent pas développées à Domremy devant Jeanne enfant, soit par le curé, soit par quelque prédicateur franciscain, soit par des habiles du village?

Je ne résiste pas à l'envie de résumer ici le récit du *Livre des juges* et d'esquisser, d'après Herder, Robert Lowth, saint Jérôme et Renan [1], une traduction de l'hymne triomphal de Débora, splendide chant patriotique, à propos duquel Bossuet a dit, dans ses commentaires latins sur les psaumes et les cantiques, qu'il s'y trouve une beauté et une richesse de poésie qui laissent bien loin les productions des plus brillants génies de la Grèce et de Rome [2], et dans sa *Politique*

1. Voir *Veteris et novi testamenti cantica notis illustrata* de Bossuet; *Histoire de la poésie des Hébreux par Herder*: (traduction d'*Aloyse de Carlowitz*); *Roberti Lowth de sacra poesi Hebræorum prælectiones academicæ; Histoire du peuple d'Israël par Renan*. — Si on compare le cantique de Débora tel qu'il est ici avec la remarquable version qu'en a donnée Ernest Renan, on constate de très grandes et nombreuses différences. Renan s'est particulièrement préoccupé de l'exactitude littérale; j'ai eu surtout à cœur l'effet esthétique dont le sentiment me paraît très vif chez Herder, chez Bossuet et chez Lowth.

2. « *Verba ejusmodi, ut clarissimorum apud Græcos et Latinos ingeniorum ornatum et copiam facile exsuperent.* »

tirée des propres paroles de l'Écriture sainte : « La » prophétessse chanta la défaite de Sisara par une » ode dont le ton sublime surpasse celui de la lyre » d'un Pindare ou d'un Alcée avec celui d'un Horace, » leur imitateur. »

I

Il y avait en Israël une prophétesse qui jugeait le peuple, assise sous un palmier, qu'on avait appelé de son nom le palmier de Débora.

Elle dit à Bàraq, fils d'Abinoam : « Voici l'ordre du Seigneur, le Dieu d'Israël : Va, et conduis l'armée sur la montagne du Thabor. Je t'amènerai, au torrent de Kison, Sisara, le général des Chananéens, et ses chars et toutes ses multitudes, et je les livrerai entre tes mains. »

Baraq répondit : « ébora, si tu viens avec moi, j'irai. » Et Débora lui dit : « J'irai avec toi. »

Débora fit appel aux enfants d'Israël. Les tribus répondirent à son cri de guerre. Seuls, les gens de Ruben, de Galaad, de Dan et d'Aser restèrent en arrière.

Accompagné de dix mille combattants, Baraq s'avança sur le Thabor avec Débora.

Sisara, l'ayant appris, réunit ses neuf cents chars armés de faux, et mena toute son armée au torrent de Kison.

« — Lève-toi, dit Débora à Baraq. Voici l'heure. Dieu te conduit. »

Et Baraq descendit du Thabor avec ses dix mille;

et Sisara avec ses chars et ses multitudes fut pris d'épouvante; et le Seigneur frappa les Chananéens du tranchant du glaive, si bien que pas un ne revint en sa patrie.

Les étoiles, annonçant la pluie, avaient été les alliées d'Israël; les nuées versèrent l'eau à flots, et les torrents grossis entraînèrent des masses de Chananéens.

Or, Sisara, fuyant, vint à la tente de Jaël, femme de Héber le Kénite.

Jaël dit à Sisara : « Entre chez moi, mon seigneur. Entre et ne crains point. » Il entra dans sa tente, et elle le couvrit d'un manteau.

« — J'ai soif, » dit Sisara; et il demanda un peu d'eau. Jaël ouvrit l'outre au lait et lui en donna à boire. Puis elle remit le manteau sur lui.

Sisara, dit à Jaël : « Femme, tiens-toi à l'entrée de la tente; et si quelqu'un vient, disant : « Y a-t-il quelqu'un ici? » réponds : « Il n'y a personne. »

Et Sisara s'endormit.

Alors Jaël prit un des grands clous qui chevillaient la tente et un marteau; elle entra lentement et en silence; et, posant le clou sur la tempe de Sisara, elle frappa à coups redoublés avec le marteau, transperça la tête, et la cloua au sol. Ainsi Sisara passa du sommeil à la mort.

Baraq arriva, poursuivant Sisara. Jaël alla à ses devants et lui dit : « Viens, je te montrerai l'homme que tu cherches. » Il entra et vit Sisara étendu mort, le clou fixé dans la tempe.

C'est ainsi que Dieu confondit le roi de Chanaan devant les enfants d'Israël, qui ne firent plus que croître et se fortifier.

II

En ce jour, Débora et Baraq chantèrent ainsi :

« Israël s'est vengé! Vous qui avez couru au combat et gaiement exposé votre vie, bénissez Jéhovah!

» Rois, écoutez; princes, prêtez l'oreille : Je chanterai Jéhovah! Je veux chanter Jéhovah! Je veux faire sonner les instruments en l'honneur de Jéhovah, le Dieu d'Israël!

» O Seigneur! quand tu sortis de Séïr, quand tu t'avanças des champs d'Édom, la terre fut ébranlée, les cieux et les nuées se fondirent en eau.

» Devant la face de Jéhovah, les montagnes tremblèrent; il trembla le Sinaï, devant la face de Jéhovah, le Dieu d'Israël!

» Aux jours de Samgar, fils d'Anath, aux jours de Jaël, les grandes routes étaient désertes; les voyageurs suivaient les sentiers détournés. Il n'apparaissait plus de héros en Israël; il n'en apparaissait plus, jusqu'au moment où je me suis levée, moi, Débora! jusqu'au moment où je me suis levée, moi, la mère d'Israël!

» Le Seigneur a inauguré de nouveaux combats; il a renversé les portes des ennemis, quand, la veille, pas un bouclier, pas une lance ne se faisaient voir parmi les quarante mille d'Israël.

» Mon cœur vous remercie, ô vous, chefs d'Israël, et vous, volontaires d'entre le peuple ! Glorifiez tous Jéhovah avec moi !

» Vous, chefs, qui chevauchez sur de blanches ânesses ; vous, riches, qui vous asseyez sur des tapis précieux ; vous, pauvres, qui cheminez à pied dans les rues, chantez un hymne, où les paroles s'appellent !

» Chantez un hymne, pasteurs qui, en sifflant, distribuez à vos troupeaux l'eau des fontaines près desquelles ont retenti les cris de l'ennemi ! Dans ces défilés où les chars se sont heurtés, où les Chananéens ont été renversés les uns sur les autres, que la voix du peuple célèbre les justices de Jéhovah !

» Debout, debout, anime-toi, anime-toi, Débora ! Réveille l'esprit et chante la victoire !

» Baraq, fils d'Abinoam, lève-toi ; va chercher des captifs !

» J'ai dit ; et une poignée d'hommes marche avec Baraq au-devant des forts ; et le peuple de Jéhovah court sus à l'ennemi !

» Voici d'abord ceux d'Éphraïm sur Amaleq ; puis, tu arrives, toi, Benjamin, avec tes bandes. Des chefs de guerre descendent de Makir, et des anciens, le bâton du commandement à la main, descendent de Zabulon. Ils étaient aussi avec Débora, les princes d'Issachar. Semblable à Baraq en ardeur guerrière, Issachar s'est élancé dans la vallée.

» Cependant, sur les bords des ruisseaux de Ruben

on tenait de longs et nombreux conseils. Que fais-tu là, Ruben? Pourquoi restes-tu assis entre tes treillages? Serait-ce pour écouter la flûte de tes bergers et le bêlement de tes troupeaux? Sur les bords des ruisseaux de Ruben on tenait de longs et nombreux conseils!

» Galaad, au delà du Jourdain, est resté tranquille, et Dan aussi: sans cela, pourquoi aurait-il des navires? Aser n'avait rien à redouter dans ses ports de mer. Aussi n'est-il pas sorti de son repos.

» Mais Zabulon a joué sa vie contre la mort! Et lui aussi, Nephtali, quoique inarbordable au haut de ses monts.

» C'est en vain qu'ils sont venus, les rois, et qu'ils ont lutté! Ils ont lutté à Taanak, près des eaux de Megiddo, les rois de Chanaan! mais ils ont manqué leur proie, ils n'ont pas eu de l'or!

» Du haut du ciel, les étoiles ont combattu contre eux; les étoiles sont sorties de leurs arènes, elles ont combattu contre Sisara!

» En avant, mon âme! En avant!

» Alors, ils ont trépigné, les pieds des chevaux! ils ont trépigné; ils ont martelé le sol, au galop, au galop des braves qui fuyaient devant nos héros!

» Et le Kison les a entraînés! ils ont été entraînés dans le cours tortueux des torrents du Kison!

» Que maudite soit la terre de Meroz! dit l'ange de Jéhovah; anathème à ses habitants! Ils ne sont pas venus au secours de Jéhovah! au secours de Jéhovah au milieu de son armée de héros!

» Bénie soit entre toutes les femmes Jaël, la femme de Héber le Kénite; qu'elle soit bénie entre toutes celles qui habitent les tentes!

» Sisara a demandé de l'eau, elle lui a donné du lait. Dans la jatte d'honneur elle lui a présenté du beau lait crémeux; et sa main gauche s'est avancée vers le clou, et sa main droite s'est saisie du lourd marteau.

» Et elle a frappé Sisara! elle lui a transpercé et broyé la tête! elle lui a transpercé et broyé les tempes! Il s'est affaissé, il s'est tordu sous ses pieds, il est tombé! Sous ses pieds, il s'est tordu, il est tombé! Là où il s'était tordu, il s'est soulevé, il est retombé; il est resté étendu, pâle et sans vie!

» Elle a regardé par la fenêtre, la mère de Sisara; elle a crié à travers les grilles : « Pourquoi son char tarde-t-il à venir? Pourquoi les pieds de ses coursiers sont-ils si lents? »

» Les plus sages des femmes du harem lui ont répondu, et elle aussi s'est dit : « Ne vont-ils pas avoir à recueillir du butin et à le partager? Une esclave? mieux, deux esclaves pour chaque homme! Et pour Sisara, une écharpe de couleur! une écharpe de couleur et brodée à l'aiguille, une écharpe de couleur, avec double broderie, qui parera le cou de sa préférée! »

» — Qu'ainsi périssent tous tes ennemis, ô Jéhovah!

Mais ceux qui t'aiment, qu'ils resplendissent comme le soleil, quand il se lève en sa magnificence! »

Les Israélites, c'étaient les Français; les Chananéens, c'étaient les Anglais; Sisara, c'était Talbot, Falstolf ou Bedford; Baraq, c'était Dunois ou Alençon; Débora, c'était Jeanne!

VII. — LE MYSTÈRE DU SIÈGE D'ORLÉANS

Le plus remarquable monument poétique que la France ait produit en l'honneur de la Pucelle nous a été légué par le moyen âge.

C'est le MYSTÈRE DU SIÈGE D'ORLÉANS, qui contient vingt mille cinq cent vingt-neuf vers. Quicherat ne l'a connu que de seconde main et en a parlé très brièvement, avec dédain. Ce dédain est immérité.

En 1849, une expédition scientifique accompagna l'expédition militaire de Rome. Il y eut en particulier des érudits chargés d'explorer les trésors de la bibliothèque du Vatican. Deux de ces érudits, M. Renan et M. Daremberg, donnant une demi-satisfaction aux vœux de l'Académie des inscriptions, et spécialement de Mommerqué, rapportèrent en France, dès 1850, la copie de quelques vers du MYSTÈRE DU SIÈGE D'ORLÉANS.

Vers la même époque, M. Guessard et M. de Certain entreprirent la transcription complète du poème; et il parut en 1862, accompagné d'une intéressante préface, dans le Recueil des documents inédits relatifs à l'histoire de France.

Cette publication fournit à Sainte-Beuve l'occasion

d'écrire trois chapitres qui figurent dans le troisième volume des *Nouveaux Lundis*, sous ce titre : *Le mystère du siège d'Orléans, et à ce propos de l'ancien théâtre français.*

Prenant prétexte du poème édité par MM. Guessard et de Certain, le critique fait une très fine étude sur le théâtre au moyen âge. C'est seulement à la fin du dernier chapitre qu'il parle du MYSTÈRE DU SIÈGE D'ORLÉANS. Il lui consacre trois pauvres pages. Dans ces trois pages, Sainte-Beuve reproduit d'abord quelques remarques des éditeurs qui même ont pour objet, non le mystère du siège d'Orléans en particulier, mais les mystères en général ; puis il rappelle sommairement divers ouvrages relatifs à Jeanne, en ces termes :

« Pauvre Jeanne d'Arc ! Elle a eu bien du malheur » dans ce que sa mémoire a provoqué d'écrits et de » compositions de diverses sortes. Elle a inspiré à de » grands poètes tragiques, aux Shakspeare et aux » Schiller eux-mêmes, des inventions odieuses ou » absurdes ; elle a inspiré au plus bel esprit et à la » plus belle imagination une parodie libertine qui est » devenue une mauvaise action immortelle ; elle est en » possession de faire naître, depuis Chapelain, des » poèmes épiques qui sont synonymes d'ennui, et que » rien ne décourage[1]. Quelques vers touchants des » *Messéniennes* qu'on a sus par cœur, une statue gra-

1. Je m'accuse d'avoir omis de mentionner plusieurs de ces poèmes épiques dans mon chapitre intitulé *Jeanne chantée par*

» cieuse due à un noble et royal ciseau de jeune fille » (*la princesse Marie d'Orléans*) sont une bien petite » satisfaction après tant d'outrages[1]... »

Quant à l'appréciation de Sainte-Beuve sur le MYSTÈRE DU SIÈGE D'ORLÉANS, elle se borne à cette phrase : « Le vieux Mystère, qui n'est guère qu'une chronique, » est bien prolixe. Mais il a du naturel, et, en plus » d'un endroit, il a sa couleur vraie et qu'on sent voi- » sine du temps. »

On peut présumer que Sainte-Beuve n'avait pas lu le vieux Mystère.

Cinq ans après, en 1868, M. Tivier publiait une savante étude sur le MYSTÈRE DU SIÈGE D'ORLÉANS.

D'après M. Tivier, qui me semble ici avoir raison contre les éditeurs du poème et contre Vallet de Viriville, le Mystère du siège d'Orléans fut représenté en 1456, à l'époque de la réhabilitation de Jeanne.

L'auteur ou du moins le principal auteur du poème était Orléanais, soit de naissance, soit d'adoption. Divers indices, non tout à fait démonstratifs à mes yeux, font

les poètes. (JEANNE D'ARC, LIBÉRATRICE DE LA FRANCE, pages 314 et suivantes.)

J'aurais pu citer l'*Orléanide* de Lebrun des Charmettes, publiée en 1821 ; la *Mission de Jeanne d'Arc* d'Ozanneaux, publiée en 1835 ; la *Jeanne d'Arc* d'Amand de Gournay, publiée en 1843 ; la *Jeanne d'Arc* de Guillemin, publiée en 1844 ; la..... Mais à quoi bon ? *Requiescant in pace !*

1. J'ai cité la suite de ce morceau à la fin de la préface du présent ouvrage. (Voir page XIII du tome I.)

présumer, comme l'a soutenu ingénieusement M. Tivier, que l'auteur du Mystère du siège d'Orléans — j'aimerais mieux dire un des auteurs ; car le Mystère d'Orléans me paraît avoir été fait à la façon des épopées homériques et il a dû en être donné des esquisses, soit en 1435 et en 1439, soit en 1452 — est ce Jacques Milet à qui est dû très sûrement le mystère intitulé *Histoire de la destruction de Troie-la-Grant*, qu'il écrivit étant « estudiant ès lois en la ville d'Orléans ».

Le Mystère du siège d'Orléans concorde évidemment avec la chronique intitulée le Journal du siège ; mais il n'a pas été calqué sur elle, comme on l'a prétendu, et, s'il y a ressemblance dans l'ordre des faits principaux, on rencontre dans les détails des divergences importantes.

Dans le poème, d'une part Jeanne et les Orléanais, d'autre part Salisbury, puis Talbot, sont sur le premier plan.

Tout d'abord Jeanne, le personnage capital, n'est qu'annoncée. Ensuite on voit son avènement et ses victoires, depuis Saint-Loup jusqu'à Patay.

La délivrance d'Orléans, commencée par la prise des bastilles anglaises et complétée par la campagne de la Loire, est le centre de l'action, le principe d'unité qui relie toutes les parties de l'œuvre.

A mon avis — malgré les pauvretés du style, et

quelque dépourvu qu'il soit de cet art savant qui subordonne les détails à l'ensemble, lie les scènes et gradue l'intérêt — le Mystère du siège d'Orléans devrait être plus connu qu'il ne l'est. C'est un poème national, très élevé d'inspiration. Parmi le fatras des longueurs, des prosaïsmes et des banalités, il s'y trouve des accents naïfs, fiers, touchants, et des mouvements dramatiques qui font penser, de loin il est vrai, au système d'appropriation théâtrale par lequel Shakspeare a fait revivre sur la scène les annales de sa patrie.

Je vais donner une idée de cet ouvrage, en développant son ordonnance et en signalant les morceaux qui m'ont frappé.

Comme je tiens à être suivi de tous mes lecteurs, je moderniserai l'orthographe et même je remplacerai par leurs équivalents actuels maints mots trop archaïques.

J'ajoute qu'il m'arrivera souvent d'éliminer des longueurs, d'introduire des additions et de modifier des vers, pour mieux rendre visibles à tous les richesses ignorées que renferme ce vaste monument du patriotisme français.

Dans une première scène, qui est comme l'exposition du drame, le duc de Salisbury se félicite d'être nommé lieutenant du roi d'Angleterre et propose aux seigneurs d'aller achever la conquête de la France en prenant Orléans :

Le duc d'Orléans, prisonnier des Anglais, est informé de ce projet. « O Dieu! s'écrie-t-il, n'ajoutez pas à mon malheur!

Moi, l'un des hauts princes de France,
Je me vois en captivité,
Je suis en pays de souffrance,
Je vis en grande déplaisance
Au lieu d'avoir magnificence
Et de bien vivre en liberté.
Fortune m'a été rebelle.
Bien est fou qui se fie en elle;
Il n'est si grand qui ne chancelle.
On ne sait qui sont ses amis.
Or maintenant averti suis
Que les Anglais ont entrepris
De partir dévaster la France.
J'en ai deuil et grant déplaisance;
Car mettre nulle résistance
Je ne puis, étant où je suis.
Du moins, j'irai par devers eux
Les requérant de cœur piteux
Qu'en mon pays ni en ma terre
N'aillent, mais conservent mes lieux. »

Il va trouver les capitaines anglais réunis en conseil et leur dit : « Messeigneurs, je viens vous adresser une humble requête. J'apprends que vous voulez aller dans la France,

Excellente terre louée
 Où bien abonde;

Entre tous pays exhaussée
Et très crainte, très redoutée
Par tout le monde.

» Du moins, ajoute-t-il, épargnez mon duché et ma ville !

Vous le savez, c'est ma substance,
Mon manoir, mon appartenance,
C'est la fleur de mon vasselage,
De mon patrimoine et lignage.
Donc, vous requiers d'humble courage (*cœur*)
Que vous n'y fassiez nul dommage.
Gardez mon corps, sauvez ma terre ! »

Les seigneurs prennent l'engagement de ne pas toucher à l'héritage du duc, au moment même où ils s'apprêtent à le violer.

Telle est la forfaiture dont le souvenir doit dominer le drame et donner aux événements qui vont suivre le caractère d'une expiation.

Préoccupés de l'avenir, Salisbury et Glasdale, avant leur départ, se déguisent en archers et entreprennent de consulter le devin, maître Jean. En l'abordant, Salisbury lui dit :

Ça, comment vous portez-vous donc,
Maître Jehan ? Mandé vous avons
Pour vous festoyer à plaisir
Ainsi qu'autrefois nous faisions ;
Il vous en peut bien souvenir.

Maître Jean répond :

Je le crois bien; mais sans faillir
Il ne m'en souvient pas du tout.

— « Cela se peut, dit Glasdale. Mais, à propos,

Il fut un temps où vous saviez
Les choses qui sont à venir;
Et maintes fois vous en parliez
En passant temps, pour réjouir. »

— « Oui, répond maître Jean.

Aucuns m'en ont voulu punir
A tort, sans cause et sans raison;
Mais je les ferai repentir
Avant qu'il soit longue saison. »

Alors Salisbury :

Ce sont faux et mauvaises gens
De vous avoir fait déplaisir.
Moi je voudrais vous secourir,
Vous faire service et plaisir.

Glasdale ajoute : « Si quelqu'un vous cherche noise, nous serons là. Mais il faut que je vous dise deux mots sur cette guerre qu'on va entreprendre.

Vous savez bien que les seigneurs
Veulent aller devant Orleans;
Entre nous autres serviteurs,
Nous n'en sommes pas fort contents,
Car on dit qu'ils sont malles gens (*mauvaises gens*).
Qu'en dites-vous? En savez rien? (*En savez-vous rien?*) »

Le prudent devin répond :

On dit bien qu'on y veut aller,
Et mettre le siège devant;
Mais je n'en voudrais point parler
A personne ni tant ni quant.
Laissons le moutier où il est.

Salisbury insiste :

Parlez du moins sur ma personne
Si j'aurai chance malle (*mauvaise*) ou bonne;
Vous savez bien qu'on s'abandonne
Plus hardiment quand on est seur (*sûr*)
Qu'il doit vous advenir bonheur.

Maître Jean regarde Salisbury, hoche la tête, et lui dit ces paroles où se trouve une allusion à la manière dont il mourra :

Il n'est aucun si grand seigneur
Qui ne puisse fort varier,
Ni n'est point si bon devineur
Qui puisse toujours bien juger;
Et, pour votre cas abréger,
Je n'y sache que chose honnête
Ni votre corps point en danger;
Mais que vous gardiez votre tête.

Alors Glasdale :

Et de moi qu'avez-vous à dire?

LE DEVIN.

Dieu le sait; il nous doit suffire.
Car c'est lui qui tient la balance.

GLASDALE.

Mais enfin que présumez-vous?

LE DEVIN.

Eh bien, j'ai fort bonne espérance
Que vous ne mourrez point de coups
De canon, de trait, ni de lance.

Et, en effet, Glasdale sera noyé.

Salisbury et Glasdale, prenant le change, se réjouissent des réponses du devin. Cette joie donne au devin des scrupules. Il leur dit :

Quelque chose que je vous die
N'y prenez point grande assurance.
Mieux vous vaudrait n'y aller mie
Car tout guerre (*toute guerre*) gît en doutance.

Mais les deux seigneurs ne comprennent pas. Chacun d'eux se croit rassuré pour son compte. Ils s'en vont gaiement.

A la suite de ce joli épisode, le départ des Anglais s'effectue ; et la scène est transportée à Orléans, où a lieu une délibération touchante. On confère sur les moyens de résister aux Anglais. D'après les avis des capitaines, les bourgeois se décident successivement à toutes les destructions que nécessite la défense de la ville.

— « Bourgeois, leur dit le sire de Villars, vous désirez conserver votre noble cité qui est une chambre de fleurs de lis. C'est un noble amour qui vous tient. *Il faut gar-*

der son domicile. Mais, pour sauver la place, il y a nécessité de raser vos beaux et nobles faubourgs. »

Le sire de Guitry ajoute : « Si vos faubourgs étaient aux mains de l'ennemi, vous ne pourriez monter sur les murs sans risque d'être assaillis et battus d'estoc et de taille. »

A son tour, le sire de Xaintrailles dit : « Messieurs d'Orléans, chacun de vous est délibéré de tenir bon. Dès lors, sacrifiez ce qu'il faut sacrifier.

Vous êtes tous loyaux Français,
On en voit l'expérience ;
Pour rien ne voudriez être Anglais,
Ni avoir à eux acointance.
Donc, faites ce qu'il appartient ;
Et mettez tout en oubliance
Le mal et l'inconvénient.
Je dis qu'il faut brûler, abattre
Le Portereau[1] entièrement,
Qui voudra les Anglais combattre
Et résister bien vaillamment ;
Que les tourelles bonnement
Ne pourrez tenir ni défendre,
Sans mettre tout présentement
L'église[2] et Portereau en cendre. »

D'autres capitaines, le sire de Coras, Pierre de la Chapelle, prennent la parole. — « Vous avez bon cou-

1 Grand faubourg, qui était sur la rive gauche de la Loire, en face de la ville.

2. Il s'agit de l'église des Augustins, sise dans le faubourg du Portereau.

rage et ferme vouloir de garder votre cité, disent-ils. Vous préférez vivre dans la peine et mourir que de livrer Orléans aux ennemis. Donc, brûlez, abattez les édifices sans regarder au dommage. Plus tard, vous les relèverez en plus grande magnificence. »

Le receveur, qui est le premier magistrat de la ville, répond, au nom de tous les bourgeois : « Messeigneurs, nous allons tout de suite vous obéir.

Car nous voulons totalement
Résister à ces ennemis
Qui prétendent injustement,
Sans cause, gâter le pays.
Puisqu'il vous semble que soit bon
Abattre tout le Portereau,
Qu'il soit fait; nous y consentons. »

Ils y consentent, encore que cela leur fasse mal au cœur de sacrifier ce noble joyau de l'église des Augustins.

Combien que ce noble joyau
Nous fait bien mal des Augustins;
Mais nous le referons plus beau
S'il plaît à Dieu et à ses saints.

— « De ce ne vous chaille, dit le sire de Villars,

Quand, pour parvenir à vos fins,
Vous rompez un peu de muraille.
On dit souvent : Bon est la maille
Qui sauve le denier[1]; et mieux

1. Comme qui dirait : Bon est le sou qui sauve l'écu.

Victoire aurez en la bataille.
N'en soyez mélancolieux. »

Messire Mathias ajoute : « Quand vos ennemis vous verront agir ainsi avec courage, soyez sûrs qu'ils vous craindront;

Car alors ils verront pleinement
Que défendrez votre héritage. »

Le receveur dit simplement :

Messeigneurs, sans plus de langage,
Faites à votre entendement.

En face des Orléanais bien résolus à se défendre, le poète peint les Anglais ardents à l'attaque et devenant maîtres des Tourelles, à la suite de sérieuses luttes. Puis il arrive à la mort de Salisbury.

Salisbury est monté au sommet des Tourelles et s'est mis à la fenêtre. A ses côtés est le vaillant Glasdale, dit Glassidas, qui lui dit : « Très noble comte, jamais vous ne fûtes en lieu plus plaisant.

Regardez à dextre, à senestre (*à droite, à gauche*).
C'est comme un paradis terrestre.
De France c'est le miel et cire.
Vous en serez seigneur et sire. »

Le fier Salisbury répond; et, chose nouvelle, il se montre attendri, comme cela arrive à l'approche d'une castastrophe :

Je prends en moi bien grand plaisir
A voir cette noble cité.
S'il convient les faire mourir,
Ce sera grande adversité,
Et grand dommage en vérité.

Mais bientôt la férocité du guerrier reprend le dessus :

— « Je prévois, dit-il, que les Orléanais ne se rendront pas à merci. Tant pis pour eux ! Je les ferai pendre, tous tant qu'ils sont, petits et grands,

Et leurs femmes et leurs enfants.
Personne je n'épargnerai. »

Au moment où le comte profère ces menaces, un boulet vient le frapper à la tête et lui crève un œil. Il tombe à la renverse.

Les Anglais accourent de tous côtés, et Glassidas s'écrie :

Ha ! Hay ! maudite journée !

— « Qu'y a-t-il ? » disent tour à tour Suffolk, La Poule, d'Escales.

Glassidas reprend :

Hélas, vous le voyez meurtri.
En lui plus nous n'aurons fiance.

— « Nous vengerons Salisbury ! » s'écrient les seigneurs. Et ils adressent au mort un suprême hommage :

Ha, Sallebery (*Salisbury*), noble coraige (*cœur*),
Ta mort nous sera vendue chière (*cher*) ;

Jamais un tel de ton paraige (*ton pareil*)
Ne se trouvera en frontière.

C'est Talbot qui vengera Salisbury. Il ne l'aimait pas; il en était secrètement jaloux. Mais l'honneur anglais avant tout!

Il dit au messager qui est venu le chercher : « Je voudrais être déjà à Orléans pour faire mourir ces Français.

Ça, messeigneurs, sans demeurance,
Armez-vous tous incontinent
Pour aller au siège d'Orleans.
Faites et soyez diligens
De charger bombardes, canons,
Serpentines à grant puissance,
Arbalètes, becs de faucon,
Poudres, pierres, maillets de plon (*plomb*).
Je veux que tout, comment qu'il aille,
Broches de fer, crochet, tenaille,
Soit tôt mené devant Orleans.

» Les murs de la ville seront rasés, ajoute-t-il, et je la mettrai à feu et à sang. »

Talbot arrive devant Orléans, qu'il a hâte de prendre; car, « c'est la clef à tout perdre ou à tout avoir ».

Bientôt les affaires vont mal pour les défenseurs de la ville.

« Hélas! disent-ils, nous ne croissons pas,

Nous appetissons tous les jours.
Les uns sont morts, d'autres blessés ;
Nous n'avons de nulluy (*personne*) secours. »

A Chinon, le roi, qui n'a plus d'espoir qu'en Orléans et qui ne sait comment le secourir, adresse à Dieu ses supplications :

O Dieu, très digne et glorieux,
Puissant, éternel roi des cieux !
Je vous prie, ayez souvenance
De moi, déplaisant, soucieux,
Quand je regarde de mes yeux
Mon pauvre royaume en doutance.

La Vierge implore pour lui son fils Jésus.
— « Pitié pour le royaume des lis, dit-elle,

Ce royaume qui tout soutient,
Et qui la chrétienté maintient.
Les Anglais venus d'Angleterre
N'ont aucun droit sur cette terre. »

Saint Euverte et saint Aignan, patrons d'Orléans, se joignent à Notre Dame. — « Seigneur, disent-ils, ayez pitié des Orléanais ! Rendez-leur la paix et la tranquillité !

Ils sont en grande adversité
A tort, sans cause et sans raison,
Par gens remplis d'iniquité
A qui n'appartient la maison. »

Dieu répond : « Ce peuple s'est perdu par sa vie déshonnête. Prêtres, bourgeois et laboureurs sont en faute. Princes, ducs et barons sont orgueilleux, jureurs et félons. S'ils endurent misère, c'est justice. »

La Vierge, saint Euverte, saint Aignan, renouvellent leurs prières. Dieu se laisse fléchir. Mais il veut, pour abattre l'arrogance des hommes d'armes, que le salut vienne d'une jeune fille; et il envoie saint Michel à Jeanne.

LE SEIGNEUR

Michel archange, écoute-moi:
Je veux te charger d'un message
Pour subvenir au désarroi
De France, le noble héritage.
En Barrois iras en voyage,
Et feras ce que je te dy (*dis*),
Au plus près d'un petit village,
Lequel est nommé Domremy,
Tu verras celle à qui je mande
Qu'en elle sera ma vertu
Et par qui je veux qu'on entende
L'orgueil des Français abattu,
Et celui des Anglais vaincu.
Elle est fille pleine d'honneur,
Courageuse, juste, innocente,
Honnête, loyale, prudente,
Toute bonté, toute douceur,
Et m'aime du profond du cœur.
Premièrement tu lui diras
Que je la fais soldat de France
Pour accomplir la délivrance ;
Et de par moi commanderas
Qu'elle se mette en habit d'homme
Pour que mieux le cas se consomme.

L'archange Michel répond :

Mon cher Seigneur, fidèlement
J'accomplirai votre ordonnance.

Dieu ajoute :

Dis-lui d'avoir bonne fiance
Et ne s'effrayer nullement.

L'archange va trouver la Pucelle, qui est en train de garder les brebis de son père et de coudre du linge.

Jeune pucelle bienheureuse,
Le Dieu du ciel vers vous m'envoie.
Ne soyez nullement peureuse ;
Mais livrez-vous toute à la joie.
Dieu vous aime et marche avec vous
L'Anglais doit ployer les genoux
Et d'Orléans quitter la place
Quand vous l'aurez vu face à face.
Vous mènerez sacrer le roi
Mis par vous hors de tout émoi.

Jeanne répond :

Mon bon seigneur, que dites-vous ?
Je ne suis qu'une bergerette,
Une jeune et simple fillette,
Gardant aux champs dessus l'herbette
Les pauvres bêtes de mon père.
Comment telle œuvre puis-je faire ?
Rien en moi qui n'y soit contraire.
Je n'entends goutte aux faits de guerre.

MICHEL

Jeanne, n'ayez peur ni souci.

JEANNE.

Dieu pleinement de moi dispose ;
Mais il faut pour si grande chose
Un homme aux périls endurci.

MICHEL.

Dieu vous veut.

JEANNE.

Alors me voici.

MICHEL.

Irez-vous, à travers les armes,
Dans le sang, parmi les alarmes ?

JEANNE.

J'irai. Dieu m'ait en sa merci !
Et toujours en toute saison
Veux être sa pauvre servante,
Attendant ma vraye maison
Là haut, au ciel.

Cette belle scène est gracieusement couronnée par un rondeau naïf :

Adieu, Jeanne, bonne pucelle,
Qui du Seigneur es bien aimée ;
Garde toujours ferme pensée
D'être son humble pastourelle.

JEANNE.

Sous sa garde je serai celle
Qui le servira, s'il m'agrée.

MICHEL.

Adieu Jeanne, bonne pucelle,
Qui du Seigneur es bien aimée.

JEANNE.

Puisque vous me proclamez telle,
Au seigneur de cette contrée
Je vais annoncer la nouvelle
De l'œuvre au ciel délibérée.

MICHEL.

Adieu, Jeanne, bonne pucelle,
Qui du Seigneur es bien aimée,
Garde toujours ferme pensée
D'être son humble pastourelle.

Jeanne, pleine d'ardeur, va droit chez Baudricourt et lui fait sa requête : « Donnez-moi habit d'homme et sûre conduite, pour que j'aille délivrer Orléans. »

— « Guerroyer n'est pas votre fait, répond Baudricourt. Vous, fille jeune et tendre, que pourriez-vous faire là où les hauts princes de France sont impuissants?

Tant de gens de haute excellence
Qui ont foison d'or et d'argent
Et gens d'armes à leur plaisance :
Et encore n'en font-ils rien! »

— « Je vois bien, dit Jeanne, que vous me tenez pour folle;

Je m'en rapporte au Dieu puissant. »

Jeanne s'en retourne. Elle reviendra.

Mais combien Orléans souffre de son retard! Les Anglais frappent comme des enragés. Les Français fuient. La Hire court par le champ de bataille en criant :

Ha! messeigneurs, prenez courage;
Ralliez-vous, je vous en prie.

Encore aurez-vous l'avantage,
Si vous voulez, quoi qu'on en die !
Avant ! Fleur de chevalerie,
Vous lerez-vous (*laisserez-vous*) ainsi mourir ?
Suivez-moi tous, je vous supplie,
Et retournons sur eux courir !

Les Français reviennent à la rescousse. Vains efforts. Il faut battre en retraite. Dunois se lamente : « Ha, Dieu et benoîte Vierge ! s'écrie-t-il,

Je vois que tout se perd et gâte.
Faut-il donc que je goûte et tâte
Telle douleur, telle journée ! »

Talbot triomphant dit aux Anglais : « Bien besogné. La déconfiture des Français montre bien que nous soutenons une juste querelle. Reste à abattre cette ville d'Orléans qui me fait mal à voir. »

Pendant que les Anglais se répandent en bravades, la Vierge, saint Aignan et saint Euverte prient Dieu pour Orléans. Par l'ordre de Dieu, saint Michel va retrouver Jeanne.

La Pucelle, obéissant à saint Michel, revient auprès de Baudricourt, lui apprend la défaite que les Français viennent d'essuyer et se fait enfin accepter de lui.

Jean de Metz et Bertrand de Poulengy conduisent Jeanne à Chinon et l'annoncent au roi, sans oser rien garantir :

En elle toute bonté est ;
Autre chose n'en pourrai dire.

Après délibération, le roi se décide à recevoir Jeanne; mais il se cache, et fait placer un seigneur sur son siège.

On dit à Jeanne que ce seigneur est le roi.

> Le voilà en salle jolie,
> Belle fille, où il vous attend;
> Saluez-le, je vous en prie,
> C'est le roi de France excellent.

Jeanne répond :

> En nom Dieu, qu'il ne vous déplaise,
> Ce n'est pas lui, je le sais bien,
> Celui qui est assis en chaise,
> Le vrai roy et très bon chrétien.
> Le connaîtrai; mais que le voie!

Alors le roi :

> Plus dissimuler n'en pouroye (*pourrai*).
> Fille, comment vous portez-vous?

Et Jeanne :

> Vous êtes cil (*celui*) que je queroye (*cherchais*),
> Vrai roi de France par sus (*par-dessus*) tous.

Pourtant le roi veut que Jeanne soit examinée avant de l'employer. Elle comparait devant l'inquisiteur et les théologiens. « Qui est et où est votre père? » lui demande-t-on. La bergerette de tout à l'heure répond[1] :

> Quant est de l'hôtel de mon père,
> Il est en pays de Barois,

1. Il semble bien qu'il y a ici une contradiction. Il y en a ailleurs d'autres qui, jointes à de frappantes inégalités de style,

Gentilhomme et de noble affaire,
Honnête et loyal François.

On lui demande : « Pourquoi êtes-vous venue en si lointain pays,

Ainsi comme fille égarée
Hors de vos parents et amis? »

— « Par le vouloir de Dieu, répond-elle. Je dois chasser les Anglais. »

Un des théologiens se récrie :

Quoi! vous qui de simple manière
Êtes, et de simple maintien,
Contre ennemis tenir frontière !
En vos dits je ne connais rien.

Un autre dit : « Comment pourriez-vous ce que princes n'ont pu? »

Jeanne répond : « J'ai confiance. Les ennemis seront battus.

Et en France n'en demourra (*demeurera*)
Qui ne soient ou morts ou pris. »

Les théologiens trouvent à Jeanne courage, sens et autorité. Ils la recommandent au roi.

Le roi se décide à employer Jeanne. Il la fait venir et lui dit :

me persuadent que les diverses parties du Mystère d'Orléans ne sont pas de la même main. Il doit y avoir eu des juxtapositions, analogues à celles dont on reconnait les traces dans beaucoup de *Chansons de gestes*, ainsi que dans l'*Iliade* et dans l'*Odyssée*.

Or ça, Jeanne, ma douce fille,
Voulez-vous donques être armée?
Vous sentez-vous assez agile
Que vous n'en soyez point grevée ?
Car tout le long d'une journée
Porter harnais sur votre dous (*dos*),
Vous en serez bientôt lassée :
Belle fille, qu'en dites-vous?

La vaillante Pucelle répond :

En nom Dieu, le porterai bien.
Faites qu'il soit pesant et fort;
Car je ne m'en soucie en rien :
Je me sens puissante et de port.

Une fois armée, Jeanne prend congé du roi, qui lui dit :

N'ayez point peur que je vous faille,
Ma fille, tant que je vivrai;
Tant que j'aurai denier ou maille,
Jamais, Jeanne, ne vous faudrai.

— « Sire, répond Jeanne, je vous remercie humblement. Je vais porter de bon cœur le faix de la guerre. Vos ennemis seront chassés d'Orléans. Puis, je vous conduirai à Reims.

Seigneur, il est temps de partir.
Veuillez vous toujours souvenir
De Dieu, qui vous saura défendre. »

Le roi dit : « Jeanne, belle fille et amie, je prierai Notre Seigneur et Notre Dame qu'ils vous gardent de tout déplaisir ! »

Jeanne ne veut pas qu'il soit question d'elle. Elle répond gravement :

Roi, soyez toujours humble et doux
Envers Dieu : il vous gardera,
Et de ses biens il nous donra (*donnera*).
Adieu ; je prends congé de vous.

Et le roi :

Si besoin vous avez de nous,
Mandez, fille ; on l'accomplira.

Encore une fois Jeanne répète :

Roi, soyez toujours humble et doux.

Ainsi Jeanne ne pense qu'au roi. Le roi ne veut penser qu'à Jeanne.

Il lui répond : « Belle fille, Dieu vous garde de tout mal et danger ! »

Jeanne redit une troisième fois son adieu :

Roi, soyez toujours humble et doux
Envers Dieu : il vous gardera,
Et de ses biens il vous donra.
Adieu ; je prends congé de vous

Jeanne part; et le roi, à genoux, les mains jointes, les yeux levés vers le paradis, s'écrie :

O Dieu du ciel, par la votre puissance,
Conduisez donc la très noble Pucelle,
Qui pour moi va porter harnais et lance,
En soutenant de France la querelle.

Or, n'ai-je plus fiance qu'en icelle
Ni en autrui plus secours je n'atant (*n'attends*);
Mon très doux Dieu, gardez la jouvencelle
De mort, péril et tout inconvénient.
Si offensé vous ai aucunement,
Je vous requiers pardon, mon vrai seigneur.
N'en punissez mon peuple nullement;
Supporté soit par la votre douceur.
Celui je suis pour porter la douleur
Et réparer votre juste sentence.
Veuillez mon fait avoir en souvenance!
Cette Pucelle est venue doucement
Par devers moi, pour me donner secours;
Gardez-la donc, je vous prie humblement,
Des ennemis et de leurs divers tours!
Si je la perds, qu'Orléans soit soumis,
Dire je puis que plus n'ai d'espérance,
Prêt à partir et laisser ce pays
Et te quitter, bon royaume de France!

Au risque d'être accusé d'hérésie par nos beaux esprits, j'oserai dire que je mets cette prière du roi et l'entretien qui la précède au-dessus des vers d'un Soumet, voire d'un Casimir Delavigne.

Jeanne va d'abord à Blois, où se forme une armée. Elle inspire amitié et confiance à tous. Bientôt les capitaines, à l'envi, feront son éloge et diront :

Elle est plaisante en faits, en dits
Belle et blanche comme la rose.
Demander lui faut son avis
Et le suivre dans toute chose.

C'est à Blois que Jeanne dicte sa sommation à l'adresse des Anglais.

— « Mon ami, dit-elle à un héraut, porte cette lettre aux ennemis; et dis-leur que, s'ils ne font selon mon vouloir,

Je les irai voir front à front. »

Le héraut va trouver les princes d'Angleterre et leur dit :

« A vous, très hauts et puissants seigneurs, ducs, comtes, barons, je vous présente une lettre de la Pucelle, la fille au gentil courage. Elle vous mande de partir, si vous ne voulez mourir. »

Les seigneurs s'indignent.

— « Quelle est cette truande qui nous brave? » s'écrie Talbot.

— « Il faut que les Français soient perdus, dit le sire d'Escales, puisqu'ils sont réduits à mettre leur espérance dans une fille ».

Falstoff dit à son tour : « Je sais ce qu'est cette fille. C'est une simple bergère qui a voulu quitter père et mère. Les Français sont fous. »

— « Ou plutôt ils se moquent de nous, dit Thomas Rameston. Pour leur en remontrer, retenez en vos prisons ce héraut arrogant et laissez-l'y périr ! »

— « C'est cela, reprend Talbot. Qu'on jette cet homme en une fosse, où il n'aura que du pain et de l'eau. »

Jeanne est informée que les Anglais ont emprisonné son héraut.

— « Ils s'en repentiront, s'écrie-t-elle. Chevaliers et barons, droit à Orléans ! Les pauvres gens nous y attendent. »

On arrive à Orléans, où Dunois fait bel accueil à Jeanne.

— « Il faut que les Anglais me rendent mon héraut », dit la Pucelle.

Dunois leur envoie deux messagers.

Les deux messagers disent aux généraux anglais: « De par le bâtard d'Orléans et de par Jeanne au noble cœur, rendez le héraut. Sinon, ceux des vôtres qui sont prisonniers seront mis à mort. »

Il en coûte à Talbot et aux autres chefs; mais ils s'exécutent. Talbot affecte même d'y mettre de la bonne grâce.

— « Je veux bien complaire, dit-il, au très noble bâtard d'Orléans, qui me requiert de cœur courtois. Quant à Jeanne la ribaude, nous en ferons bientôt justice. »

On ôte ses fers au héraut. Les deux messagers l'emmènent, et voici le gentil dialogue qui s'engage entre eux et lui, sur le chemin:

PREMIER MESSAGER

Tu peux bien conter maintenant
Et dire de ton aventure.

LE HÉRAUT.

Jamais je n'endurai autant.

DEUXIÈME MESSAGER.

Tu peux bien conter maintenant.

LE HÉRAUT.

Anglais sont pires que chiens ;
Ils n'ont pitié de créature.

PREMIER MESSAGER.

Tu peux bien conter maintenant
Et dire de ton aventure.

DEUXIÈME MESSAGER.

Tu es sailli de grant ordure
D'être hors des mains des Anglois.

PREMIER MESSAGER.

Mort tu fusses de pourriture
Avant qu'il eut été un mois.

DEUXIÈME MESSAGER.

Il faut à présent que tu vois (*voies*)
Madame Jeanne, la Pucelle.

LE HÉRAUT.

C'est bien raison, je m'y en vois (*vais*) ;
C'est une fille gente et belle.

[A LA PUCELLE].

Las! madame, vous êtes celle
Qui m'avez recouvré de mort !

LA PUCELLE.

De leur rebellion cruelle
Punis seront et de leur tort.

En nom Dieu, je veux aller voir
Les Anglais qui sont aux Tourelles
Pour qu'ils sachent de mes nouvelles!

Autant Jeanne est pleine d'ardeur, autant les Anglais sont superbes. Ils croient pouvoir tout emporter. Mais Jeanne raille leur outrecuidance et dit :

Bien souvent de grans (*grandes*) convoitises
On ne va pas où l'on prétend.
Il arrive qu'aucuns vous brisent
Et que tout vous vient à néant.

Avant d'attaquer l'ennemi, Jeanne l'invite encore une fois à partir de France. Debout sur le boulevard de la Belle-Croix, elle crie d'une voix haute aux Anglais qui sont dans la bastille des Tourelles :

Glassidas, puissant capitaine,
Et vous tous, autres grands seigneurs,
Qui prenez ici tant de peine
Et supportez si forts labeurs,
Délaisser vous faut ces erreurs.
De par Dieu qui est tout puissant,
Levez le siège incontinent ;
Cessez de nous faire la guerre
Et revenez en Angleterre.
Que si ainsi ne voulez faire,
Je suis celle pour vous combattre
Et mourrez tous de mort amère.
Ne pensez point en rien rabattre
Que je suis seule contre quatre.
Car un seul en combattra dix !

Ayant entendu ces fières paroles, les Anglais insultent Jeanne à l'envi. Glassidas est le plus insolent de tous. Il lui dit :

Toi, fausse, truande, vachère,
Comment oses-tu çi venir,
Orde (*ordurière*), très vilaine sorcière,
Nous dire notre déplaisir ?
Sang Dieu ! je te ferai mourir.

La Pucelle lui réplique :

Tu en as menti, Glassidas,
Avant douze jours tu mourras !

— « Vilaine femme, lui crie Talbot, je te ferai traîner au gibet ! »

— « Talbot, répond la Pucelle,

Ton ort (*ordurier*) parler et ton injure
Te tournera en désarroi,
Et connaîtras ta forfaiture
Quand tu mourras des gens du roi. »

Là-dessus, Jeanne rentre dans Orléans et dit gaiement aux hommes d'armes :

En nom Dieu, j'ai grant volonté
Après dîner que nous aillons
Voir le bien et honnêteté
Des Anglais qui à saint Loup sont.

On part. Les Anglais sont battus ; et les capitaines français félicitent Jeanne :

N'est prince de si grant valeur.
A vous et victoire et honneur;
Car vous avez en la bataille
Nettoyé cette truandaille.

Talbot est désespéré :

« Ah ! mes seigneurs, je meurs de deuil
Et la larme me vient à l'œil
De voir advenir tel dommage.
Peut-il être plus grand outrage !

» Saint-Loup pris ! Tant de gens de naut lignage morts ! Et tout cela par cette femme !

Mais, si je la tiens en ma main,
Son corps n'a garde qu'il repose:
Le démembrer je me propose
Tiraillé par quatre chevaux. »

De son côté, Jeanne dit :

Vite, faisons nouvel apprêt.
Gardez que demain rien ne faille.
Au point du jour que tout soit prêt :
Nous irons en belle bataille !

Nous arrivons au combat des Tourelles. C'est l'action principale du poème. Le développement en est parfois magistral, et toujours de grande allure.

Les Anglais sont forts et résolus. Le danger est grave. La Vierge et les patrons d'Orléans prient Dieu pour Jeanne. La Vierge dit :

Veuillez conduire la pucelle,
O mon très cher fils. Par icelle (*elle*)
Daignez recouvrer fleurs de lis!
Elle obéit à tous vos dits.

C'est votre petite servante;
En vous elle met son attente.
Secourez-la, mon très doux sire,
Et confondez ses ennemis.
Elle a grant besogne entrepris.
Elle est en danger de martyre!

— « Allons assaillir les bastilles anglaises, » s'écrie la Pucelle.

Plusieurs capitaines hésitent; mais d'autres ont bon courage. Le sire de Gaucourt est de ce nombre. Il dit:

A ces Anglais, loups ravissants,
Ne craignons chercher querelle!
Un seul de nous vaut mieux que cent
Sous l'étendard de la Pucelle.

— « Hélas! dit un capitaine, combien des nôtres n'avons-nous pas déjà perdus! »

— « Oui, reprend le sire de Villars, avec une mâle éloquence. Nous avons eu jusqu'ici maint désarroi. Mais il faut s'en consoler et agir.

Les morts sont morts. Dieu les pardonne!
De leur trépas ne faut penser.
Tout périt. La mort nous talonne:
Par elle devons tous passer. »

— « Prions pour les morts, dit un autre. Mais point de lamentations; car ce ne serait profit ni pour eux ni pour nous. Il nous convient d'avoir l'âme forte et d'attaquer bravement l'ennemi.

Qui de grands maux ne sait souffrir
A grand honneur ne peut venir. »

Les Français courent à l'ennemi. Dieu les protège.

Sur les murs de la ville cheminent, en leurs habits épiscopaux, saint Euverte et saint Aignan, qui, les mains étendues, bénissent Orléans.

Le village de Saint-Jean-le-Blanc est attaqué et bientôt pris.

« En avant ! crie la Pucelle. Sus aux Tourelles ! »

— « Que dites-vous ? objecte un seigneur. Les Tourelles sont lieu imprenable. »

Un autre reprend : « Aux Tourelles, les Anglais ont grandes fortifications, artillerie, poudre, canons en abondance ; et il y a là le terrible Glassidas. Nous n'aurons jamais les Tourelles. »

Plusieurs autres parlent de même.

Jeanne répond :

Bonnes sont vos opinions,
Et dans vos dits est apparence ;
Mais les batailles qui se font
Point viennent toujours par puissance,
Mais par divine providence.
Nous les aurons ; et tous mourront.

— « A votre plaisir, Jeanne. Nous ferons votre volonté, » disent les capitaines.

Cependant les Anglais conversent sur Jeanne.

— « C'est une sorcière, c'est une diablesse enragée, disent-ils. Dans la mêlée nul n'ose approcher d'elle. Ce n'est pas elle qui se bat ; c'est un diable mis en sa place et frappant à tour de bras. »

— « La maudite ribaude a fait reculer les Anglais, dit Glassidas. Mais nous, la fleur d'Angleterre, nous la châtierons. J'aimerais mieux être à cent pieds sous terre que de ne pas tirer vengeance. »

L'attaque a lieu. Les Français sont repoussés. Jeanne est blessée.

« Mes bons amis, s'écrie-t-elle,

Le boulevard recouvrerez
Et Tourelles, n'ayez doutance :
Buvez et vous rafraîchissez
Et gardez tous bonne espérance.
De ma blessure ne vous chaille ;
En nom Dieu, ce ne sera rien.
Ne délaissez cette bataille
Et ne vous émouvez de rien.
Je sais fort bien ce que je sens.
Je ne suis point si fort blessée
Que je ne revienne en tout sens
Courir, bannière déployée. »

Et, s'adressant à Dieu avec une solennité que le poète souligne, — comme il a souligné la prière du roi, — par l'adoption du vers de dix syllabes, Jeanne s'écrie :

O Dieu du ciel, en qui je me confie
Dans ce besoin, las ! ayez souvenance
Que les Français vous ne délaissez mie !
Faites qu'Anglais n'aient point sur eux puissance !

Dieu envoie à Jeanne saint Michel, qui lui dit :

Persévère ; ne doute mie (*point*) ;
Et tu parviendras à tes fins.

La Pucelle répond :

Mon ami, je vous regracie
Et remercie à toutes mains

Jeanne revient en armes, fait sonner les trompettes, exhorte ses gens et les mène à la victoire. Les Tourelles sont prises, et parmi les morts est Glassidas.

La nuit est venue. Les vainqueurs sont rentrés. Les cloches d'Orléans sonnent joyeusement. C'est alors que Talbot, hors de lui, fait entendre cette plainte digne d'Homère :

Douleur et angoisse m'étreint
Que je ne sais à qui le dire;
Du deuil que j'ai le cœur me taint (*saigne*),
Tant suis rempli de peine et d'ire (*colère*).
Mon corps endure tel martyre
Qu'il est tout prêt à désespoir ;
Jamais ne le puis avoir pire.
Rien ne pourrait tant me douloir.
O! ô Dieu, quelle journée !
Or sont tous mes bons amis morts,
Noyés, tués, mis à l'épée,
Sans en être miséricors!
O fausse p....., sur ton corps
Je m'en vengerai, si je pui (*puis*) ;
Mourir te ferai sans merci.
Glassidas, vaillant capitaine,
D'Angleterre le plus vaillant,
Pour vous j'endure moult de peine
Autant qu'homme qui soit vivant.
Donner voudrais tout mon pesant
D'or fin, et que fussiez en vie.
Oh! que n'étais-je là présent!
Hélas! Mort tu ne fusses mie (*point*).
Et que d'autres, morts avec lui,
Les meilleurs de notre parti!

O fleur de toute noblesse,
Fleur de vaillance et hardiesse,
A ce coup-ci être perdue !
D'Angleterre la grant prouesse,
Honneur, vaillantise et largesse,
Bien vous avez été déçue.
Je ne sais qui vous a démue (*fait tomber*)
Ni qui vous a ainsi pollue (*souillée*)
Je ne crois pas que sous la nue,
Y eut gens de votre value (*valeur*).
Par le haut Dieu où je me fie
Je renonce à chevalerie
Si de la p..... ne me venge
Et des Français leur félonie.
Dix mille en perdront la vie.
Si jamais en guerre me range,
Mon cheval baignerai en fange
Des Français, jusques à la sange (*sangle*),
En leur sang : de ce me fais fort,
N'y aura prince ni étrange (*étranger*)
Ni si huppé que je ne plange
Et que je ne le boute à mort.
Arou ! arou ! arou ! j'enrage ;
Je sens en mon cœur telle rage
Que je ne sais que devenir,
Quand il me souvient du dommage,
Quand je vois devant mon visage
Mes bons amis ainsi finir,
Tués, noyés piteusement.
Plus ne demande qu'à mourir
Ou m'en venger du déplaisir
Contre Français cruellement.

Avec quel enthousiasme nos pères devaient battre

des mains quand retentissaient ces paroles de Talbot! Qu'on se rappelle le grand Eschyle évoquant, dans sa tragédie des *Perses*, l'image des triomphes récents de la patrie. Les spectateurs avaient vu de près le Mède à la longue chevelure. Salamine, Platée, c'était hier. En applaudissant le poète, ils s'applaudissaient eux-mêmes. Ainsi des Français qui assistaient au MYSTÈRE DU SIÈGE D'ORLÉANS. Sans doute auteur et sujet ne souffrent pas comparaison. Rien ici du fougueux génie d'un Eschyle faisant vivre en ses vers la furie des batailles; rien de la catastrophe grandiose d'un Xerxès voyant s'évanouir son peuple de guerriers. Mais on était au lendemain des journées de Saint-Loup et des Tourelles; tous les cœurs tressaillaient quand sonnaient aux oreilles ces noms de gloire; puis, sur la scène apparaissait, élevant l'histoire au-dessus de toute poésie, la figure idéale de cette Pucelle que plusieurs vieillards là présents avaient vue de leurs yeux.

A côté de Talbot désespéré comme l'était Xerxès après Salamine, le Mystère nous montre les autres capitaines le consolant et le réconfortant. La prudence finit par dominer la colère. Le siège d'Orléans est levé.

Les capitaines français se réjouissent. Pourtant un regret se mêle à la joie de La Hire, qui est le plus brave des pillards et le plus pillard des braves. Il dit en parlant des nombreux seigneurs anglais qui sont morts :

C'est pour nous un très grand dommage
Qu'ils ne soient pas dans nos prisons,
Car eussent payé cher rançons.

Il songe à poursuivre du moins les fuyards.

— « Ne les laissons pas aller sans coup férir, dit-il ; ne nous privons pas d'un butin qui nous enrichira à toujours ! Quand on a beau gibier, on ne doit pas le laisser échapper. »

Mais Jeanne modère cette belle ardeur.

L'ennemi une fois parti, les Orléanais remercient Jeanne en lui disant qu'elle est la rédemptrice de la France.

Jeanne leur répond : « Ce qui a été fait n'est pas mon œuvre ; c'est l'œuvre de Dieu. »

Cependant, comme le sire de Tillay le dit à Jeanne, la sécurité d'Orléans ne peut être bien assurée que si les places voisines sont également délivrées des Anglais. Il faut que Jeanne marche sur Jargeau, Meung, Beaugency.

Mais d'abord elle ira voir le roi, qu'elle voudrait mener à Reims. Arrivée devant le dauphin, Jeanne se jette à ses pieds et les baise. Le dauphin lui dit :

Ma belle fille, levez-vous,
Et soyez la très bien venue.
Votre maintien plaisant et doux
Me réjouit dont vous ai vue.

A grant joye serez reçue,
E rien ne sera sous la nue
Qu'épargné vous soit (*qui vous soit refusé*), chère [amie.

Jeanne répond :

Sire, moi de pauvre value (*valeur*)
Très humblement je vous merci (*remercie*) ;
A moi n'appartient pas ceci,
Ni telle chose ne m'est due.
Sachez, sire, que ceux d'Orleans
Ont fait grandement leur devoir ;
Tant hommes, femmes et enfants,
Vous ont servi de franc vouloir.
Ce sont Français bons et vaillants.

Elle ajoute : « Noble roi, ne différez plus de venir à Reims où je vous ferai sacrer. »

Le roi répond : « Votre beau parler me plait fort, ma fille. Mais il y a sur la Loire plusieurs places que tiennent les Anglais et d'où ils défient Orléans. Il faut les en déloger. Le duc d'Alençon vous suivra. »

Jeanne fait bon accueil au duc, qu'elle appelle homme de grande vertu et de grande façon. De son côté, le duc l'appelle dame plus plaisante que la rose, et dit qu'elle est la joie et l'amour des Français.

La campagne qui sera le complément de la délivrance d'Orléans est décidée.

On marche d'abord sur Jargeau. Un héraut y avise Suffolk de l'arrivée de Jeanne :

— « Messager, que dis-tu ! » s'écrie le capitaine anglais. Et il est partagé entre la crainte et la fureur. Tantôt il dit :

Je me doute que la Pucelle
Mettra mes gens en grand souci ;
Car un chacun a bien peur d'elle.
Je crains qu'elle soit immortelle.

Tantôt il s'écrie :

Fausse, déloyale, truande,
Sois maudite, toi et ta bande !
En un gibet veux qu'on me pende,
Si par moi tu n'es mise à fin.

Son frère Jean ne revient pas de sa stupeur :

Ma pensée en est fort troublée
Et j'en ai deuil en mon courage.
Je pensais que s'en fut allée
Demeurer en quelque village
Faire du lait et du fromage.

Le comte de Suffolk sent redoubler sa colère :

Ah ! si je la tiens, je vous jure,
Traîner je la ferai aux champs
Et mourir de mort laide et dure
Et étrangler à mes chiens.

Anglais et Français vont venir aux mains. Jeanne exhorte son monde : « Montrez cœurs vaillants et hardis !

Ce samedi gai et jolis (*joli*),
Que le temps est bel et rassis,
Faut besogner. Tout Anglais tremble
Quand parler veulent de nos faits.
A leurs devants allons ensemble,
Et que bientôt ils soient défaits! »

Tous les capitaines sont pleins d'ardeur. La Hire dit à Jeanne :

Dame Jeanne, ne vous doutez
Que je vous tiendrai compagnie.
Où il vous plaît, là me boutez ;
Je ne vous en dédirai mie,
Ni tous mes gens, je vous affie, (*je vous l'affirme*).
Pour votre vouloir accomplir
J'emploirai mon corps et ma vie.
Me voici tout prêt à mourir.

Les hommes d'armes s'ébranlent, et les Anglais voient approcher leurs armures qui reluisent comme des étincelles.

L'attaque s'engage. Les Français sont d'abord repoussés. Jeanne ranime les chefs découragés : « Gardez-vous de désemparer, dit-elle. Point ne faut s'ébahir pour un assaut manqué. Soyez preux et hardis! Vous conquerrez la ville, et, avec elle, grand avoir ainsi que grande gloire. »

De son côté, Suffolk, qui compte faire Jeanne prisonnière, s'écrie :

Par la mort-Dieu, si elle est prise,
Nûe comme ver, sera mise
Toute vive en un feu ardent!

Jeanne tombe blessée. Les chefs lui font tour à tour des remontrances et l'excitent au départ.

— « Je ne partirai pas, dit-elle. Les Anglais m'auront, ou je les aurai. »

Guidés par elle, on revient à l'assaut ; et la place est prise.

Ici se place un gracieux épisode :

Un vaillant Français, messire Renault, a atteint le comte de Suffolk. Entre eux s'engage le dialogue suivant :

RENAULT.

Rendez-vous, comte de Suffort,
Ou mourir vous fré (*ferai*) de mort dure.
Rendez-vous à moi, ou, je jure,
Jamais vous n'en aurez support.

SUFFOLK.

Je suis content d'être en tes mains ;
Mais que tu soyes gentilhomme.

RENAULT.

Rends-toi à moi à toutes fins,
Ou mourir te ferai en somme.

SUFFOLK.

Je suis content d'être en tes mains ;
Mais que tu soyes gentilhomme.

RENAULT.

Suffolk, rends-toi !

SUFFOLK.

A qui ?

RENAULT.

A moi.

SUFFOLK.

Es-tu noble homme?

RENAULT.

Oui.

SUFFOLK.

Je le croi.

RENAULT.

Suffolk, rends-toi !

SUFFOLK.

A qui?

RENAULT.

A moi.

SUFFOLK.

Es-tu chevalier?

RENAULT.

Non. Pourquoi?

SUFFOLK.

Tel faire te veux. Il le faut.

RENAULT.

Suffolk, rends-toi !

SUFFOLK.

A qui?

RENAULT.

A moi.

SUFFOLK.

Qui es-tu?

RENAULT.

Guillaume Renault.

SUFFOLK.

Chevalier vous fray (*ferai*) sans défaut,
Et puis à vous je me rendrai.
Mais d'abord tout accomplirai.
Je vous ceins de l'épée dorée.
Ne refusez jamais journée,
En quelque lieu où vous irez.
Prenez les éperons dorés
Que de ma main je vous présente.
Foi de noble, les garderez
A votre pouvoir et entente.

Suffolk ceint Renault de l'épée; lui donne les éperons; puis lui dit, en le baisant à la joue: « Or ça, messire Guillaume, je me fais votre prisonnier à présent. »

Renault répond: « Comte, je vous traiterai honnêtement. Merci de m'avoir fait chevalier. Envers tous, petits et grands, je me conformerai aux lois de la chevalerie. »

— « Ce sera agir en vaillant seigneur, reprend Suffolk.

Ayez en vous fière pensée,
Soyez toujours humble et courtois;
Serez prisé, même entre rois. »

Là-dessus les trompettes sonnent, et, pendant que

Renault emmène courtoisement Suffolk, Jargeau est pillé.

Il reste à vaincre Talbot.

A la nouvelle du désastre de Jargeau, ce brave s'écrie, avec une pathétique éloquence :

Mes seigneurs, je ne sais que dire,
Tant ai de deuil et déconfort,
Et tant ai mon cœur rempli d'ire (*colère*).
Ne sais si je suis vif ou mort.
Ah! vaillant comte de Suffort,
Avecques tes frères ensemble!
Au monde n'était rien plus fort.
Pour vous subjuguer, ce me semble,
Faut qu'il y ait eu trahison.
O quel trésor avoir perdu!
O quelle noblesse soumise!
En vous était toute vertu,
En vous notre espérance mise.

On le console. Il reprend :

« Faut-il endurer ce sanglot
Ainsi comme huîtres de Cancales
Et le porter dedans nos malles?

» Non! Il faut se hâter de tenir les Français au bout de la pointe de nos épées.

Il faut détruire leur armée
Comme à la journée de Verneuil :
Toute France y fut consommée
Et encore en dure le deuil.

» Ils étaient là ducs, barons et comtes, en grande multitude, bien reluisants en leurs harnais; et, quand vint l'heure des horions, nous les tuâmes comme moutons ou brebis. Et maintenant, quel deuil est le nôtre! Partons! Vengeance! Il faut que demain, avec ma bonne épée, j'aie le sang de ces Français; ou je mourrai dans la journée. »

De son côté, Jeanne fait avertir le roi du succès obtenu. Le messager, sa mission accomplie, s'empresse de retourner vers elle: « Car, dit-il, Jeanne est excellente entre toutes créatures; et celui-là est heureux qui une fois chaque jour peut la voir. »

En même temps Richemont arrive pour joindre ses troupes aux troupes que commande le duc d'Alençon; et il compte voir Jeanne pour se faire accueillir.

Je veux m'en aller promptement
Paraître devant la Pucelle
A laquelle tout pleinement
Je dirai mon encombrement
Et me mettrai à merci d'elle.
Elle est si gracieuse et belle,
Humble comme la tourterelle!

En effet, Jeanne intervient en faveur du connétable et le fait recevoir comme un bon frère d'armes.

A ce moment-là on est devant Beaugency. Beaugency se rend.

Certains capitaines voudraient qu'on exterminât les Anglais. Le sire de Tillet dit: « Chez les Anglais il n'y a que trahisons. S'ils le pouvaient, ils nous lapideraient. Faisons-les mourir, grands et petits. Les laisser aller, c'est abus. »

Le sire de Saint [illegible]ère fait cette noble réponse :

Ce sera l'honneur des François
Leur avoir donné sauveté.
Ils connaîtront l'honnêteté
De France pour une autre fois.

Le sire de Beaumanoir ajoute sagement : « Messeigneurs, songez que la guerre n'est qu'un moyen. La fin, c'est toujours la paix.

Et quiconque est requis de paix
A son profit, bien dire l'ose,
Refuser ne la doit jamais.
Car bien souventes fois j'ai vu
Tel qui croyait être le maître
A la fin se trouver déçu. »

A son tour Jeanne prononce ces généreuses paroles :

Qu'ils aient vie sauve et sûreté
Et partent sans difficulté
En promettant de vérité
Que de six jours ne s'armeront
En quelque lieu que nous irons.
Laissons-les, pour le sang humain
Éviter et garder d'épandre ;
Car notre roi doux et benin
Tous à merci est prêt à prendre.

Jeanne est écoutée. Les Anglais quittent le château et défilent, deux par deux, tête nue, casque en main, devant l'armée française.

C'est maintenant avec Talbot qu'on aura affaire. Les Anglais qui viennent de capituler à Beaugency se rendent d'abord à Meung. Mais là leur découragement se communique à la garnison. On se dit :

Ne faisons point ici durée.
La Pucelle démesurée
Triomphe à tel point que c'est rage ;
Et jamais créature née
Ne vit soldats de tel courage.

— « Mais c'est horrible ! s'écrie un capitaine.

Quitter Meung qu'en nos mains tenons !
Quel grand déshonneur nous aurons ! »

Falstolf lui répond :

Faire le faut ; ou nous mourrons.

On va dans la Beauce rejoindre Talbot, qui dit au commandant de Meung et au commandant de Beaugency : « Or çà, *messeigneurs*, qui vous mène ? Beaugency et Meung sont donc perdus ? Que n'avez-vous tenu ? Nous accourions vous secourir. »

Les commandants s'excusent. Talbot reprend avec une mâle dignité :

Ce nous est un déplaisir grand
Que plus longtemps n'ayez tenu,

Rien qu'un jour ou deux seulement;
Votre honneur eussiez obtenu.
Mais quoi! Il n'en faut plus parler.
Aller à Janville nous faut.
Aille comme il pourra aller!
Mais de deuil le cœur me défaut (*défaille*)
De voir faiblir si noble armée.
J'en suis très ému et très chaut
Et désire ma vie finée (*finie*).

Le seigneur d'Escales dit à Talbot : « Lieutenant, ne vous tourmentez pas. Puisque nous n'avons pas perdu nos gens, tout sera réparé. »

Falstoff ajoute : « Le déshonneur est pour les Français qui ont consenti à traiter parce qu'ils avaient peur. »

Bedfort parle de même.

Rameston dit : « Nos gens ont bien fait. C'est en bataille rangée qu'il nous faut trouver les Français. Là nous les traiterons comme jadis à la journée des Harengs. »

Toutes ces consolations trouvent Talbot impatient : « Allons, dit-il, et que Dieu vous garde! En ordre tous, jeunes et vieux. » On part.

La Pucelle apprend la jonction des corps d'armée ennemis et leur retraite sur Janville. Elle a hâte de les y poursuivre.

Nombreux et fiers nos ennemis
Sont ensemble dans ce pays
Ainsi qu'on me l'a rapporté;

Avoir nous les faut à tout prix
En ce beau plaisant jour d'été.

— « Oui, s'écrie La Hire, allons sur les Anglais! Je ne donnerais pas d'eux une maille. »

On marche. Bientôt arrive un messager qui dit à la Pucelle :

Madame, voici les Anglois
Qui sont auprès d'un gros village;
Ce gros village a nom Patoys (*Patay*).
Ils sont lassés, comme je crois,
Mais tant, tant nombreux que c'est rage.

— « C'est vrai, dit Jeanne.

Je les vois là tout épandus
Sur les champs, auprès du village,
Mal accoutrés et mal vêtus,
Matés de corps et de courage. »

Elle donne ses ordres :

« Connétable, je vous supplie,
Allez leur trancher le chemin.
Que de Patay n'approchent mie;
Mais les tenez qu'ils soient en plain (*en pleine campagne*)
Pour les combattre main à main.

» Vous, d'Alençon, vous tiendrez l'aile droite; vous, Richemont, l'aile gauche. Je vais moi-même assaillir les Anglais de pleine face. Or sus, marchons sans hâte et avec courage! »

— « Tenez ferme, dit Talbot aux Anglais.

De la bataille ayez le prix
Et que Français soient si bas mis
Qu'à jamais reste la mémoire
De notre complète victoire.
Bien vois que la fausse p.....,
Y est à toute sa bannière.
Puisse-t-elle choir en ma main!
Elle mourra de mort amère. »

Les trompettes sonnent. Anglais et Français poussent de grands-cris. Il y a une merveilleuse bataille où on lutte main à main. Tous les Anglais sont tués ou en fuite. Talbot est pris. Jeanne dit ces paroles simples et grandes :

Messeigneurs et mes bons amis,
Sur les Anglais, nos ennemis,
Nous avons remporté victoire
Dont toujours restera mémoire.
L'honneur en est au Dieu de gloire.
Tous prisonniers vous recommande
Que leur soyez doux et traytis (*traitables*);
Car c'est vertu très noble et grande
Etre bon pour qui s'est soumis
Et qui s'est rendu à mercis (*à merci*).
Quant aux morts, bien les enterrez,
Et qu'ils ne soient mangés des bêtes;
Leurs corps doivent rester sacrés :
Il sont hommes comme vous êtes.

Le duc d'Alençon triomphe :

Dame Jeanne, que dites-vous?
Voici belle déconfiture !
Tant morts que pris, ils y sont tous.

Echappé n'en est créature.
Je doute qu'Anglais contre nous
Désormais osent faire guerre.
Toute leur puissance est par terre.
Ils sont bien là six mille morts,
Tous les plus hardis et plus forts,
Jamais n'iront en Angleterre.

Jeanne, les seigneurs et l'armée rentrent à Orléans, où le peuple les accueille joyeusement aux cris de « Noël ! Noël ! »

La Pucelle dit aux Orléanais : « Les Anglais, violant la parole donnée à votre duc, vous ont fait beaucoup de mal.

Mais ils expient leur grande forfaiture ;
Sur cette terre ils ont leur sépulture. »

Elle ajoute qu'elle va prendre congé d'eux pour aller sacrer le roi, et elle les invite à toujours bien aimer et défendre leur pays ; car

N'est si noble joyau que la terre de France.

Les Orléanais félicitent Jeanne :

Nous vous louons, dame de Dieu amie !

Jeanne répond :

Louez Dieu seul et la Vierge Marie !

Tel est le MYSTÈRE DU SIÈGE D'ORLÉANS œuvre originale, ignorée des uns, méconnue des autres.

Ce poème ouvrait à notre art dramatique encore en enfance une voie vraiment nationale. Que n'a-t-elle été suivie par les Corneille et les Racine, les Hugo et les Musset! Les plus beaux drames sont enfouis dans l'histoire, surtout dans la nôtre. Vienne l'évocateur qui secouera l'immense ossuaire de nos vieilles chroniques et en fera jaillir la vie! — *Galliæ ossa arida, surgite!*

VIII. — UNE SŒUR DE JEANNE D'ARC

Qui pourrait dire le nombre des Françaises dont Jeanne d'Arc a inspiré et vivifié le patriotisme ?

Elles sont nombreuses, dans nos sociétés de secours aux soldats de France et aux blessés, les femmes dont le zèle ardent et l'inépuisable générosité s'avivent et se soutiennent par le souvenir de l'héroïne.

Et, parmi nos jeunes filles, combien n'y en a-t-il pas dont la prime jeunesse est tout ensoleillée par une belle passion pour la sainte de la patrie ?

Si je ne craignais d'être indiscret, je parlerais ici de la petite-fille de notre plus illustre savant, du grand Pasteur, qui sait par cœur des livres écrits sur Jeanne d'Arc, a voulu visiter tous les lieux consacrés par son souvenir et, quand elle parle ou écrit sur elle, trouve des accents d'une naïve et forte éloquence.

Mais c'est d'une morte que je veux entretenir mes lecteurs.

⁂

Marie-Edmée Pau, fille d'un soldat, née à Nancy en 1845, s'était vou e, dès l'enfance, au culte de Jeanne d'Arc.

Quand elle commença à manier le crayon et la plume, c'est Jeanne d'Arc qu'elle voulait toujours dessiner; c'est sur Jeanne d'Arc qu'elle voulait toujours écrire. On a d'elle un petit livre illustré, exquis en sa familiarité, qu'elle intitula : *Histoire de notre petite sœur Jeanne d'Arc, dédiée aux enfants de la Lorraine.*

« En réunissant toutes mes amitiés en une seule, disait-elle, je ne crois pas trouver un amour comparable à celui que j'ai pour cette jeune fille, morte il y a plus de quatre cents ans. Qu'on appelle cela folie, exaltation, chimère, je demanderai s'il est possible que l'imagination soit plus féconde que la réalité. Or, cette chimère obtiendrait de moi tous les sacrifices. Ce nom, quand je l'entends prononcer ou quand je le lis quelque part, me remplit d'une émotion impossible à décrire : mon cœur bat, mes yeux se mouillent de larmes, un je ne sais quoi d'immense comble le vide affreux qui existe en moi, un souffle divin me soulève, et je voudrais avoir des ailes pour aller chercher dans le ciel ma Béatrix à moi. »

Marie-Edmée avait perdu son père à onze ans. A partir de cette époque, les plus sérieuses pensées l'occupèrent; se dévouer fut la constante ambition de sa courte vie.

Pendant la guerre de 1870, elle se prodigue, donnant des vivres aux soldats, des soins aux blessés, des consolations aux mourants dont elle crayonne les portraits pour ménager une dernière consolation à ceux qui les ont aimés.

Ayant appris que son frère, alors lieutenant, avait été blessé et pris par des Allemands, elle voulut le rejoindre. On se récria :

— Une femme seule !

— J'agirai comme si j'étais le frère de mon frère.

— Mais que de dangers !

— Je les surmonterai.

Elle les surmonte, et, à travers les lignes ennemies, accourt auprès de son cher Gérald, qui, grièvement atteint au poignet, avait dû être amputé.

Ce Français amputé et malade ne semblait plus dangereux. Les Allemands permirent à sa sœur de le ramener au foyer. Gérald n'y rentra que pour embrasser sa mère. Bientôt après, quoique mutilé, il se battait de nouveau à la suite de son régiment et devenait capitaine.

Pendant ce temps, Marie-Edmée, triste de n'avoir pu accompagner son frère, organisait à Nancy, sous le nom de *Compagnie de Jeanne d'Arc*, un atelier d'ouvrières volontaires qui confectionnaient des vêtements et des couvertures pour les soldats.

Arrive la nouvelle de la déroute de l'armée de l'Est où est Gérald. Cette fois rien ne peut plus retenir Marie-Edmée. Elle part, malgré le froid et la neige ; va à pied le long de la frontière suisse ; s'assure que son frère est vivant, et, infatigable dans ses soins dévoués, se fait la sœur de tous les soldats qu'elle voit souffrir. Mais ses forces sont bientôt à bout. Elle rentre dans la maison maternelle pour y dépérir, s'aliter et mourir.

Marie-Edmée expira en 1871, au mois de mai qui est le mois de Jeanne d'Arc, dans l'éclat de ses vingt-six ans, et fut enterrée à Nancy, au milieu d'un grand concours d'hommes, de femmes, de soldats, de jeunes filles qui pleuraient.

— Quelle est cette grande dame à qui toute la ville fait cortège ? demanda un Allemand.

— Ce n'est pas une grande dame, répondit un enfant, c'est une petite sœur de Jeanne d'Arc.

Douze ans après, une belle jeune fille, ravie par la lecture du journal de Marie-Edmée, s'éprit de son souvenir et se mit à aimer, à cause d'elle, ce frère qu'elle avait tant aimé. Bientôt la jeune fille connut celui qu'elle avait commencé d'aimer sans le connaître, et, en 1884, sous les auspices de la morte, elle devenait la femme de Gérald.

Gérald est aujourd'hui le général Pau.

IX. — JEANNE D'ARC ET CATHERINE DE LA ROCHELLE

Jeanne vivait à une époque de petite science et de grande mysticité où l'intervention du surnaturel servait à tout expliquer.

Il n'était bruit que de prophéties, d'extases, d'apparitions, se produisant sur tous les points de la France.

Ainsi les visions de Jeanne d'Arc n'ont rien d'exceptionnel.

Jeanne a cela de commun avec maintes contemporaines, avec des moines, avec des gardeurs de brebis, qui, de son vivant, passèrent pour être favorisés d'apparitions de la Vierge, de Jésus, des saints et des saintes.

Laissant de côté Marie d'Avignon, je me bornerai à évoquer ici le souvenir de Catharine de La Rochelle.

On se rappelle cette tentative sur Paris qui fut le premier revers de Jeanne (22 août-9 septembre 1429). D'abord toutes les espérances : « Faites appareiller nos gens ; nous allons faire connaissance avec Paris » ; puis les retards du roi ; l'intrépide assaut où Jeanne a la cuisse traversée d'un trait ; la retraite ordonnée malgré la Pucelle ; l'opposition à son projet d'une attaque nouvelle ; l'offrande de ses armes à Saint-Denis dont le nom était le cri de France sur les champs de bataille; enfin son départ mélancolique loin de la grande ville d'où ses regards et son cœur ne pouvaient se détacher.

Dès lors, les trvêes se multiplient de par l'avis du conseil royal. « De trêves ainsi faites, disait Jeanne, je ne suis pas contente, et ne sais si je les tiendrai. Si je les tiens, ce sera pour garder l'honneur du roi. »

Résolus à lui faire échec, les deux mauvais génies du conseil, La Trémouille et l'archevêque de Reims, imaginèrent de donner crédit à une aventurière.

C'était une certaine Catherine, venue de La Rochelle. Elle contait que Notre Seigneur Dieu la favorisait de révélations merveilleuses; qu'une dame blanche, vêtue de drap d'or, venait quotidiennement la visiter; qu'il fallait que le roi lui donnât des hérauts et des trompettes pour faire crier : « Qui a or, argent ou trésor caché, qu'il l'apporte immédiatement »; que qui désobéirait serait bien reconnu par elle, et qu'elle saurait trouver lesdits trésors avec lesquels on paierait les hommes d'armes, notamment ceux de la Pucelle. Elle ajoutait qu'il était possible d'avoir la paix sans coup férir. — « La paix! s'écriait Jeanne, nous ne la trouverons qu'au bout de nos lances. »

Pressé par l'archevêque de mettre en œuvre cette visionnaire, le roi voulut que Jeanne la vît. L'ayant vue, Jeanne lui dit : « Retournez près de votre mari faire le ménage et nourrir vos enfants. » Et elle répondit au roi : « Dans le fait de cette femme, il n'y a que folie et niaiserie. »

Pourtant, Catherine persistait à soutenir la réalité de ses visions. Jeanne, malicieuse à ses heures, voulut en avoir le cœur net.

Voici son récit :

« Je demandai à Catherine si cette dame blanche qui lui apparaissait venait toutes les nuits ; et, pour ce vérifier, je voulus coucher avec elle dans le même lit. J'y couchai et veillai jusqu'à minuit et ne vis rien ; puis je m'endormis. Quand vint le matin, je demandai à Catherine si sa dame blanche était venue.

— Oui, me répondit-elle. Mais vous dormiez et je ne pus vous éveiller.

— La dame ne reviendra-t-elle pas demain ? lui demandai-je. — Elle reviendra, me répondit Catherine.

Pour le coup, je dormis de jour, afin de pouvoir veiller la nuit suivante. Et, cette nuit-là, je couchai avec Catherine ; et, toute la nuit, je restai les yeux ouverts. Mais je ne vis rien, encore que, de moment en moment, je demandasse à Catherine : « Ne viendra-t-elle point ? » A quoi elle répondait : « Oui, tantôt ».

A partir de ce jour, Catherine garda rancune à Jeanne. Elle était à Paris au moment où Jeanne subissait à Rouen ses interrogatoires. Invitée par le Saint-Office à déposer sur la prisonnière des Anglais, Catherine la donna pour un suppôt de l'enfer, et déclara que, si on ne la gardait bien, elle sortirait de prison par secours du diable (*per auxilium diaboli.*)

Pourtant il advint qu'une des visionnaires de la compagnie de Catherine, Perrinaïc, se prit d'admiration pour Jeanne. Quelques mois après la catastrophe de Compiègne, cette généreuse Bretonne, déjà suspecte d'hérésie, osa dire à Paris que *Jeanne était bonne et que ce qu'elle avait fait était bien fait*. Et elle aussi fut brûlée par ordre de l'Anglais qui était maître de Paris et avait les moines à sa dévotion (3 septembre 1430).

Les illuminés sont de tous les temps. Mais dans tous les temps il n'y a eu qu'une Jeanne d'Arc.

Quelles que soient les circonstances d'ordre physique ou moral qui expliquent que Jeanne ait été prédisposée à avoir des visions, encore est-ce son cœur qui a déterminé le caractère de ses visions ; c'est de son cœur qu'ont procédé ses dits et ses faits ; c'est dans son cœur qu'est le secret de son héroïsme.

Au surplus, avant et après Jeanne d'Arc, d'autres femmes se sont mêlées aux armées et ont accompli des faits de guerre.

L'histoire nous montre la comtesse de Montfort défendant la Bretagne contre toutes les forces de la France ; la Napolitaine Marie de Pouzzoles, guerrière sobre, chaste et vaillante, se faisant remarquer dans les combats singuliers non moins que dans les batailles ; la fille du vicomte de Turenne, soutenant bravement deux sièges dans la ville de Tournon attaquée par les Huguenots ; la femme du maréchal Balagni se signalant dans la résistance de Cambrai ; les femmes et les filles de Beauvais, de Sienne, de l'île de Malte, de Cursola, se dévouant à la défense de leurs villes contre les assiégeants.

X. LA FRANC-MAÇONNERIE FRANÇAISE ET SON VETO CONTRE LA FÊTE NATIONALE DE JEANNE D'ARC.

Aussi loin qu'on remonte dans l'histoire de l'humanité, on trouve des sociétés secrètes formées sous l'inspiration d'une idée religieuse ou politique. La Grèce et Rome empruntèrent à l'Égypte ses mystères. Dans le monde juif, les Esséniens et les Kabbalistes formèrent des confréries analogues à celles du monde païen. Le moyen âge eut ses nombreuses associations, généralement conçues sur le patron de l'antiquité. Dès l'aurore des temps modernes, se développa de plus en plus la grande société des francs-maçons, institution à la fois philosophique et philanthropique, se rattachant par ses origines aux époques les plus reculées, étendant ses réseaux dans tous les pays et particulièrement en Allemagne, en Angleterre et en France, rapprochant des hommes que les barrières sociales semblaient séparer à jamais, dégageant l'esprit laïque du joug des théocraties dominantes. Les âmes libres trouvaient là une sorte de patrie spirituelle, en dehors des distinctions de classes, de cultes, de nationalités. Je m'en fais l'idée la plus haute.

C'était un ordre maçonnique que ces roses-croix auxquels on raconte que se serait affilié Descartes, et qui joignaient à l'ambition de transmuer les métaux vils en or ou en argent, l'ambition plus noble de dégager les âmes des servitudes théologiques, non en les convertissant au matérialisme, mais en épurant en elles l'esprit religieux.

Au XVIIIe siècle, il se forma, entre autres, l'ordre des Swédenborgiens et l'ordre des Martinistes. On comptait en grand nombre les francs-maçons mystiques, se piquant de joindre à l'esprit chrétien l'esprit laïque, également hostiles au cléricalisme et à l'athéisme.

Pour eux, la Trinité était la personnification des trois attributs divins : puissance, intelligence, amour. Jésus était bien le fils de Dieu, notre père commun ; mais il n'était pas dieu le fils, pas plus qu'un Zoroastre ou un Bouddha.

La religion idéale pressentie par Jésus, resté juif orthodoxe jusqu'au bout, était l'*adoration du Père en esprit et en vérité*, c'est-à-dire la religion pure qui ramène la piété à la vertu et fait que les hommes s'entr'aiment dans la justice et en Dieu.

La vie du corps s'éteint ; la vie de l'âme est impérissable. Ennoblissons notre âme ! Initions-nous aux vertus qui étaient la caractéristique des héros de l'antiquité et des chevaliers du moyen âge ! Soyons magnanimes, c'est-à-dire prompts à la pitié, à l'effort, au dévouement, au sacrifice ! Contribuons de toutes nos forces à bâtir le temple d'une humanité plus juste, plus fraternelle, plus heureuse !

Ceux-là sont à plaindre qui ne croient qu'à ce qu'ils voient. Par delà les mondes visibles, il y a le monde invisible. Un esprit est incomplet s'il n'a pas le sens du symbole et du mystère.

Par cela même que du néant rien ne sort, qu'à l'origine de ce qui est moindre doit se trouver, en définitive, ce qui est le meilleur, il faut admettre un Être parfait qui est la cause de tout, et qui, étant éternel, est à lui-même sa cause. C'est *le grand architecte de l'Univers, le Souverain des âmes.*

Il se fait un perpétuel travail des esprits. Ils évoluent, à travers des réincarnations successives, vers des perfectionnements auxquels tient leur félicité et dont le terme est leur fusion en Dieu.

Comme le disait Hésiode, comme le pensaient les vieux Gaulois, il existe un lien entre les vivants et les morts ; et la communion des êtres se perpétue à travers les espaces infinis. « Chacun pour tous; tous pour chacun », telle est la devise s'imposant à toutes les consciences.

Il ne faut pas s'inféoder aux dogmes d'une Église, ni adopter les négations du matérialisme athée. Dieu donne à tous les hommes une lumière intérieure dispensant de l'intervention de tout sacerdoce. Dans les diverses religions, il y a à dégager de la lettre qui tue l'esprit qui vivifie, en rejetant la tutelle du prêtre et en remontant à ces principes de la raison et de la conscience où trouve son fondement la pérennité de l'esprit religieux.

Assurons le libre développement des expériences

scientifiques et de la réflexion philosophique. La recherche indépendante doit être favorisée, et toutes les opinions doivent être tolérées. Le point est de travailler les uns et les autres au bien de l'humanité.

Voilà, selon mes conjectures, l'esprit dont fut originellement animée la franc-maçonnerie. Elle était, en même temps qu'une école de solidarité, de tolérance et de progrès, le foyer d'un haut spiritualisme.

Aujourd'hui, les choses ont bien changé. Le Grand Orient de France a rayé de son rituel la formule : *Au Grand Architecte de l'Univers*, et a supprimé toutes les traces de l'antique théisme.

Mais, à l'étranger, diverses loges, en particulier les loges allemandes, gardent toujours la vieille enseigne de la foi en Dieu.

Si elles admettent dans leurs ateliers des postulants athées, elles les admettent avec la conviction que, du moment où ils seront des francs-maçons de bonne volonté, ils ne sauraient manquer d'être acheminés à déserter l'athéisme. Selon elles, pour harmoniser la vie individuelle et la vie sociale, ce qui est l'objet de la franc-maçonnerie, il ne suffit pas d'apprendre à tirer le meilleur profit des lois naturelles de la nécessité et de bien obéir aux lois rationnelles du devoir ; il faut aussi retremper ses forces dans la piété et dans l'amour. Il n'y a pas d'achèvement de la personnalité sans la communion avec Dieu, laquelle demeure bienfaisante, quelques différences qui subsistent dans les opinions qu'on se fait de lui.

Les loges allemandes ne pardonnent pas aux loges françaises de ne plus professer le théisme ; et, en 1908, leurs grands maîtres se sont fondés là-dessus pour conclure qu'il ne convenait pas, en l'état actuel des choses, de s'occuper d'une reprise des relations officielles avec le Grand Orient de France. Les francs-maçons français leur apparaissaient comme des frères dévoyés, suspects de rejeter l'existence de Dieu et la survivance des âmes au profit de l'athéisme et du matérialisme.

Il faut bien reconnaître qu'un fossé a été creusé entre la franc-maçonnerie française, telle qu'elle est actuellement, et la franc-maçonnerie française telle qu'elle fut dans le passé. Mais c'est la calomnier que de prétendre qu'elle est expressément athée, athée par principe. Autre chose de nier, autre chose de ne pas prendre parti.

Le Grand Orient, par cela même qu'il proclame garder la neutralité dans les matières métaphysiques, ne peut être accusé de professer l'athéisme.

Toutefois, il est incontestable que maintes loges françaises sont pratiquement athées et remplacent le sectarisme religieux par le sectarisme anti religieux.

Le fanatisme retourné reste le fanatisme. Il faut supprimer l'intolérance, non la déplacer.

L'étroitesse sectaire des loges s'est notamment manifestée dans le veto maçonnique dont fut l'objet le projet d'une *fête nationale de Jeanne d'Arc, fête du patriotisme*. Ce veto faillit empêcher, le 8 juin 1894, le vote du Sénat, et a tenu en échec jusqu'à ce jour le vote de la Chambre.

Contre l'institution proposée, les grands dignitaires de la maçonnerie ont allégué les efforts du parti conservateur pour monopoliser à son profit la glorification de Jeanne d'Arc, et ils se sont demandé si, après tout, les fils des Croisés n'avaient pas plus de droit que les fils de la Révolution à revendiquer l'héroïne qui se montra pleine de zèle pour le trône et l'autel.

Comme s'il n'était pas temps d'en finir avec ces misérables querelles : « Jeanne d'Arc est à nous ! — Non ; elle est à nous ! » Elle n'est ni à ceux-ci ni à ceux-là. Elle est à tous; elle est à la France; elle est à l'humanité.

D'ailleurs, n'est-ce pas un fait constant que pendant quatre siècles, durant les beaux jours du trône et de l'autel, les monarques ont succédé aux monarques en laissant toujours dans l'ombre la figure de la grande libératrice; et ne serait-il pas beau que la République payât la dette qu'a négligé d'acquitter la monarchie ? N'est-ce pas depuis la Révolution que Jeanne d'Arc est devenue populaire, et que les Michelet, les Henri Martin, les Quicherat ont en quelque sorte retrouvé ses titres ? N'est-il pas singulier de paraître se dire : « L'événement a prouvé que l'idée d'une grande apothéose de Jeanne d'Arc était très bonne, puisque nos adversaires veulent nous la prendre. Donc, laissons-la-leur ! »

On ne pardonne pas à Jeanne d'Arc d'avoir été une croyante naïve, une chrétienne pieuse. La voudrait-on libre penseuse au quinzième siècle ? Et pourquoi s'offusquer de la ferveur de sa foi ? Rien de grand ne se fait sans une foi forte. Le scepticisme ne fonde rien. Ayez des convictions de chrétien ou de philosophe ; mais ayez des convictions.

On se scandalise des visions de Jeanne d'Arc et de ses voix. Mais ce qu'elle vit par-dessus tout, c'est la grande pitié qui était au royaume de France; ce qu'elle entendit, c'est le cri de la patrie en détresse. Par ses croyances, elle fut de son temps; par ses vertus, elle domine tous les temps. Croyez ce que vous voudrez, et sauvez la patrie.

On ergote enfin sur ce point que Jeanne d'Arc était royaliste. Imagine-t-on par hasard qu'elle aurait pu être républicaine, au quinzième siècle ? Représentant des traditions et des intérêts de tous, lien vivant du passé et de l'avenir, le roi personnifiait la France. Être royaliste alors, c'était être patriote. Patriote avant tout, voilà ce que fut Jeanne d'Arc.

La franc-maçonnerie française demeure inexcusable d'avoir multiplié les obstacles pour empêcher que la France célébrât solennellement, tous les ans, cette paysanne, avec qui le peuple fit son entrée dans l'histoire, à titre de réparateur des fautes de la royauté, de la noblesse et du clergé; cette guerrière qui étonnait, de leur propre aveu, les grands hommes de guerre d'alors, les Dunois, les d'Alençon, les Gaucourt, par son sens stratégique, et ménageait avec adresse les prompts mouvements où l'agilité remplace le nombre; cette femme, adorablement femme, qui dans les combats bravait gaiement la mort sans jamais la donner, et versait des larmes quand l'Anglais l'injuriait ou qu'elle voyait le sang couler; cette pacifique, qui rêvait l'union de toute la chrétienté et faisait planer sur l'horreur des batailles la sainte vision de la fraternité des peuples; cette humble entre les humbles qui n'accepta d'être chef de guerre que pour sauver son pays, et qui ne songeait, une fois l'œuvre de libération accomplie, qu'à rentrer dans sa chaumière pour y redevenir la servante de son père et de sa mère; cette convaincue qui, devant le tribunal ecclésiastique, représenta si magnifiquement les droits de la conscience et s'obstina à déclarer, en face des tourmenteurs prêts pour la torture, qu'elle ne devait compte qu'à Dieu de son œuvre patriotique; cette martyre si sublime dans ses interrogatoires et dans sa mort, qu'il n'y a de comparable à l'hérétique de Rouen sur son calvaire, que Socrate dans sa prison ou Jésus sur sa croix; enfin cette personnalité unique, dont les faits et les dits paraîtraient incroyables s'ils n'étaient consignés dans le texte officiel du procès dirigé, signé et paraphé par ses bourreaux.

XI. — LA BÉATIFICATION DE JEANNE D'ARC ET SA GLORIFICATION NATIONALE

Plus avisé que la franc-maçonnerie, le clergé catholique vient de reconnaître en Jeanne d'Arc une « Bienheureuse » appelée à être fêtée dans tous les diocèses et digne de l'invocation des fidèles. Désormais l'heure est proche où elle aura sa place dans le canon des saints.

C'est en 1869 que l'évêque Dupanloup avait amorcé la cause de Jeanne d'Arc. Mais les choses traînèrent en longueur. Ce n'est qu'en 1894, c'est-à-dire *l'année même où fut votée au Sénat la fête nationale de Jeanne d'Arc*, que le procès de béatification fut introduit à Rome. A partir de cette date, le clergé, les cardinaux de la congrégation des rites, les deux papes, Léon XIII et Pie X, ont fait preuve d'un beau zèle; et en avril 1909, les cérémonies de la béatification avaient lieu à Rome.

Que, dans le décret paru lors de l'introduction de la cause de béatification, il y ait cette assertion tout à fait inexacte : « Jeanne fut livrée aux flammes en vertu de l'inique sentence de juges qui *participaient au concile schismatique de Bâle* », nous devons y voir une preuve que l'Eglise rougit, et bien justement, d'avoir compté parmi ses membres les hommes qui prirent part à l'abominable crime perpétré en 1431 au nom de la foi orthodoxe.

De fait, il est incontestable que les ecclésiastiques qui, en 1431, condamnèrent Jeanne, *faisaient partie de l'Eglise romaine et ne participaient pas à un concile qui ne s'ouvrit qu'après son supplice.* C'est en 1435 que Cauchon fit au concile de Bâle une brève apparition, et c'est seulement en 1437 que, de par sa rupture avec le pape, ce concile devint schismatique.

Que la nouvelle Bienheureuse ait été comprise dans une fournée à côté de quelques inconnus; qu'on se soit tu sur le procès de Rouen où elle se révéla si sublime; qu'on ait allégué longuement, à l'appui de la béatification, les miracles récemment opérés par Jeanne d'Arc sur trois religieuses guéries d'une ostéo-périostite et d'ulcères au sein, et qu'on ait laissé dans l'ombre son vrai miracle, le salut de la France : cela choque assurément.

Mais que Jeanne d'Arc soit aujourd'hui proclamée Bienheureuse, et digne de l'invocation des fidèles, par tels prélats qui occupent les mêmes sièges qu'occupaient, il y a quatre cent quatre-vingt-deux ans, les prélats qui la déclarèrent hérétique et relapse, tout le monde ne peut qu'applaudir à ce triomphe final de la piété et de la vertu la plus haute.

Qu'en Angleterre et en Allemagne, que dans tous les lieux de l'Europe, de l'Amérique, de l'Asie, de l'Afrique, de l'Océanie où la foi catholique compte des adeptes, les fidèles soient désormais tenus de glorifier l'héroïne française, chaque bon patriote a lieu de s'en réjouir, et cela n'est pas fait pour déplaire aux admirateurs sincères de Jeanne d'Arc qui sont libres croyants ou libres penseurs.

Seuls peuvent s'en affliger les fanatiques qui, par

rancune contre les prétentions des royalistes et des cléricaux, faussent l'histoire jusqu'à rabaisser Jeanne d'Arc au niveau d'une Bernadette ou d'une Marie Alacoque.

Pouvait-on rêver une plus retentissante amende honorable ? L'Église s'apprête à faire sainte l'héroïne que des prêtres firent martyre. Le clergé français de 1431 lui dressa un bûcher; le clergé français de 1909 lui dresse des autels.

Louée soit cette apothéose courageusement réparatrice où trouve son expiation le crime des centaines d'ecclésiastiques, mitrés ou tonsurés, qui, accommodant leur théologie aux haines de l'envahisseur, jugèrent, condamnèrent, brûlèrent comme hérétique la libératrice de leur pays, sans encourir ni déchéance ni excommunication!

Il est vrai que l'évêque Cauchon, d'abord maintenu dans toutes ses dignités, finit par être excommunié. Mais pourquoi ? Je l'ai déjà dit. Parce qu'il s'était obstiné à ne pas payer une redevance due au Vatican. Cette sévérité pour une question de gros sous ne fait que souligner l'impunité dont l'évêque Cauchon bénéficia pour l'assassinat juridique auquel il avait présidé.

Ceux-là ont la vue courte qui n'ont pas su prévoir quels bons effets une fête nationale comporterait, en faveur de la vérité historique de plus en plus mise en lumière et des droits de la conscience de plus en plus affirmés par l'évocation annuelle des deux procès de Rouen.

En rappelant tous les ans aux Français la vie et la mort de Jeanne d'Arc, la République leur enseignera à être tolérants en même temps qu'à être patriotes.

Désormais il est certain qu'en France Jeanne d'Arc, la Bienheureuse d'aujourd'hui, la Sainte de demain, sera annuellement glorifiée avec éclat.

Donner à cette glorification un caractère officiel est le moyen de noyer les ferments de discorde dans un grand courant de fraternité patriotique, si bien que la fête de Jeanne d'Arc, au lieu d'être la fête de la réaction, soit la seconde fête de la nation.

Tout au plus les réfractaires pourraient-ils demander, comme je l'avais demandé à l'origine, en 1883, que la fête nationale de Jeanne d'Arc soit fixée au 31 mai, jour de sa mort, « ce maître jour qui juge tous les autres ». N'est-ce pas pour les Saints la tradition que la date de leur mort soit la date de leur fête? Dans le jour de leur martyre on salue le jour de leur triomphe.

L'essentiel est que, certain jour du mois de mai, sectes et partis consentent une trêve civique pour célébrer l'indépendance et la grandeur française, personnifiées dans la plus merveilleuse et la plus pure de nos gloires.

Oui, tôt ou tard, malgré les sectaires de droite et de gauche, la fête nationale de Jeanne d'Arc, fête du patriotisme, s'ajoutera à la fête du 14 Juillet, fête de la Révolution.

C'est l'originalité de la France d'avoir produit la Révolution et Jeanne d'Arc. L'une est la mère de nos droits; l'autre est la mère de la Patrie. Nous devons à l'une d'être devenus citoyens; nous devons à l'autre de n'être pas devenus Anglais.

TABLE

LIVRE QUATRIÈME

(*Suite*).

LIVRE CINQUIÈME

CONSULTATIONS, CONCLUSIONS ET SENTENCE

JEANNE ET LE PEUPLE DE FRANCE

FIN DE LA TABLE

Paris. — Imp. de la Soc. an. de publ. périod. — E. Desfossés. — 53653.10.12.

www.ingramcontent.com/pod-product-compliance
Ingram Content Group UK Ltd.
Pitfield, Milton Keynes, MK11 3LW, UK
UKHW012148240726
13966UKWH00001B/200

9 782011 953612